学校教育管理及其信息化建设探究

孙晓玲　周慧艳　江守武　著

延吉·延边大学出版社

图书在版编目（CIP）数据

学校教育管理及其信息化建设探究 / 孙晓玲，周慧艳，江守武著. -- 延吉：延边大学出版社，2024.9.
ISBN 978-7-230-07262-5

Ⅰ. G47-39

中国国家版本馆 CIP 数据核字第 2024E5E419 号

学校教育管理及其信息化建设探究

著　　者：	孙晓玲　周慧艳　江守武
责任编辑：	孟祥鹏
封面设计：	侯　晗
出版发行：	延边大学出版社
社　　址：	吉林省延吉市公园路 977 号　　邮　　编：133002
网　　址：	http://www.ydcbs.com　　E-mail：ydcbs@ydcbs.com
电　　话：	0433-2732435　　传　　真：0433-2732434
制　　作：	期刊图书（山东）有限公司
印　　刷：	延边延大兴业数码印务有限责任公司
开　　本：	787mm×1092mm　1/16
印　　张：	13.25
字　　数：	240 千字
版　　次：	2025 年 4 月第 1 版
印　　次：	2025 年 4 月第 1 次印刷
书　　号：	ISBN 978-7-230-07262-5

定　　价：72.00 元

PREFACE 前言

　　在信息化时代，学校教育管理信息化建设成为提高管理水平和教学质量的关键手段。通过信息技术的应用，学校能够实现管理流程的优化、资源的高效配置以及决策的科学化。学校教育管理信息化建设可以极大地提高管理效率和工作质量。传统的教育管理方式往往依赖手工操作和纸质文件，不仅工作量大、效率低，而且容易出现信息遗漏和错误。通过引入信息化系统，学校可以实现学生信息、教师信息、课程安排、考勤记录等数据的集中管理和共享，减少重复劳动，提高工作效率。同时，信息化系统还可以自动生成各种报表和分析数据，为管理者提供及时、准确的决策支持。

　　借助教学管理系统，学校可以实现课程安排的科学化和教师资源的合理分配，避免资源浪费和课程冲突。信息化系统可以促进教学资源的共享，教师可以通过系统共享教学资料和教学经验，提升整体教学水平。此外，信息化系统还可以实现在线教学和远程教育，扩大教育的覆盖面并增强其影响力，为学生提供更加灵活和多样化的学习方式。通过学生管理系统和家校互动平台，家长可以随时了解学生的学习情况和在校表现，与学校保持紧密联系。家校沟通的加强，有助于家长参与到学生的教育管理中来，促进学生的全面发展。另外，信息化系统还可以提供学生行为记录和成长档案，为教师和家长提供详细的参考资料，有助于实施个性化教育和精准化管理。

　　本书重点探究学校教育管理及其信息化建设。第一章为学校教育管理的概述，包括定义和基本概念、历史演变及理论基础；第二章探讨学校教育管理的组织结构、运行机制，以及评估与改进；第三章介绍学校信息化建设的概念和重要性、发展历程及基本框架；第四章讨论学校信息化建设的技术支持，包括硬件设施、软件平台及网络环境；第五章分析学校教育管理信息化系统在课堂教学、学校管理和教师发展中的应用；第六章探讨学校教育管理信息化建设面临的挑战，提出了加强学校教育管理信息化建设的对策及推动学校教育管理信息化发展的路径；第七章为学校教育管理信息化的成效评估，包括评估指标体系、评估方法及案例分析。本书旨在为教育管理者、教师及教育信息化从业人员提供理论指导和实践参考，促进学校教育管理水平和信息化建设水平的提升。

笔者在写作本书的过程中，借鉴了许多前辈的研究成果，在此表示衷心的感谢。由于本书写作时间比较仓促，书中难免存在疏漏之处，恳请前辈、同行及广大读者斧正。

孙晓玲　周慧艳　江守武

2024 年 8 月 1 日

CONTENTS 目 录

第一章　学校教育管理概述 ·· 1
　　第一节　学校教育管理的定义、特点和目标 ························· 1
　　第二节　学校教育管理的历史演变 ···································· 10
　　第三节　学校教育管理的理论基础 ···································· 21

第二章　学校教育管理的组织结构与运行机制 ····················· 31
　　第一节　学校教育管理的组织结构 ···································· 31
　　第二节　学校教育管理的运行机制 ···································· 52
　　第三节　学校教育管理的评估 ··· 67

第三章　学校信息化建设概述 ··· 78
　　第一节　学校信息化建设的概念和重要性 ························· 78
　　第二节　学校信息化建设的发展历程 ································ 83
　　第三节　学校信息化建设的基本框架 ································ 90

第四章　学校信息化建设的技术支持 ··································· 96
　　第一节　学校信息化建设的硬件设施 ································ 96
　　第二节　学校信息化建设的软件平台 ······························· 107
　　第三节　学校信息化建设的网络环境 ······························· 115

第五章　学校教育管理信息化系统的应用 ··························· 121
　　第一节　学校教育管理信息化系统在课堂教学中的应用 ···· 121
　　第二节　学校教育管理信息化系统在学校管理中的应用 ···· 137
　　第三节　学校教育管理信息化系统在教师发展中的应用 ···· 140

第六章 学校教育管理信息化的建设与发展 …………………… 148
第一节 学校教育管理信息化建设面临的挑战 ……………… 148
第二节 加强学校教育管理信息化建设的对策 ……………… 152
第三节 推动学校教育管理信息化发展的路径 ……………… 167

第七章 学校教育管理信息化的成效评估 …………………… 174
第一节 学校教育管理信息化的评估指标体系 ……………… 174
第二节 学校教育管理信息化的评估方法 …………………… 194
第三节 学校教育管理信息化的评估案例分析 ……………… 200

参考文献 ……………………………………………………………… 205

第一章　学校教育管理概述

学校教育管理是确保教育质量和学校效能的关键环节，涉及策划、组织、指导和监控教育资源和活动，以实现教育目标。在这个多层面的领域中，学校管理者不仅要具备对教育理论的深入理解，还需要掌握管理实践中的策略和技巧。这不仅关系到学校的运行效率，还直接影响教育质量和学生的未来。在教育竞争日益激烈和教育模式快速变革的当下，深刻理解和有效实施学校教育管理已成为提升教育成果的关键。

第一节　学校教育管理的定义、特点和目标

一、学校教育管理的定义

学校教育管理是指对学校内部各项教育活动进行组织、协调、监督和评估的过程，旨在实现教育目标并提高教育质量。其核心职责包括规划教育发展方向、制定教育政策、管理教学资源、组织教学活动、培养教师队伍、评估教育成效等。学校教育管理在实践中涉及很多方面，如学校行政管理、教学管理、财务管理、人力资源管理等，可以通过这些管理手段，确保学校内部各项工作有序进行，保障教育教学质量。此外，学校教育管理也涉及与社会、家庭等外部环境的沟通和协调，以促进学校与社会的良性互动，更好地适应社会需求。综上所述，学校教育管理是一项综合性的工作，其目标是为学生提供优质的教育服务，促进其全面发展。

二、学校教育管理的特点

（一）综合性

学校教育管理的综合性体现在其涵盖各个方面，包括学校行政管理、教学管理、人力资源管理、财务管理等。这些方面相互交织、相互关联，构成了学校管

理的整体框架，为学校的正常运转和教育质量的提升提供了重要保障。

在学校教育管理中，行政管理是不可或缺的一部分。它囊括学校的一切日常行政事务，如制定和执行学校的管理制度、规章制度，协调各部门之间的关系，处理师生之间的纠纷，保障学校的正常秩序，等等。行政管理的有效实施可以提高学校的管理效率，促进教育事业的顺利发展。

教学管理是学校教育管理的核心，它直接关系到教育质量的提升。教学管理包括教学计划的制订、教学内容的安排、教学方法的选择、教学评估的实施等方面。可以通过科学的教学管理，更好地组织和管理教育资源，增强教学效果，满足学生的学习需求。

学校的教学质量和教育水平在很大程度上取决于教师队伍的素质和数量。因此，学校需要进行科学合理的人力资源规划，招聘、培训、评价和激励教师，建立健全的教师队伍管理制度，保障教师的权益，激发教师的工作热情，提高教育质量。

学校需要合理规划和利用财务资源，确保教育经费的合理配置和使用，保障教学设施的建设和维护，为教师的培训和学生的活动提供必要的经济支持。通过有效的财务管理，学校能更好地发挥财政资金的效益，提升教育质量，促进学校的可持续发展。

（二）目标导向性

学校教育管理的核心在于将教育目标作为工作的指引和引领。教育目标的实现是学校教育管理工作的终极目标，这些目标主要包括学生的全面发展和教育质量的持续提升。因此，学校教育管理的各项工作都需要围绕这些目标展开，通过有针对性的措施和策略，不断推动教育事业的发展，以确保每个学生都能获得优质的教育资源和良好的教育体验。学校教育的根本任务是培养学生的综合素质，使他们在认知、情感、态度和技能等方面得到全面发展。因此，学校教育管理工作要注重培养学生的创新精神、实践能力、社会责任感等，促进他们的健康成长和全面发展。学校管理者可以通过制定相关政策、提供丰富多彩的教育资源、推进教学改革等措施，不断激发学生的学习潜能，引导他们积极参与各种教育活动，最大限度地实现个体差异化发展。

优质的教育质量不仅能提升学生的综合素养，还能提升学校的声誉和社会地位。因此，学校教育管理工作要以提升教育质量为目标，不断加强对教学过程的监督和评估，发现问题、改进方法，不断优化教育资源配置。学校管理者还可以通过建立质量管理体系、加强教师培训、推广先进的教育理念和技术等手段，努力提升教育教学的质量和水平，以满足社会对于优质教育的需求。

（三）灵活性

灵活性体现在管理策略和方法的调整上，以适应不同时期、不同学校的需求和特点，保持学校管理工作的有效性和适应性。学校教育管理的灵活性具体表现在管理策略的针对性调整上。随着时代的变迁和社会的发展，教育环境和需求也在不断变化。因此，学校教育管理需要不断调整管理策略，根据具体情况制订相应的管理方案。例如，学校管理者需要加强对教育技术的应用，推动课堂教学的智能化和个性化发展；在社会多元化的背景下，学校管理者需要关注学生的多元发展需求，推动校园文化的多样化和包容性发展。只有不断调整管理策略，及时应对各种挑战和变化，学校才能保持良好的发展态势。

不同的学校有着不同的发展阶段、师资力量、教育资源等，因此，需要采取灵活多样的管理方法，以满足各学校的实际需求。例如，在人才培养方面，一些高水平的学校可能更加注重学科竞赛和科研创新，而一些基础相对薄弱的学校可能更加注重基础教育和素质拓展。因此，学校管理者要根据学校的实际情况，灵活选择和组合各种管理方法，以达到最佳的管理效果。

学校教育管理的灵活性还需要学校管理者具备开放的心态和灵活的思维方式。面对复杂多变的教育环境和管理挑战，学校管理者需要不断学习和创新，保持开放的心态，敢于尝试新的管理理念和方法，不断探索适合本校自身发展的管理路径。只有这样，学校才能在变革中保持活力和竞争力，不断提升管理水平，推动学校事业的长远发展。

（四）参与性

学校教育管理的参与性是其鲜明的特点之一，它强调了广泛参与和合作，旨在形成合力推动学校教育事业的发展。参与性表现在，学校管理者、教师、学生、家长及社会各界的相关人士，共同参与管理决策和实施过程，共同承担教育事业的责任和使命，为学校的长远发展贡献力量。学校管理者在教育管理中发挥着核心作用，他们需要具备开放的心态和卓越的领导能力，积极听取各方意见，吸纳建议，形成科学合理的管理决策。在管理决策和实施过程中，学校管理者需要与教师、学生、家长等各方密切合作，建立有效的沟通机制，制定学校的发展规划和管理政策，以促进学校事业的持续发展。

教师需要积极参与学校的决策过程，发表自己的见解和建议，分享教育教学的经验和成果，为学校的教育事业贡献智慧和力量。同时，教师还需要积极响应学校的管理政策和要求，认真履行教学工作职责，为学生的发展和成长提供优质的教育服务。学生是教育事业的受益者和主体之一，他们也应当参与到学校的管理中来。学校应当积极营造民主和开放的校园氛围，鼓励学生发表自己的意见和建议，参与学校管理的决策和实施过程，培养其参与意识和责任意识，激发其积极性和创造力，以推动学校事业的发展。

家长是学生的第一任教师。家长在学校教育管理中也发挥着重要的作用。学校应当积极听取家长的意见和建议，与家长建立良好的沟通渠道，共同关心学生的学习和成长，共同承担教育责任，共同促进学校教育事业的发展。除了学校内部各方的参与，社会各界相关人士也应当积极参与到学校的教育管理中来。政府部门、社会组织、企业机构等应当为学校的发展提供支持和帮助，共同促进教育事业的发展和繁荣，为社会培养更多人才。

（五）循环性

学校教育管理是一个具有循环性的复杂过程，其核心环节包括计划、执行、监督和评估等。这种循环性不仅是管理工作的特征，更是管理质量和效率持续提升的保证。通过管理工作的不断循环，学校能够在不断变化的教育环境中适应和应对各种挑战，不断完善管理机制，提高教育质量和管理水平。

第一，循环性体现在管理的计划阶段。在这个阶段，学校管理者需要根据本校的发展目标和实际情况，制订相应的管理计划和策略。这些计划和策略需要明确学校的发展方向、目标任务、工作重点等，为后续的管理工作提供指导和依据。同时，学校管理者还需要根据计划的执行情况和外部环境的变化，不断对计划进行调整和完善，使其与实际情况保持匹配。

第二，循环性体现在管理的执行阶段。学校管理者需要根据制订的管理计划，组织和实施各项管理活动。这包括资源调配、任务分配、工作安排等具体操作，需要学校管理者和相关人员共同努力和配合。在执行过程中，学校管理者需要及时发现和解决问题，确保计划的顺利实施，并根据实际情况进行必要的调整和改进，以保证管理工作的顺利进行和目标的实现。

第三，循环性体现在管理的监督阶段。学校管理者需要对管理活动的执行情况进行监督和检查，发现问题，解决问题，及时纠正偏差，确保管理活动的合规性和有效性。监督工作不仅包括对学校管理者和相关人员的监督，还包括对教育资源的使用、教学质量的情况等方面的监督。可以通过监督工作，及时发现问题，采取改进措施。

第四，循环性体现在管理的评估阶段。学校管理者需要对管理活动的效果进行评估和总结，分析问题、找出不足、总结经验，为下一轮管理工作提供借鉴。评估工作不仅需要定量的数据支持，还需要对管理活动的影响和效果进行综合分析和判断。可以通过评估工作，发现管理工作中存在的问题和不足，及时调整和改进管理策略和方法，提高管理质量和效率。

（六）服务性

学校教育管理的服务性体现了学校教育工作的本质使命，即为学生提供优质的教育服务，满足他们的学习需求和成长需要。学校管理工作应始终以服务学生为中心，积极构建良好的学习环境，提供丰富的教育资源，为学生的全面发展和健康成长提供有力的支持。学校是学生学习和成长的重要场所，为了确保学生能在良好的环境中学习和成长，学校教育管理需要不断改善和优化学校的硬件设施和软件环境。这包括校园设施的建设与维护、教学设备的更新与升级、校园文化的建设等方面。只有为学生提供良好的学习环境，才能让学生安心学习、健康成长。

教育资源是支撑教育事业发展的重要基础，包括教学资源、教育技术资源、课外活动资源等。学校教育管理需要积极整合和利用各种教育资源，为学生提供多样化、个性化的学习体验和发展机会，如开设丰富多彩的课程、组织丰富多彩的教育活动、提供个性化的教学服务等。只有学校提供丰富的教育资源，学生才能得到全面的发展，学生的需求才能得到满足。每个学生都是独特的个体，拥有不同的学习需求和成长需求。学校教育管理需要根据学生的需求和特点，提供个性化的教育服务，帮助他们实现自身潜能的最大化。这包括根据学生的学习水平和兴趣特点设计个性化的学习计划、提供个性化的辅导、开展个性化的评价等。只有提供个性化的教育服务，才能让学生得到更好的发展。

教育是终身事业，学校不仅要关注学生的学习和成长，还要为他们的终身学习提供支持和保障。学校教育管理需要积极培养学生的学习兴趣和能力，促进他们形成良好的学习习惯和自主学习能力，为他们的终身学习打下坚实的基础。这包括开展职业生涯规划与指导、提供职业培训与继续教育服务、建立校友网络与资源共享平台等。只有为学生的终身学习提供支持，才能让他们在社会中不断发展。

三、学校教育管理的目标

(一) 促进学生全面发展

在当今社会,学生的全面发展不仅仅是对学术成绩的追求,还包括智力、情感、品德、身体等多方面的发展,这是培养学生成为德、智、体、美、劳全面发展的社会主义建设者和接班人的基础。学校教育管理应以此为中心,通过多种途径和手段促进学生全面发展。学校应提供丰富多彩的课程和教学资源,激发学生的学习兴趣,培养他们的创新精神和批判性思维能力。教师应采用多样化的教学方法,关注学生个体差异,促进学生的智力潜能得到充分发挥。

学校应创设良好的人际关系和校园氛围,营造温馨和谐的校园环境,让学生感受到关爱和尊重。同时,学校应加强心理健康教育,帮助学生树立正确的人生观和价值观,培养他们的情商和社会交往能力。品德素质是学生成长成才的重要基础,学校应将德育纳入教育管理中,加强对学生的思想品德教育和道德规范培养,培养他们的社会责任感和公民意识。健康是学生全面发展的重要保障,学校应注重体育锻炼和健康教育,促进学生身心健康全面发展。学校可以开展各类体育运动和健身活动,帮助学生养成良好的生活习惯和健康的生活方式。

(二) 提升教育质量

提升教育质量是学校教育管理的核心目标,是促进学生全面发展和提高学校整体竞争力的重要保障。要通过多种途径和手段不断提高教学水平和教育服务水平,确保教育教学工作取得更好的成效。教学质量是衡量学校教育水平的重要指标。学校应加强对教师队伍的建设和培训,提高教师的教学水平和教育教学能力。教师要不断更新教学理念,采用多样化的教学方法,注重启发式教学和实践性教学,激发学生的学习兴趣和创造力,提高教学质量和增强教学效果。

学校应根据学生的特点和需求,设计符合时代发展要求的课程体系,注重课程内容的更新和优化,提高课程设置的针对性和灵活性,确保课程教学与社会需求紧密对接,为学生的综合素质培养提供坚实的基础。监督和评估是提升教育质量的重要手段,学校应建立健全的教育监督和评估体系,对教学过程和教学效果进行全面评估,及时发现和解决存在的问题和不足,为教学改进和教育质量提升提供有效的保障。学生是教育的主体和受益者,他们的评价和反馈对教育质量的提升非常重要。学校应建立健全的学生评价和反馈机制,鼓励学生对教学过程和教学效果进行评价和反馈，倾听学生的意见和建议，及时调整教学内容和教学方法，提高教学质量和增强教学效果。

（三）实现教育公平

学校教育管理应秉持因材施教、因人施教的原则，使学生都能享受到优质教育资源，实现教育机会的平等。教育公平意味着不仅要关注学生的学业成绩，还要关注他们的个性发展、生活品质，以及面对各种困难时获得支持和帮助的能力。以下是学校教育管理应采取的措施：学校教育管理应着力消除教育资源的不平等。教育资源包括教学、教育设施、师资队伍等方面的资源。学校应采取措施确保每个学生都能获得公平的教育资源，不因家庭背景、地域差异或其他因素而受到歧视或限制。可以通过加强教育资源的调控和配置，缩小不同地区、不同学校之间的教育资源差距，促进教育公平的实现。

每个学生都是独一无二的个体，具有不同的学习兴趣、学习风格和学习需求。学校应根据学生的个性特点和发展需求，实施个性化的教育方案，为每个学生量身定制适合其发展的教育路径和教育服务。这包括提供多样化的教学方法、灵活的课程设置、个性化的学习指导等措施，以满足学生的多样化学习需求，促进其全面发展。教育机会均等是教育公平的重要保障，学校应确保每个学生都能享有平等的教育机会，不受性别、贫富等因素的影响。学校可以通过建立公平的招生制度、提供公平的奖学金和补助政策、开展公益性教育项目等方式，为学生提供更多的教育机会和发展空间，实现教育公平的目标。

学校教育管理应加强家校合作，关心学生的发展。家庭是学生重要的成长环境，学校和家庭应该密切合作，共同关心学生的学习、生活和发展，共同制定教育目标和发展计划，共同解决学生在学习和生活中遇到的问题，为学生提供更多的支持和帮助。

（四）让教师得到专业发展

学校教育管理应重视培养教师的专业素养和教学水平，为其提供良好的发展环境和机会，使其不断成长进步，以更好地服务于学生和教育事业。学校教育管理应提供系统化的教师培训和发展计划。可以通过组织各类教师培训课程、研讨会、讲座等，为教师提供专业知识更新、教育理念拓展、教学方法改进等方面的培训机会。这些培训计划应根据教师的不同需求和发展阶段，设计个性化、针对性强的内容，帮助教师不断提升专业水平。

学校教育管理应鼓励教师参与教学研究和教育改革实践。学校可以组织教研活动、课题研究、校本课程建设等，鼓励教师积极参与教学研究和教育改革实践，提升他们的教学水平和教育实践能力。这不仅有利于教师的个人成长，还有助于学校教育教学工作的改进。学校可以通过教学评比、教学观摩、学生评价等方式，对教师的教育质量和教学水平进行评价和考核，为优秀教师提供相应的奖励，激发其教学热情和创造力。同时，学校还应建立健全的教师职业发展通道和晋升机制，为教师提供广阔的发展空间和良好的职业前景。学校应注重选拔和培养优秀教师，建立一支素质高、业务精、教学优的师资队伍。同时，学校还应关注教师的工作环境和待遇，提高其工作满意度和归属感，提升教师的稳定性。

（五）促进家校合作

建立和谐的家校关系不仅有助于学生的全面发展，还有助于保障教育质量和学校稳定发展。家校合作不仅是学校与家庭之间进行合作，还是社会各界共同育人的重要方式。学校和家庭应建立畅通的沟通渠道，及时交流学生的学习、生活和成长情况，共同制定教育目标和发展规划。学校可以通过定期组织家长会、家访活动等形式，邀请家长参与学校的教育管理和决策，增进双方的了解和信任，形成良好的合作氛围。

学校可以开展各类家庭教育讲座、家长学校、家长志愿者等活动，鼓励家长积极参与学校的教育教学活动和校园文化建设。加强家校互动，可以增强家长对学校教育工作的理解和支持，促进学校教育事业的发展。学校和家庭应共同制定家校合作的具体内容和方式，根据学生的特点和需求，制订个性化的家校合作方案。这包括制订学生学习计划、签订家校共育协议、建立家校互动平台等，共同关心学生的学业进步和身心成长。学校和家庭应建立相互信任的关系，形成紧密的合作伙伴关系。学校应重视家长的意见和建议，尊重家长的选择和决定，为家长提供必要的支持和帮助，共同育人，促进学生的全面发展。

（六）承担社会责任

学校教育管理的一项重要任务是承担社会责任，这意味着学校不仅要关注学生的学业进步，还要培养其社会责任感和公民意识，使他们成为有社会责任感的公民，能够积极参与社会实践和公益活动，为社会的发展和进步做出贡献。学校作为社会教育的重要组成部分，肩负着培养未来社会人才的重要使命。学校应将培养学生的社会责任感作为教育的重要目标，通过课程设置、教学活动和校园文化建设等方面的努力，引导学生树立正确的人生观和价值观，使他们能够积极投身于社会实践和公益活动。

学校可以开展各类社会实践和志愿服务活动，为学生提供参与社会实践和公益活动的平台和机会。通过参与志愿服务活动，学生可以增强社会责任感和团队合作意识，培养他们的领导能力和创新精神，提高他们的社会适应能力和综合素质。学校应加强公民教育和法治教育，教育学生遵纪守法、尊重他人、关爱社会，培养他们的公民意识和法治观念。可以通过开设公民道德与法治教育课程、组织法治宣传教育活动等方式，引导学生树立正确的法律意识，增强他们的法治观念和社会责任感。学校可以建立健全的社会责任教育评价指标体系，对学生的社会责任感和参与社会实践的情况进行监督和评估，及时发现和解决存在的问题，推动社会责任教育工作的深入开展和持续改进。

（七）建设学校文化

学校文化建设是学校教育管理的重要内容之一，它不仅关乎学校的发展方向和内在品质，还直接影响师生的学习与成长。学校文化既包括学校的价值观念、校训和传统，也包括学校的行为规范、校园氛围和精神风貌。学校教育管理应注重学校文化建设，培育和弘扬学校的优良传统和精神风貌，形成积极向上的学校文化氛围，营造良好的学习和成长环境。学校的核心价值观念和校训是学校文化的灵魂，它们体现了学校的办学理念、教育目标和行为准则。学校应通过各种形式的宣传和教育活动，强化学校的核心价值观念和校训，引导师生树立正确的行为准则，形成共同遵循和传承的价值观念和行为规范。

校园文化是学校的软实力和文化底蕴，包括校园精神、校园风貌、校园活动等方面的内容。学校应通过丰富多彩的校园文化活动，营造积极向上、活力四射的校园文化氛围，激发师生的学习热情和创新意识，促进学校的整体发展。师生关系是学校文化建设的重要组成部分，它直接关系到学校的凝聚力和稳定性。学校应加强师生之间的沟通和交流，建立和谐融洽的师生关系，为学生提供良好的学习和成长环境。同时，学校还应营造民主、平等、和谐的校园氛围，倡导尊重、理解、包容的校园文化，增强师生的认同感和归属感。

学校文化建设是一个长期的过程，需要形成制度化、规范化的长效机制。学校应建立健全学校文化建设的组织架构和工作机制，明确责任分工，加强领导和组织，形成多方参与、协同推进的文化建设格局，不断推动学校文化建设取得新的成效。

（八）促进教育创新

教育创新不仅是应对时代变革和社会需求的需要，还是推动教育事业不断发展和进步的重要途径。在当今快速变化的社会背景下，学校教育管理应当积极促进教育创新，不断探索和实践新的教育理念、教育方法和管理模式，以适应时代的发展需求和教育的变革趋势。

教育理念是教育事业的灵魂和指导思想，它直接影响教育的效果和发展方向。学校应关注教育理念的前沿动态和国际发展趋势，引进和借鉴先进的教育理念，不断丰富和完善教育理念体系，为教育实践提供科学的理论指导和方法支持。

教育方法是教学活动的核心内容，它直接影响教学效果和学生的学习效果。学校应鼓励教师在教学实践中不断探索和尝试新的教学方法，积极借鉴和应用信息技术、互动式教学、问题解决式学习等先进的教学手段，提高教学的针对性和有效性。教育内容是教学活动的重要组成部分，它直接关系到学生的学习兴趣和学习效果。学校应关注社会发展的需求和学生的成长需求，不断调整和更新教育内容，注重跨学科、综合性知识的融合和应用，促进学生的综合素质和创新能力的提升。

学校教育管理应改革教育管理模式，推动教育管理的创新。教育管理是教育事业的重要支撑和保障，它直接影响教育的质量和效率。学校应借鉴先进的管理理念和管理经验，改革教育管理体制和管理机制，注重人性化管理和信息化管理，提高管理的科学性和效率性，为教育创新提供良好的管理保障。

第二节 学校教育管理的历史演变

一、古代各国的教育管理

在古代，教育管理主要是由统治者或宗教机构来负责的。例如，古代中国的教育管理由皇帝和官僚负责，教育内容以经书和礼仪为主，强调道德教育和社会秩序的维护；古希腊的教育由城邦负责，重视体育和民主思想的培养；古罗马的教育则受到政府和家庭的共同管理，注重军事训练和公民道德的培养。

（一）古代中国的教育管理

在古代中国，教育的管理体系由皇帝和官僚构成。皇帝作为最高统治者，承担着颁布教育政策的责任。国家通过颁布法令、律例及设立学校等方式，直接干预和管理教育事务，以确保教育顺利进行且符合统治者的意志。同时，官僚阶层也在教育管理中扮演着重要角色。他们负责具体的执行和监督工作，如选拔教师、监督学校管理、制订教育计划等，为皇帝的教育政策提供支持和保障。

在古代中国的教育体系中，经书是传授知识和思想的重要载体，主要包括儒家经典著作。礼仪也是教育的重要组成部分，强调个体在社会中的地位、责任和行为准则。通过学习经书和礼仪，学生不仅能够获取知识，还能塑造良好的道德品质和行为习惯，为其未来的社会生活打下坚实的基础。

古代中国的教育管理强调道德教育和社会秩序的维护。儒家思想在教育中占据主导地位，其经典著作对教育内容和方法产生了深远影响。儒家注重培养学生的德行和礼仪，强调"仁、义、礼、智、信"等道德观念的培养，以及孝悌、忠恕等传统价值观的传承。同时，教育也被视为维护社会秩序的重要手段。通过教育，人们保持了对权威和秩序的尊重，从而促进了社会的和谐、稳定。

（二）古希腊的教育管理

在古希腊，教育管理的责任由各个城邦承担，城邦在当时是政治和社会组织的基本单位。这种分权的教育管理体系使得每个城邦都能根据自身的需求和特点制定合适的教育政策，以培养适合自己社会需求的公民。体育在古希腊教育中占据着重要地位，被视为公民身心健康和素质教育的重要工具。古希腊人相信，健康的身体是思想健康的基础，因此体育锻炼成为每个男孩必修的课程。在城邦中，竞技比赛和体育活动是日常生活的一部分。通过参与各种体育活动，年轻人不仅锻炼了身体，还培养了竞争意识和团队合作精神，为未来的生活和战争做好了准备。

除了体育，古希腊的教育也注重民主思想的培养。民主在古希腊被视为一种理想的政治制度，因此培养公民的政治参与意识和民主精神是教育的重要目标之一。在教育过程中，人们不仅学习了基本的知识和技能，还被教导如何参与城邦的政治生活，如何表达自己的观点并尊重他人的意见。人们通过政治辩论和参与决策过程，培养了独立思考能力和公民责任感，为城邦的民主发展奠定了基础。

(三) 古罗马的教育管理

古罗马时期的教育管理体系展现出政府与家庭的紧密合作与共同承担。政府在教育领域通过法令和政策的制定与实施发挥着重要作用，而家庭则肩负着基本的教育责任，政府与家庭构成了古罗马教育管理的双重支柱。

在古罗马社会，教育被视为塑造公民品格和维护国家安全的重要手段，政府与家庭共同致力培养忠诚而有责任感的公民。政府在古罗马教育体系中扮演着制定规范和指引方向的角色。通过颁布法令和政策，政府规范着教育的内容、形式和组织，以确保教育的有效开展。这种政府干预的目的在于保障教育的公平与质量，同时确保教育符合国家利益与长远发展。政府的介入不仅在教育内容方面发挥着作用，还在教育机构的管理与监督方面发挥着作用，以确保教育资源的合理配置和利用。

家庭教育不仅包括基本的生活技能的传授，还包括道德规范和家族的价值观念的传承。父母通过言传身教的方式，向子女传递忠诚、责任和勇敢等美德，以培养他们成为品德高尚的公民。

军事训练是古罗马教育体系的重要组成部分。古罗马重视军事力量的培养，将军事训练纳入教育的范畴。通过军事训练，年轻人接受战斗技能的培训，同时他们的纪律和意志力也能得到锻炼。军事训练不仅是为了国家的防御和战争需要，还是一种培养公民责任感和团队合作精神的手段。

除了军事训练，古罗马教育也注重公民道德的培养。公民道德教育旨在培养忠诚、正直和社会责任感，以建立和谐、稳定的社会秩序。通过教育，人们学会尊重法律，遵守秩序，发展出公共利益高于个人私利的意识和行为习惯，从而为社会的稳定和繁荣做出贡献。在古罗马教育管理中，政府和家庭的合作是实现教育目标的关键。政府的规范和指引为教育提供了制度保障，而家庭的教育责任是培养公民品质的基础。通过政府与家庭的共同努力，古罗马教育体系得以稳步发展，为古罗马帝国的繁荣与强大奠定了坚实的基础。

二、中世纪教育管理

中世纪的教育管理主要受到教会的控制，教会对教育的组织、内容和传播起着主导作用。教育内容以神学和经院哲学为主，目的是培养忠于教会的信徒和学者。教会学校是中世纪教育的主要载体，是贵族子弟和教会官员的子女接受教育的主要渠道。

（一）教会控制

教会对教育的控制，旨在确保教育与教会的教义相一致，以维护教会在社会中的地位和权威。在中世纪，教会通过制定各种法令和规定，确保对教育的控制。这些法令和规定旨在规范教育的组织形式、内容和传播方式，确保教育服务于教会的利益和宗旨。教会通过这种方式，有效地掌握了教育的主导权，成为中世纪教育的主要管理者。

教会通过审核和指导教材、教科书等教育资料，确保其中不包含任何违反教义或侵犯教会权威的内容。这种审查和指导的举措，有效地维护了教会在教育领域的权威地位，确保了教育的开展符合教会的宗教信仰和价值观。

教会对教育的控制还体现在对教育机构的管理上。教会能通过设立和管理教会学校、修道院学校等教育机构，有效地掌握教育资源的分配和利用。这些教育机构成为教会传播教义和培养信徒的重要场所，教会通过这些机构将教义灌输给学生，培养信徒。

（二）教育内容

中世纪教育的内容呈现出一种浓厚的宗教色彩，主要聚焦于神学和经院哲学两大领域。这两个领域不仅构成了中世纪教育的核心内容，更是塑造当时学生思想和价值观念的重要渠道。神学作为中世纪教育的主要内容之一，是对宗教信仰和神学原理的系统学习。在这个领域里，学生深入探讨上帝的存在、经典的阐释、教会的教义等重要议题。神学教育旨在深化学生对宗教信仰的理解，使他们成为虔诚的信徒和传教士。

经院哲学在中世纪教育中也占据着重要地位。经院哲学是通过逻辑推理和辩证方法来探讨宗教和哲学问题的学科。学生在这个领域里学习哲学思想、逻辑学、形而上学等知识，培养了批判性思维和辩证能力。经院哲学教育旨在让学生通过理性思考来探索宇宙的奥秘和哲学问题，从而加深对宗教和哲学的理解，提升个人的智慧和见识。

这两大领域的内容不仅构成了中世纪教育的主体，也直接影响了当时学生的思想和行为。神学教育使学生内化了教会的教义，培养了他们对神圣的崇敬和对教会的忠诚；经院哲学教育则培养了学生的逻辑思维和思辨能力，使他们具备辩证的眼光和理性的态度。

（三）培养忠诚信徒和学者

在中世纪，教会通过教育的方式，致力培养忠于教会的信徒和学者。这不仅是为了巩固教会在社会中的地位和权威，还是为了传承教义和宗教信仰，确保教会的长久生存和发展。教会希望通过教育，将信徒和学者都塑造成为对教会忠诚的支持者，以此维护教会的地位，确保其在社会中的影响力。中世纪教会通过教育培养忠诚信徒和学者的过程，着重强调了对教义和宗教信仰的传承和弘扬。教会认为，只有通过教育，才能使信徒和学者对教义和宗教信仰有更深层次的理解和认同。

教会还希望通过教育培养出一批对教会忠诚的学者和传教士，以扩大教会的影响力。这些学者和传教士通过学习神学、经院哲学等知识，深入研究和传播教义，成为教会宣传教义和影响社会的重要力量。他们能通过著作、讲学等形式，将教义传播给更多人，从而提升了教会在社会中的地位和影响力。

此外，中世纪教育还注重培养信徒和学者的品德和修养，使其成为具有高尚品德和良好行为规范的人。教会认为，只有具备了良好的品德和修养，才能更好地传承和弘扬教义。

（四）教会学校

教会学校是中世纪教育体系中不可或缺的一部分，承载着传承知识和宗教信仰的重任。这些学校由教会管理，为贵族子弟和教会官员的子女提供神学和经院哲学等课程，是中世纪教育的主要载体。教会通过建立和管理这些学校，掌握了对教育资源的主导权，有效地传承和弘扬了教义和宗教信仰。

贵族子弟和教会官员的子女是教会学校的主要学生群体。由于社会地位的特殊性，他们通常能获得更好的教育资源和机会，接受更深入、更全面的教育。通过在教会学校接受的教育，学生将成为中世纪社会中的精英阶层，也将在政治、宗教信仰、文化生活等领域发挥重要作用。

三、近代教育管理

近代教育管理的演变主要受到启蒙运动和工业革命的影响。在欧洲，随着启蒙思想的传播，教育开始逐渐与国家、社会紧密相连，国家逐渐介入教育管理的领域，并倡导普及教育的理念。在19世纪工业革命的影响下，教育管理逐渐向规范化和集中化发展，国家开始制定教育法规和政策，进一步推动教育的普及，为现代教育管理体系的建立奠定基础。

（一）启蒙思想的传播为教育管理提供了理论基础

启蒙运动倡导的理性思维、自由主义和普及教育的理念深刻地影响了社会的价值观念，推动了教育与国家、社会的紧密联系，引导着国家逐步介入教育管理的领域，以确保每个公民都能享有受教育的权利和机会。这场思想革命在欧洲及其他地区掀起了一股深远的变革风潮，为近代教育管理的转型提供了理论基础和实践动力。

启蒙运动的思想家通过文学、哲学、政治论著等形式，传播理性主义、自由主义和人文主义的思想，挑战了当时的权威和传统观念。他们呼吁个体追求理性和自由，主张普及教育，以提升人们的认知水平和社会地位。这些思想在知识分子和文化精英的讨论和传播中得以扩散、强化，渗透到了社会各个阶层、各个领域。

人们开始意识到教育对于个体发展和社会进步的重要性，开始关注普及教育的问题。启蒙思想倡导个体的理性思考和自由选择，主张每个人都应该有平等接受教育的机会，以便更好地认识自己、改善生活、参与社会活动。这种思想观念的传播引发了人们对现有教育体制的批判和改革呼声，促使国家和社会开始重视教育管理。

（二）国家介入教育管理的领域

国家制定教育法规和政策，为教育管理提供了法律依据和规范。这些法规和政策规定了教育的目标、内容、组织形式和管理程序，确保了教育活动的合法性和有效性。通过立法的方式，国家能对教育制度进行规范和调整，推动教育体系的发展和改革，为教育的普及和教育质量的提升提供制度保障。

国家通过建立教育机构和监管机构，加强对教育的管理和监督。这些机构包括教育部门、学校管理机构、教育委员会等，负责制定教育政策、管理教育资源、监督教育实践等。通过建立这些机构，国家能更加有效地管理和运作教育系统，保障教育的质量、公平性和效率性。

国家的介入使得教育资源能得到更加公平和合理的分配，确保每个公民都能享有受教育的权利和机会。同时，国家的监督和管理也能促进教育质量提升，确保教育教学的科学性和有效性，推动教育体系的不断发展和完善。国家介入教育管理的举措确立了国家在教育领域的权威地位。

（三）工业革命对教育管理产生了深远影响

19世纪工业革命的兴起对教育管理产生了深远的影响，这场革命性的变革加速了教育体系的演变。工业革命带来了经济的快速发展和社会结构的巨大变革，这种变革不仅对社会经济产生了深刻影响，还对教育管理提出了新的需求和挑战。面对工业化社会的需求，教育管理开始逐步调整和改革，以适应新时代的要求，推动教育的普及和现代化。

工业革命带来了经济结构的变革和生产方式的转变。工业化的生产方式需要大量的技术工人和管理人员，这就需要教育系统提供更全面、更专业的教育，以培养适应工业化生产的人才。因此，教育管理开始加强对职业教育和技术培训的重视，推动教育内容向技术性和实用性倾斜，以满足工业化社会对人才的需求。

工业革命也加速了城市化进程，导致城市人口迅速增长和社会结构发生变化。在城市化的背景下，教育资源的分配和管理面临着新的挑战，城市地区对教育的需求迅速增加，教育管理需要更好地满足城市居民的需求。因此，需要建立更加完善的教育体系和管理机构，以确保教育资源的合理分配和充分利用。

此外，工业革命还催生了劳工运动和社会改革运动，社会对于普及教育和公平教育的呼声日益高涨。工人阶级和社会弱势群体要求平等的受教育权利，这促使国家加大对教育的投入和管理力度，推动教育管理向着更民主和更公平的方向发展。因此，在工业革命的推动下，教育管理开始更加注重教育的普及和公平，努力实现教育资源的均衡分配，体现社会公正。

四、现代教育管理

20世纪以来，随着科技的进步和社会的发展，教育管理进入现代化阶段。教育管理不仅包括教学和学校管理，还包括教育政策、教育评估、教育研究等方面的内容。国际组织和学术机构开始介入教育管理领域，进行了各种教育改革和发展的理论和实践研究，推动了全球教育事业的发展和合作。

（一）教育政策的制定和实施

在现代教育管理阶段，教育政策的制定和实施是一个更加科学化和系统化的过程。国家和地区制定并实施教育法律法规和政策，旨在规范教育体系、促进教育公平、提升教育质量。这些政策涉及教育目标、课程标准、教学方法、评价体系等方面，为教育体系的稳定发展提供了指导。国家和地区制定的教育法律和法规，明确了教育的基本原则和政策导向，为教育管理提供了法律依据。同时，政府还通过发布教育政策文件、制定教育规划和发展规划，具体规定了教育的发展目标、任务和措施，为教育实践提供了有力指导。

（二）教育评估和质量保障机制

教育评估包括对学生学习成果、教学过程、教育机构运行等方面的评估，旨在全面了解教育的实际情况、发现问题并提出改进建议，从而不断提升教育质量。可以通过教育评估，客观地了解教育开展的实际情况，发现存在的问题和不足。教育评估不仅有助于监督和评价教育工作的质量，还能为制定改进措施和提升教育水平提供依据和参考。

除了对学生学习成果的评估，教育评估还包括对教学过程的评估，如教学方法的有效性、课堂氛围的建设等。同时，对教育机构的评估也是教育评估的重要内容，包括对学校的管理制度、师资队伍建设、教育资源配置等方面的评估。

质量保障机制涉及教师培训、课程设计、教学管理等方面，旨在确保教育活动的有效性和持续发展。为教师提供专业培训和持续发展的机会，加强课程设计和教学管理的规范化和科学化，可以有效提升教育的质量和水平。

（三）教育研究和创新

在现代教育管理中，教育研究和创新是非常重要的组成部分。进行教育研究和创新，一是为了不断探索教育理论和实践，二是为了推动教育改革和发展。教育研究涉及多个领域，包括教育心理学、教育技术、教育管理等，可以为教育政策的制定和实施提供理论支持和实践指导；教育创新涉及教学方法、教学资源、教学环境等方面，可以为教育的不断进步提供动力和途径。

对教育理论和实践的深入研究，可以帮助教育者更好地理解教育现象和规律，为教育政策的制定和实施提供理论支持和科学依据。教育研究涵盖多个领域，如教育心理学研究可以帮助教师理解学生在学习过程中的心理机制，教育技术研究可以帮助教育者探索技术在教育中的应用，教育管理研究可以提供给管理教育机构有效的方法等，这些研究成果为教育管理提供了重要的参考和指导。

教育创新旨在提升教育的质量和效果。教育创新可以是对教学内容和方法的改进，也可以是对教育技术和教学资源的更新，还可以是对教育管理模式和机制的改革。可以通过教育创新，不断探索教育的新方法、新技术和新模式，为教育的不断进步提供强劲的动力和支持。

（四）国际合作与交流

国际组织和学术机构积极介入教育管理领域，促进各国在教育政策、研究、资源共享等方面进行交流与合作，为应对全球性教育挑战、促进教育的全球化和多样化发展做出了积极贡献。各国政府和教育机构主要通过国际组织和合作项目，分享教育政策的制定和实施经验，借鉴其他国家的成功案例，并在自身的教育改革中加以运用。这种政策交流不仅有助于各国更好地理解其他国家的教育体系和政策，还能促进教育政策的创新和优化，提升教育质量和增强教育效果。

各国学术机构和研究机构通过开展合作项目和学术交流活动，共同开展教育理论和实践研究，推动教育领域的前沿科研成果的产生和应用。这种国际合作不仅能促进教育研究的国际化和学科交叉融合，还能为各国政策制定和实施提供理论支持和实践指导。各国可以通过国际组织和合作项目，共享教育资源，如教学材料、教学技术、教育设施等，为教育发展提供重要支持。同时，各国还在教育培训和人才交流方面开展合作，共同培养教育人才，为全球教育事业的可持续发展贡献力量。

五、当代教育管理

（一）要适应社会变革和科技发展的需要

随着当代社会的迅速变革和科技的飞速发展，教育管理面临着前所未有的挑战和机遇。要适应这些变化，教育政策和教学方法必须与时俱进，及时调整。这不仅是为了跟上时代的步伐，还是为了培养适应未来社会需求的人才。

通过引入新技术和新教学模式，如在线教育和混合式学习，教育管理可以有效提升教育质量和效率。信息技术的普及使得在线教育成为现实，它突破了时间和空间的限制，使学生能够随时随地进行学习。这种学习方式不仅能提高学习的便捷性，还能增强学生的自主学习能力。混合式学习模式的兴起是对传统教学的有效补充。它将面对面教学与在线学习有机结合，既保留了传统教学中的互动优势，又利用了在线学习的灵活性和资源丰富性。

政策制定者需要根据社会的发展需求和科技的进步，制定出科学合理的教育政策。例如，为了应对人工智能和大数据等新兴技术的挑战，教育政策可以鼓励学校开设相关课程，提高学生的科技素养。同时，教育政策还可以推动教育资源的公平分配，确保每个学生都有机会享受到优质的教育资源。面对科技的发展，教师需要不断学习和更新自己的知识和技能，以便更好地适应新的教学模式和方法。教育管理部门和学校可以通过组织培训、提供学习资源等方式，支持教师的持续发展。同时，可以鼓励教师进行教学创新，探索新的教学方法和工具，增强教学效果。

科技的进步不仅改变了教学方式，还对学生的综合能力提出了更高的要求。教育管理者应注重培养学生的创新能力、合作精神和问题解决能力，使他们能够在未来的社会中脱颖而出。可以通过设立创新实验室、开展团队合作项目等方式，为学生提供多样化的学习体验。现代科技提供了大量的数据，教育管理者可以利用这些数据对教育政策和教学方法进行科学评估和改进。通过分析学生的学习数据，教育管理者可以发现教学中的问题，及时调整教学策略，提供个性化的学习支持，增强学生的学习效果。

教育管理在适应社会变革和科技发展的过程中，还需要加强与社会各界的合作。教育不再是封闭的系统，而是需要与科技企业、科研机构等多方合作，共同推动教育创新。通过与这些机构的合作，教育管理可以引入先进的技术和资源，为教育注入新的活力。

在科技日新月异的今天，教育管理需要不断探索和创新，以适应社会变革和科技发展的需要。教育管理者应当以开放的心态和创新的精神，迎接未来的挑战，为教育事业的发展贡献力量。

（二）要注重教育公平、多元化和可持续发展

在当代教育管理中，教育公平、多元化和可持续发展，不仅关系到个体的成长和发展，更关系到社会的和谐与进步。要实现这些目标，教育管理者必须制定和实施公平的教育政策，确保教育资源的均衡配置，并保障弱势群体的教育权利。这些措施有助于促进教育公平，使每个学生都有机会接受优质教育。政策制定者应从制度上确保每个学生都享有平等的教育机会。这包括免费或低成本的基础教育，确保所有儿童都能入学，并为经济困难的家庭提供资助。同时，政策制定者还应制定政策，促进教育资源的均衡分配，缩小教育差距。

教育资源包括教学设备、师资力量、教育经费等。教育管理者应当通过合理的资源分配机制，确保各地区、各学校的教育资源得到公平分配。特别是在农村和偏远地区，这些地方通常教育资源较匮乏，教育质量较差。可以通过加大投入，提高这些地区的教育水平，有效缩小城乡教育差距，促进教育公平。弱势群体包括残障儿童、留守儿童、贫困家庭的子女等。这些孩子往往面临更多的生活

挑战和学习困难，需要特殊的关注和支持。教育管理者应制定有针对性的政策和措施，为他们提供必要的教育支持和保障。例如，建立特殊教育学校或班级，为残障儿童提供适合他们的教育；开展爱心助学活动，为困难家庭的子女提供经济资助；制订留守儿童关爱计划，关注他们的心理健康和学习状况。

多元化教育包括对不同语言和教育需求的尊重与支持，以及对不同类型教育机构的鼓励和支持。在经济全球化背景下，不同文化和语言的交流日益频繁，教育管理应当尊重和包容不同文化背景的学生，为他们提供适合的教育环境和课程设置。同时，对于有特殊教育需求的学生，如天才儿童、特殊兴趣爱好者等，教育管理者应提供多样化的教育选择，以满足他们的个性化需求。同时，对不同类型教育机构的鼓励，也是多元化教育的重要体现。除了传统的公立学校，私立学校、国际学校、职业学校等也应得到支持和发展。这些学校可以为学生提供多样化的教育选择，满足不同家庭和学生的需求。教育管理者应制定政策，鼓励和支持不同类型的教育机构多元化发展。

在实现教育公平和多元化的同时，教育的可持续发展也是教育管理的重要目标。教育的可持续发展不仅要关注当前的教育质量和效果，还要关注未来教育的发展潜力和发展方向。这要求教育管理者在制定教育政策时，考虑教育的长远发展，注重教育资源的可持续利用。例如，在建设教育设施时，应注重环保和节能，减少资源浪费；在设置课程时，应注重可持续发展教育内容的融入，培养学生的环保意识和社会责任感。

教育公平、多元化和可持续发展是当代教育管理的核心目标。这些目标的实现，不仅需要政策的支持和保障，还需要全社会的共同努力。教育管理者应当以长远的眼光，积极应对教育发展中的挑战，为实现教育公平、多元化和可持续发展做出努力。

（三）要促进教育资源的均衡配置和教育质量的提升

促进教育资源的均衡配置和提升教育质量是教育的核心目标。要实现这一目标，需要加大对教育资源的投入。政府和教育管理部门应当增加教育经费的投入，特别是对那些教育资源相对匮乏的地区和学校，要确保它们能够获得足够的资金支持，改善教学设施和条件。现代化的教育设施可以为学生提供良好的学习环境，激发其学习兴趣和积极性。同时，教师是教育质量的保证，提高教师队伍的素质非常重要。教育管理者应通过培训、进修等方式，提高教师的专业水平和教学能力，并引入高素质的教师，补充师资力量的不足。

在优化课程设置和教学内容方面，教育管理者需要根据社会的发展需求和学生的实际情况，科学合理地安排课程，确保教学内容的实用性和前瞻性。传统的教学内容可能已经无法满足现代社会对人才的要求，因此，课程改革势在必行。教育管理部门应当组织专家和一线教师，研究和制订符合时代要求的课程方案，既要保留基础知识的教学，又要增加现代科技、创新思维等方面的内容，使学生能够全面发展。教育质量的提升不仅需要依靠教学设施的改善和师资力量的提高，还需要依靠有效的监督和评估机制。教育管理部门应建立健全的教育质量评估体系，定期对学校的教学情况进行检查和评估，发现问题并及时整改。同时，可以引入第三方评估机构，提供客观、公正的评价，确保评估结果的科学性和公正性。

信息技术的发展为教育提供了新的工具和手段，可以通过教育信息化，实现教育资源的共享，提高教学效率。教育管理部门应加大对教育信息化的投入，建设数字校园，推动在线教育和混合式学习的发展。同时，教师应接受信息技术方面的培训，熟练掌握现代教学工具。教师是教育的执行者，其专业水平和职业素养直接影响教育质量。教育管理者应通过多种途径，促进教师的专业发展，如开展定期的培训和进修，鼓励教师进行教学研究和创新，建立教师交流和合作的平台等。

教育不仅是学校的责任，还是全社会的责任。政府、企业、社会组织等应当积极参与教育事业，提供资源和支持，促进教育质量的提升。例如，企业可以通过校企合作，提供实习和就业机会，帮助学生将理论知识与实践相结合，提高综合素质；社会组织可以开展教育公益活动，关注弱势群体的教育问题。

第三节 学校教育管理的理论基础

一、科学管理理论

科学管理理论是学校教育管理的重要理论基础。这一理论由弗雷德里克·泰勒提出，主张通过科学的方法提高工作效率和生产力。科学管理理论强调制定标准化的管理流程和工作规范，通过科学的管理方法提升教育管理的质量和效率。学校可以通过制订详细的教学计划和工作流程，确保每个教学环节都有明确的操作标准和规范。例如，在课程安排上，可以科学合理地分配每门课的时间，确保各学科教学任务的平衡和协调；在教学过程中，可以制订详细的教学计划，确保教学内容的系统性和连贯性。这种标准化管理流程有助于减少教学中的随意性和盲目性。

教育资源包括教师、教材、教具等,这些资源的合理配置直接影响教育质量。学校可以通过科学的方法对教育资源进行优化配置和合理利用。例如,通过合理分配教师的教学任务,避免教师负担过重,确保每个教师都能充分发挥其专业特长;通过科学的教材选用和教具配备,确保教学内容的先进性和适用性,激发学生的学习兴趣,增强其学习效果。

在教育管理中,科学的管理手段包括信息化管理、数据分析、绩效考核等。学校可以通过引入现代信息技术,建立教育管理信息系统,实现教学管理的信息化,提高管理效率;通过数据分析,对教学过程中的各项数据进行科学分析,发现问题,提高教学质量;通过绩效考核,对教师的教学工作进行科学评价,激发教师的工作热情和积极性。

科学管理理论强调通过科学的培训和进修提高教师的专业水平。教师是教育的核心,教师专业水平的高低直接影响教育质量。例如,可以通过定期组织教师培训,提升教师的教学技能和专业水平;通过鼓励教师参加学术交流和进修,不断更新知识,提升他们的教学水平。

评估和反馈机制是确保教学质量的重要手段。学校可以通过建立科学的评估体系,对教学过程中的各项工作进行评估,发现问题,及时反馈,及时整改。例如,可以通过定期进行教学质量评估,了解教学效果;通过建立学生反馈机制,了解学生的学习需求和意见,不断改进教学内容和方法。

激励机制是激发教师和学生积极性的有效手段。学校可以通过建立合理的激励机制,激发教师的工作热情和学生的学习积极性。例如,可以通过设立教师奖励制度,对教学成绩优秀的教师进行表彰和奖励,激励教师不断提高教学水平;通过设立学生奖学金和荣誉称号,激励学生努力学习,取得优异成绩。

二、人本管理理论

人本管理理论在学校教育管理中具有重要的指导作用。该理论强调以人为本,关注人的需求和动机,认为人的积极性和创造力是组织发展的关键。人本管理理论要求学校管理者关注教师和学生的需求,尊重他们的个性和发展愿望,从而激发他们的积极性和创造力。

教师是教育的核心力量,他们的工作热情和专业水平直接影响教育质量。因此,学校管理者应当了解教师的需求,为他们提供必要的支持和资源。例如,可以通过提供专业发展机会，如学术交流等，提升教师的专业能力和教学水平；通过改善工作环境和条件，减轻教师的工作压力，提升他们的工作满意度。

学生是教育的主体，他们的学习动机和心理健康直接影响学习效果。学校应尊重学生的个性和发展愿望，为他们提供适合的学习环境和支持。例如，可以通过开展丰富多彩的课外活动，激发学生的学习兴趣；通过建立心理辅导和支持系统，关注学生的心理健康，帮助他们解决学习和生活中的问题。

良好的师生关系和积极的校园文化可以增强师生的归属感和凝聚力，增强教育管理的效果。例如，可以通过组织师生交流活动，增进师生之间的了解和信任，构建和谐的师生关系；通过开展校园文化建设活动，营造积极向上的校园氛围，激发师生的积极性和创造力；通过建立师生互助和合作机制，促进师生之间的合作和交流，增强教学效果和提高学习质量。

学校管理者应采用民主、开放的管理方式，尊重和倾听师生的意见和建议。例如，可以通过建立教师和学生参与管理的机制，让教师和学生参与学校的决策和管理过程，增强他们的主人翁意识和责任感；通过定期召开师生座谈会，了解师生的需求和意见，及时解决他们的问题；通过建立信息公开和反馈机制，提高学校管理的透明度和公正性，提升师生对学校管理的信任和满意度。

学校管理者应当关注师生的个人发展和成长，为他们提供多样化的发展机会和平台。例如，可以通过实施教师职业发展规划，帮助教师明确职业目标和发展方向，提升他们的职业发展能力和水平；还可以通过开展学生职业生涯规划辅导，帮助学生了解职业选择和发展路径，提升他们的职业发展能力和竞争力。

关爱和支持是提升师生满意度和幸福感的重要因素。学校管理者应当关注师生的身心健康和福祉，为他们提供必要的关爱和支持。例如，可以通过建立教师健康管理和支持系统，关注教师的身心健康，提供必要的健康检查和心理辅导；通过建立学生关爱和支持系统，关注学生的学习状况和身心健康，提供必要的学习辅导和心理支持。

三、系统管理理论

系统管理理论在学校教育管理中具有重要的应用价值。该理论认为，组织是一个复杂的系统，各个部分相互关联、相互影响。系统管理理论强调学校内部各个部门、各个环节应进行协调与配合，形成一个有机的整体。学校教育管理涉及教学管理、行政管理、后勤管理等方面，这些部门虽然职责不同，却紧密相连，共同为实现教育目标而努力。例如，教学管理部门负责制订和实施教学计划，行政管理部门负责学校的日常运行和管理,后勤管理部门负责提供必要的后勤保障服务。只有各个部门紧密协作、相互支持,才能提高学校的整体管理水平和教育质量。

教育管理是一个系统工程,各个环节的有效配合是提高教育质量的关键。例如,教师的教学、学生的学习、教学资源的配置等各个环节都需要紧密配合。教师需要根据教学计划开展教学活动,学生需要积极参与和配合,教学资源需要合理配置和使用。可以通过各个环节的有效配合,增强教学效果。学校管理者需要从整体出发,综合考虑各个方面的因素,通过系统优化增强管理效果。例如,在制定学校发展规划时,学校管理者需要综合考虑学校的办学理念、教育目标、资源配置、师资力量等各方面因素,制定科学合理的发展规划,确保学校的可持续发展。可以通过系统思维和整体优化,提高学校管理的科学性和有效性。

学校管理者需要通过反馈机制及时了解各个部门和环节的运行情况,发现问题,及时进行调整和改进。例如,可以通过定期召开部门协调会,了解各部门的工作进展和问题,及时协调解决;通过建立教学质量反馈机制,了解教学效果和学生的学习情况。

信息的共享和沟通是提高管理效率的重要手段。学校管理者需要建立有效的信息共享和沟通机制,确保各个部门和环节的信息畅通。例如,可以通过建立学校管理信息系统,实现各个部门的信息共享;还可以通过定期召开工作例会,促进各部门之间的信息沟通和交流,提高协作水平。信息的共享和沟通有助于提高学校管理的透明度。

四、目标管理理论

目标管理理论由彼得·德鲁克提出,强调通过明确的目标来指导管理活动。目标管理理论要求学校制定清晰明确的教育目标,并通过将这些目标分解为具体的任务和措施,确保各项工作都围绕这些目标展开。目标管理理论要求学校制定的教育目标,应具有明确性、可测量性和可实现性。例如,提高学生的学业成绩、提升教师的专业素质、改善校园环境等具体目标,都是学校管理者需要关注的重要方面。通过制定明确的目标,学校可以为教育管理工作提供清晰的方向和依据。

学校制定的整体目标需要分解为具体的、可操作的任务和措施,并落实到具体的部门和个人。例如,为了提高学生的学业成绩,可以制订详细的教学计划和学习辅导方案,将任务分配给各个学科的教师,确保每个环节都有人负责;为了提升教师的专业素质，可以制订教师培训和进修计划，明确每位教师的培训任务和目标；为了改善校园环境，可以制订具体的校园建设和维护计划，分配给相关的行政部门和后勤人员。学校管理者需要根据整体目标制订具体的行动计划，并通过科学的管理方法和手段，确保这些计划能够顺利实施。

在实现目标的过程中，学校管理者需要对各项工作的进展情况进行跟踪和评估，及时发现和解决问题，确保目标的顺利实现。例如，学校可以通过定期的教学检查、学生问卷调查、教师绩效考核等方式，了解各项工作的进展情况；还可以通过总结和分析工作中的经验和教训，不断完善工作流程，增强管理效果。学校管理者需要通过建立有效的反馈机制，及时了解教师和学生的需求和意见，改进管理工作。

目标管理理论也注重整体目标和个体目标的结合。学校管理者不仅需要制定学校的整体目标，还需要关注每个教师和学生的个体目标。例如，在制定学校的整体教育目标时，可以结合每个教师的职业发展目标，制订个性化的培训和进修计划；在制定学生的学习目标时，可以结合每个学生的兴趣和特长，提供差异化的学习支持和辅导。

五、行为科学理论

行为科学理论在学校教育管理中具有深远的影响。这一理论研究人的行为和心理，强调通过理解和调控人的行为来增强管理效果。行为科学理论要求学校管理者深入了解教师和学生的行为动机，采用科学的方法调控他们的行为，从而提高教育管理的整体水平。每个人的行为都有其动机，学校管理者只有了解了这些动机，才能有效地调控行为。例如，教师的教学行为可能会受到职业发展、工作环境、学生反馈等因素的影响；学生的学习行为可能会受到家庭环境、同伴关系、个人兴趣等方面的影响。通过了解这些动机，学校管理者可以采取有针对性的措施，激发教师和学生的积极性，增强教育管理效果。

学校管理者可以通过心理咨询、行为干预等手段，帮助教师和学生解决学习和生活中的问题。例如，学校可以设置心理咨询室，为有需要的学生提供心理辅导和支持，帮助他们缓解压力，解决心理问题；也可以通过行为干预，帮助行为有偏差的学生改正不良习惯，促进他们的健康发展；还可以通过科学的绩效考核和激励机制，调动教师工作的积极性。

学校管理者可以通过营造积极向上的校园文化，创造一个有利于师生健康成长的环境。例如，可以通过创建安全、整洁的校园环境，减少外部不良因素对师生行为的影响。良好的校园环境可以对师生的行为产生积极影响。

学校管理者可以通过组织各种形式的培训和教育活动，提高师生的行为素养和心理素质。例如，可以通过学生德育教育，培养学生的良好品德和行为习惯；也可以通过心理健康教育，增强师生的心理素质和应对压力的能力。教育和培训，能够帮助师生树立正确的行为观念，养成良好的行为习惯，增强教育管理效果。

学校管理者需要建立有效的反馈机制，及时了解师生的需求和意见，不断完善管理工作。例如，可以通过问卷调查和意见征集，了解师生对学校管理工作的评价和建议，改进管理措施。有效的反馈机制可以促进管理工作的不断改进，提升教育管理的科学性。

学校管理者需要尊重和关注师生的个性特点，采用个性化的管理方法。例如，可以通过差异化教学，满足学生的不同学习需求，促进他们的个性化发展。个性化管理可以提高师生的满意度和积极性，促进学校教育管理的整体提升。

六、文化管理理论

文化管理理论在学校教育管理中具有重要的指导作用。这一理论强调组织文化在管理中的关键作用，认为良好的组织文化可以增强凝聚力，提高工作效率。积极向上的校园文化可以形成良好的校风和学风。例如，学校可以通过制定明确的校园文化建设目标，推动校园文化的系统建设；通过宣传学校的办学理念和价值观，形成统一的思想共识；通过树立先进典型和榜样，激励师生共同努力，营造良好的校园氛围。

丰富多彩的文化活动可以增强师生的归属感和凝聚力，提升学校的整体形象。例如，学校可以定期组织文艺汇演、体育比赛、社团活动等，让师生在参与活动中体会到集体的温暖和力量；通过举办校园文化节、读书节等活动，激发学生的学习兴趣和求知欲，营造浓厚的学习氛围；通过开展中华优秀传统文化教育活动，弘扬民族文化，提高学生的文化素养和自豪感。

良好的校园文化可以促进师生的全面发展，提高教育质量和办学水平。例如，学校可以通过建设书香校园，营造浓厚的阅读氛围，提升学生的阅读能力和文化素养；通过建设创新型校园，鼓励师生开展创新实践活动，培养学生的创新精神和实践能力；通过建设和谐校园，关注师生的心理健康，促进师生的全面发展和共同进步。

优美的校园环境可以陶冶师生的情操，增强他们的工作和学习动力。例如，学校可以通过绿化美化校园，营造宜人的学习和生活环境；通过添置校园文化景观，如雕塑、文化墙等，传递积极向上的文化信息；通过合理规划和设计校园空间，提供舒适的学习和活动场所，提升师生的幸福感和满意度。

良好的制度文化可以为学校管理提供科学规范的制度保障。例如，学校可以通过制定和完善各项管理制度，规范师生的行为和工作学习流程；通过建立公平公正的评价体系，激励师生积极进取，不断提高自我；通过建立民主参与机制，鼓励师生参与学校管理，增强他们的责任感和主人翁意识。

高尚的精神文化可以引导师生树立正确的人生观和价值观，激发他们的内在追求。例如，学校可以通过开展思想政治教育，弘扬社会主义核心价值观，培养学生的爱国情怀和社会责任感；通过开展道德教育，提升学生的道德素养和行为规范；通过开展心理健康教育，培养师生积极乐观的人生态度。

七、激励理论

激励理论在学校教育管理中扮演着重要角色。它研究如何通过各种激励手段激发人的积极性和创造力。激励理论要求学校管理者设计合理的激励机制，以激发教师的工作热情和学生的学习动力，从而提升教育质量和学校整体水平。

设立奖励制度，对表现优秀的教师和学生进行表彰和奖励，是一种有效的激励手段。例如，学校可以根据教师的教学质量、科研成果、学生评教等方面的表现，设立优秀教师奖、教学成果奖等，激励教师不断提高教学水平和科研能力；对于学生，可以设立奖学金等，鼓励他们努力学习，争取取得更好的成绩。

设定明确的目标，可以为教师和学生提供清晰的方向和动力。例如，学校可以为教师设定教学目标和科研目标，通过目标激励，促使教师在教学和科研方面不断进步；对于学生，可以设定学习目标和发展目标。通过明确的目标激励，教师和学生可以更有方向感和动力感，提升工作和学习效率。

荣誉激励是一种有效的非物质激励手段，可以增强师生的归属感和荣誉感。例如，学校可以通过设立优秀教师称号、优秀学生称号等荣誉激励，表彰和奖励在教学和学习中表现突出的教师和学生，增强他们的归属感和荣誉感。通过荣誉激励，教师和学生可以更加努力，提升学校的整体教育质量和水平。

提供发展机会和平台，可以激发教师和学生的积极性。例如，学校可以通过提供培训和进修机会，帮助教师不断提升专业水平；通过提供科研支持和学术交流机会，帮助教师提升科研能力和学术水平；通过提供实践和实习机会，帮助学生提升实践能力和职业素养。通过发展激励，教师和学生可以不断成长，提升自身的综合素质和能力。

关怀激励是一种重要的非物质激励手段，可以提升教师和学生的工作和学习满意度。例如，学校可以通过关心教师的工作和生活，提供必要的支持和帮助，提升教师的工作满意度和幸福感；通过关心学生的学习和生活，提供必要的学习支持和心理辅导，提升学生的幸福感。通过关怀激励，教师和学生可以更加专注于教学和学习。

公平激励是一种重要的激励手段，可以提升教师和学生对学校的信任度和忠诚度。例如，学校可以通过建立公平公正的评价和奖励机制，确保教师和学生的努力和成果都得到公正的评价和奖励。通过公平激励，教师和学生可以更加信任学校，增强归属感和对学校的忠诚度。

八、创新管理理论

创新管理理论在现代学校教育管理中起着关键作用。它强调通过持续创新来提升组织的竞争力和适应能力。创新管理理论要求学校管理者不断创新教育管理模式和教学方法，以提高教育质量和效率。

现代信息技术的快速发展为教育管理提供了新的工具和方法。例如，学校可以通过建设智慧校园、建立教育管理信息系统，实现教务管理、学生管理、资源管理等方面的智能化和数字化，提高管理效率和决策科学性。

传统的教学模式已经难以满足现代教育的需求，学校需要不断进行教学改革，探索新的教学方法和模式。例如，学校可以通过项目式学习、探究式学习等教学方法，激发学生的学习兴趣和创新能力；通过引入翻转课堂模式，让学生在课前自主学习课程内容，在课堂上进行讨论和应用，提升学生的自主学习能力和应用能力。

每个学生都有独特的兴趣和潜能，学校需要通过创新教育管理模式，满足学生的个性化需求。例如，学校可以通过开设多样化的选修课程和兴趣小组，满足学生的兴趣和需求，激发他们的学习热情和创造力；通过实施个性化的学习支持计划，根据学生的学习特点和需求，促进学生的个性化发展；通过开展综合素质教育，注重学生的德、智、体、美、劳全面发展，提升学生的综合素质和能力。

学校需要通过创新管理模式，加强与社会各界的互动和合作，共同推动教育发展。例如，学校可以通过建立校企合作平台，与企业合作开展实习和实践活动，提升学生的实践能力和职业素养；通过与科研机构合作，开展教育研究和创新实验，推动教育理论和实践的发展；通过与社区合作，开展社会实践和公益活动,培养学生的社会责任感和服务意识。

良好的制度和文化是创新管理的基础和保障。学校需要通过制度创新和组织文化建设,营造有利于创新的环境和氛围。例如,学校可以通过建设积极向上的校园文化,营造开放、包容、合作的文化氛围,支持和鼓励创新。在创新过程中,反馈机制是确保创新效果的重要手段。学校需要建立有效的反馈机制,及时了解各项创新措施的实施效果,不断进行调整和改进。例如,可以通过定期开展问卷调查和座谈会,了解师生对创新管理和教学方法的意见和建议,及时调整和改进;还可以通过建立数据分析系统,监测和评估各项创新措施的效果,发现问题,及时改进。

九、质量管理理论

质量管理理论在学校教育管理中起着重要的作用。它强调通过全面质量管理,提高组织的产品和服务质量。质量管理理论要求学校建立完善的质量管理体系,不断改进教学和管理过程。学校需要制定明确的质量目标和标准,涵盖教学、管理、后勤等各个方面。例如,学校可以制定教学质量标准,明确教师的教学任务和学生的学习要求;制定管理质量标准,规范行政管理和后勤服务流程;制定资源配置标准,确保教育资源的合理配置和有效利用。通过建立全面的质量管理体系,学校可以为各项工作的开展提供明确的方向和依据。

建立质量评估体系,对教学质量进行定期评估,是提高教育质量的重要手段。例如,学校可以通过学生评教、教师自评、同行评议等方式,对教师的教学质量进行评估,发现教学中的问题和不足,及时进行改进;通过定期的学业水平测试和教学质量检查,了解学生的学习效果,以及发现教学过程中的问题。通过定期评估,学校可以不断改进教学过程。

教师是教育质量的关键。例如,可以通过鼓励教师参加学术交流和教学研究,提升教师的学术水平和科研能力;通过建立教师发展支持体系,提供必要的资源和支持,帮助教师不断提高教学质量。通过教师的专业发展和培训,学校可以提高整体教育质量。

学校应建立健全的学习质量保障体系,确保学生在学习过程中获得全面发展。例如,学校可以通过建立学生学习档案,记录学生的学习情况和发展轨迹,提供个性化的学习支持和辅导;通过建立学习支持系统,为学生提供学习资源和帮助。

学校应与其他教育机构、企业、科研单位等外部组织建立合作关系,共同推动教育质量的提升；还可以通过与其他学校合作，开展教学交流和经验分享活动，提升学校的教育质量和管理水平。

十、战略管理理论

战略管理理论的核心在于通过系统的战略规划和实施，提升组织的长期竞争力。战略管理不仅是对学校整体发展的宏观规划，还涉及具体措施的执行和反馈机制的完善，以确保战略目标的实现。教学质量是学校生存和发展的基础，因此，提高教学质量必须作为战略管理的重要组成部分。学校可以通过加强课程改革、引入先进的教学方法和技术、提升教师教学水平等途径，不断改进教学内容与方式。通过对教学质量的持续关注和改进，学校能够在激烈的教育市场竞争中保持优势地位。

教师是教育活动的核心，其专业素养和教学能力直接影响学生的学习效果。科研水平的提升不仅可以提高学校的学术声誉，还能为教学提供丰富的资源和支持。学校应制定科学的科研发展战略，鼓励教师积极参与科研项目，开展跨学科的合作研究，推动科研成果的转化和应用。通过提升科研水平，学校不仅可以增强自身的学术影响力，还能为社会和经济发展做出贡献。

国际化是提升学校综合竞争力的重要途径，通过加强国际交流与合作，学校可以借鉴国外先进的教育理念和管理经验，提升自身的办学水平。学校可以通过引进国际课程、开展国际学术交流、吸引海外优秀人才等措施，推进教育国际化进程，培养具有国际视野和竞争力的学生。

为了确保战略管理的有效实施，学校还需要建立完善的评估和反馈机制。通过定期评估战略实施的效果，学校可以及时发现问题并进行调整，确保战略目标的实现。同时，学校还应鼓励全体教职工参与战略管理，充分发挥集体智慧，共同推进学校的发展。

品牌是学校的无形资产，是提升学校知名度和影响力的重要因素。通过制定科学的品牌建设战略，学校可以系统地规划和实施各种宣传推广活动，提升社会对学校的认可度和信任度。良好的品牌建设不仅有助于吸引优秀的教师和学生，还能增强学校的社会责任感和使命感，促进学校的长远发展。

第二章 学校教育管理的组织结构与运行机制

学校教育管理的组织结构与运行机制是确保教育目标顺利实现的关键。有效的组织结构与运行机制不仅能提高管理效率,还能提升教育过程的透明度和公正性。在现代教育管理实践中,学校的组织结构与运行机制需要灵活应对教育政策的变化、技术的进步及社会经济条件的变迁。

第一节 学校教育管理的组织结构

学校教育管理的组织结构是教育活动有序进行、提升教学质量和管理效率的重要保障。一个科学合理的组织结构可以有效地分配资源、明确职责、促进协调与合作。

一、管理层级

(一)校级领导层

校级领导层在学校教育管理中具有至关重要的地位,是学校的最高决策机构。该层级包括校长、副校长及校务委员会,其主要职责是制定学校的总体发展战略、管理政策和重大决策。

校长作为学校的主要负责人,承担着领导全校行政管理和教学工作的重任,全面负责学校的发展方向和整体运行。校长在校级领导层中居于核心位置,扮演着重要的角色。他不仅要全面了解学校的运行状况,还需具备前瞻性的战略眼光,能够准确把握教育发展的方向。在制定学校发展战略时,校长需要结合学校的实际情况和未来发展需求,制定科学、合理、可行的发展规划,以确保学校在激烈的教育竞争中立于不败之地。

副校长是校长的得力助手,他们通常分管不同的职能领域,如教学、科研、学生管理、后勤保障等。副校长在其分管领域内负责具体工作的推进和落实,确保校长决策的有效执行。副校长需要与校长保持密切的沟通，确保各项工作的顺利进行和资源的合理配置。同时，副校长还需具备较高的管理能力和专业素养，能够在各自的领域内发挥领导作用，推动学校工作的全面发展。

校务委员会是校级领导层的重要组成部分，通常由校长、副校长及各主要职能部门负责人组成。校务委员会的主要职责是对学校的重大决策进行讨论和审议，为校长提供决策支持和建议。委员会成员需要具备丰富的管理经验，能够从多角度、多层次对学校的发展问题进行深入探讨和分析。通过集体决策的方式，校务委员会可以有效避免个人决策的失误，提高决策的科学性和合理性。

在制定和实施学校总体发展战略时，校级领导层需要充分考虑外部环境的变化和内部资源的状况。教育政策的调整、社会经济的发展、科技的进步等都可能对学校的发展产生重要影响。校长及其领导团队需要具备敏锐的洞察力，能够及时捕捉和分析这些变化，调整和优化学校的发展战略，以应对各种挑战和机遇。

此外，校级领导层在管理政策的制定上也发挥着重要作用。学校的管理政策涵盖从人事管理、教学管理到财务管理的各个方面，是保障学校正常运行和可持续发展的制度基础。校级领导层需要结合学校的实际情况和发展需求，制定科学、合理的管理政策，确保各项工作的有序开展和目标的实现。在政策执行过程中，校级领导层还需定期进行评估和反馈，确保政策的有效性和适应性。

为了提升学校的综合实力和竞争力，校级领导层还需要注重队伍建设和资源配置。优秀的教师队伍和合理的资源配置是学校发展的关键因素。校长及其领导团队需要制定和实施一系列的人才引进、培训和激励政策，吸引和培养高素质、高水平的教师和管理人才。同时，校级领导层还需科学合理地配置各种资源，确保教学、科研和管理工作的顺利进行。

在学校的发展过程中，校级领导层还需注重与外部环境的互动和合作。现代教育的发展越来越依赖各种资源和平台的共享与合作。校长及其领导团队需要积极与政府部门、兄弟院校、科研机构等社会各界建立广泛的联系和合作，通过资源整合和优势互补，提升学校的综合实力和社会影响力。通过合作，学校不仅可以获取更多的资源和支持，还能为师生提供更广阔的发展空间。

良好的校园文化氛围能够激发师生的创造力，提升学校的凝聚力和竞争力。校长及领导团队需要积极倡导和培育积极向上的校园文化，弘扬学校的优良传统和价值观，营造和谐、创新的教育环境。通过文化建设，校级领导层可以增强学校的软实力，为学校的长远发展奠定坚实的基础。

（二）中层管理层

中层管理层在学校管理的组织结构中占据着关键位置，是学校各项政策和工作计划的具体实施者。这个层级包括各学院（系）、各职能部门的负责人，如教务处、学生处、科研处、人事处等部门的负责人。他们在校级领导层的指导下，负责本部门的日常管理和具体事务，确保各项工作顺利开展。

各学院（系）的负责人主要负责学院的教学、科研和行政管理工作。他们需要根据学校的总体发展战略和具体政策，制定本学院（系）的发展规划和工作计划，组织和协调学院（系）内各项工作的实施。学院（系）负责人需要具备较强的领导能力和专业素养，能够有效整合学院（系）内的资源，提升教学质量和科研水平，同时注重师生的需求，营造良好的工作和学习环境。

教务处作为学校教学管理的核心部门，其负责人需要确保教学计划的顺利实施和教学质量的不断提升。教务处负责课程安排、教学资源配置、考试管理等具体事务，同时还需制定和优化教学管理制度，组织教学评估和质量监控。教务处负责人需要具备系统的教学管理知识和较强的组织协调能力，能够处理复杂的教学事务，以保障教学工作的高效运行。

学生处负责学生的思想政治教育、日常管理和心理健康辅导。学生处的负责人需要关注学生的全面发展，组织各类思想政治教育活动，帮助学生树立正确的人生观和价值观。同时，学生处还需负责学生的行为管理和心理辅导，及时处理学生之间的各类问题和矛盾，维护良好的校园秩序。学生处负责人需具备较强的沟通能力和丰富的管理经验，以便有效开展学生工作。

科研处是学校科研管理的重要部门，其负责人需要推动学校的科研发展，提高科研水平和成果转化率。科研处负责科研项目的申报与管理、科研成果的推广与应用、学术交流与合作等工作。科研处负责人需要具备丰富的科研管理经验和较强的创新能力，能够制定科学的科研发展战略，组织和协调各类科研活动，以促进学校的科研进步。

人事处主要负责学校教职工的招聘、培训、考核和晋升等人力资源管理工作。人事处的负责人需要制定和实施系统的人才发展规划。人事处还需负责教职工的绩效考核和职业发展，建立科学合理的激励机制，提升教职工的工作积极性和专业水平。人事处负责人需具备较强的人力资源管理能力和政策执行力，能够有效推动教职工队伍建设。

中层管理层还包括其他各职能部门的负责人，如总务处、财务处、信息技术中心等部门的负责人。这些部门负责学校的后勤保障、财务管理和信息化建设等工作，为学校的正常运行提供重要支持。总务处负责校园基础设施的建设与维护、物资采购与管理、安全保卫等工作，确保学校的后勤服务质量和校园安全。财务处负责学校的财务管理，包括预算编制、财务核算、资金管理等，确保学校财务工作的规范化。信息技术中心则负责学校的信息化建设与管理，包括校园网络、信息系统、教育技术等，为教学、科研和管理提供技术支持，提升学校的信息化水平。

各部门需要密切合作，共同落实学校的各项政策和工作计划。通过有效沟通和协作，中层管理层可以及时发现和解决问题，确保各项工作的顺利开展。各部门负责人还需定期向校级领导层汇报工作进展，接受校级领导层的指导和监督，不断改进工作方法和提高工作效率。

中层管理层还需要注重部门内部的管理和团队建设。部门负责人应营造良好的工作氛围，激发团队成员的工作热情和创造力，通过培训和交流提升团队的专业能力和综合素质。通过有效的团队建设，中层管理层可以形成强大的凝聚力，为学校的长远发展提供坚实的支持。

（三）基层管理层

基层管理层在学校管理体系中扮演着重要的角色，他们直接面对教师和学生，负责教学活动的具体组织和管理工作，确保教学计划的实施和进行教学质量的监控。这个层级包括年级组长、班主任及各教研组长，他们的工作直接关系到学校教学目标的实现和教育质量的提升。

年级组长作为年级管理的核心人物，承担着统筹年级教学和管理工作的重任。他们需要根据学校的总体教学计划，制订本年级的具体实施方案，协调各科教师的教学安排，确保教学任务的顺利完成。年级组长不仅要关注学生的学习状况，还要负责学生的思想政治教育和行为管理，帮助学生形成良好的学习习惯和道德品质。年级组长需要具备较强的管理能力和沟通协调能力，能够有效解决年级内的各种问题，推动年级工作的有序开展。

班主任是基层管理层中最接近学生的一线管理者，他们对班级的日常管理和学生的全面发展负有直接责任。班主任可以通过组织班会、开展各类班级活动，增强班级凝聚力，培养学生的集体荣誉感和责任感。同时，班主任还需与家长保持密切联系，及时沟通学生的情况，促进学生的成长和进步。班主任需要具备较强的亲和力和责任心，能够在学生中树立威信，成为学生信赖的导师和朋友。

教研组长是提高教学质量的重要推动者，负责组织本学科的教学研究和教学活动。教研组长需要关注教学实践中的问题，组织教师进行教学改革和创新，不断改进教学方法，增强课堂教学效果。教研组长需要具备较高的专业素养和研究能力，能够引领教研组不断进步，为学校的教学质量提升做出贡献。

在教学计划的实施过程中，基层管理层的工作非常重要。他们需要根据学校的总体教学安排，合理分配教学任务。年级组长、班主任和教研组长需要紧密合作，及时交流和反馈教学中的问题，确保教学计划的顺利实施。同时，基层管理层还需对教学效果进行监控，通过学生成绩分析、教学质量评估等手段，发现和解决教学中存在的问题，及时调整和优化教学计划和方法。基层管理层还承担着教学资源管理和使用的职责。他们需要合理安排教室、实验室和教学设备的使用，确保教学活动的顺利进行。年级组长和班主任需要根据学生的学习进度和需要，合理安排考试和评估工作，并确保评估的公平和公正。教研组长需要组织教师共同研究和开发教学资源，提升教学内容的丰富性和实用性。

为了提升教学质量，基层管理层还需注重教师的专业发展和培训。通过组织校内外培训、参加学术会议、开展教学观摩等活动，年级组长、班主任和教研组长可以帮助教师不断更新教育理念，掌握先进的教学方法和技术。基层管理层需要营造良好的学习和交流氛围，鼓励教师积极参与专业发展活动，提升教学水平。

基层管理层在学生管理中也起着重要作用。他们需要关注学生的思想动态和行为表现，年级组长和班主任需要充分了解学生的个性和需求，提供有针对性的指导和帮助；教研组长需要组织学科竞赛、兴趣小组等活动，激发学生的学习兴趣和潜能。

基层管理层还需注重家校合作，积极与家长沟通，关注和支持学生的成长。通过家长会、家访等形式，班主任和年级组长可以及时了解学生的家庭情况和家长的期望，共同解决学生在学习和生活中遇到的问题。家校合作的良好开展，可以形成教育合力，促进学生的健康成长和全面发展。

二、职能部门

（一）教务处

教务处在学校管理体系中扮演着重要的角色，负责全校的教学管理工作。这个部门的核心任务包括课程设置、教学计划的制订与实施、教学质量的监控及考试管理等。教务处的有效运作直接关系到学校教学活动的顺利进行和整体教学质量的提升。合理的课程设置能够满足学生的学习需求和学校的教育目标。教务处需要根据不同年级和专业的特点，设计科学合理的课程体系，确保课程内容的全面性和系统性。同时，教务处还需定期对课程设置进行评估和调整，以适应不断变化的教育环境和学生需求，保持课程体系的先进性和适应性。

教务处需要根据学校的总体教学目标，制订详细的教学计划，包括各学科的教学目标、教学进度、教学方法和评估标准。制订教学计划时，教务处需要与各院（系）和教师保持密切沟通，确保教学计划的科学性和可操作性。在教学计划实施过程中，教务处还需进行监督和指导，确保教学计划能够得到有效执行。

高质量的教学是学校发展的根本保证，教务处需要建立完善的教学质量监控体系，通过多种手段对教学过程和教学效果进行监控和评估。教务处可以通过学生问卷调查、教学评估、课堂观察等方式，了解教学中的问题和不足，及时进行反馈和改进。通过不断提升教学质量，教务处能够保障学生的学习效果和学校的教学水平。

考试是评估学生学习效果的重要手段，教务处需要制定科学合理的考试管理制度，确保考试的公平和公正。教务处负责组织和安排各类考试，包括期中、期末考试及各类学科竞赛和资格考试。在进行考试管理时，教务处需要严格监控考试过程，防范作弊行为，确保考试结果的真实性和有效性。同时，教务处还需对考试结果进行分析，评估教学效果，为教学改进提供依据。

在日常工作中，教务处需要与各学院（系）和职能部门保持密切合作。通过定期召开教学工作会议，教务处可以及时了解和解决教学中遇到的问题，确保各项教学管理工作顺利进行。

教务处还需积极与教师沟通，了解他们在教学中的需求和建议，为教师提供必要的支持和帮助，促进教学质量的提升。通过组织教学研讨会、教师培训班和学术交流活动，教务处可以帮助教师不断更新教学理念，提升专业素养。教师的成长和发展是学校教学质量提升的重要保障，教务处需要为教师创造良好的成长环境和发展条件，激发他们的教学热情，并提升他们的创新能力。

此外，教务处需要充分利用现代信息技术，提升教学管理的效率和水平。通过建设和完善教学管理信息系统，教务处可以实现教学计划、课程安排、考试管理等工作的数字化和信息化。信息技术的应用还可以为师生提供更加便捷的服务和支持，优化教学管理流程，提升教学管理的科学性和现代化水平。

（二）学生处

学生处在学校管理中承担着重要的责任，负责学生的思想政治教育、日常管理、心理辅导及奖惩等工作。这个部门的主要目标是促进学生全面发展。学生处的有效运作对于学生的成长和校园的和谐稳定具有重要意义。学生处可以组织各种思想政治教育活动，如专题讲座、主题班会、社团活动和志愿服务等。学生处需要结合当前的社会热点和学生的关注点，设计生动有趣的教育内容，吸引学生参与。通过参与这些活动，学生不仅能提高思想认识，还能培养社会责任感和集体意识。

学生的日常管理包括出勤管理、行为规范管理和宿舍管理等。学生处需要制定和执行严格的管理制度，确保学生在校期间的行为规范。通过定期监督和检查，学生处可以及时发现和处理学生中存在的问题。学生处还需与班主任、辅导员密切合作，做好学生的管理工作。现代学生面临的学业压力、就业压力和人际关系问题日益增多，心理健康问题也日益突出。学生处需要建立健全的心理辅导机制，提供专业的心理咨询服务。通过定期开展心理健康讲座、心理测试和个别辅导，学生处可以帮助学生正确面对和处理各种心理问题，维护学生的心理健康。心理辅导工作的开展，不仅有助于学生的个人成长，还有助于营造和谐健康的校园环境。

科学合理的奖惩制度能够激发学生的学习积极性，规范学生的行为。学生处需要根据学校的实际情况，制定详细的奖惩制度，明确奖惩标准和实施细则。通过对优秀学生的表彰和奖励，学生处可以树立榜样，激励更多学生奋发向上。对于违反校规校纪的学生，学生处需进行严肃处理，通过适当的惩戒措施，引导学生改正错误，促进学生的健康成长。通过与教务处、总务处等部门的协调合作，学生处可以全面掌握学生的学习和生活情况。学生处还需与各学院（系）和班级的班主任或辅导员密切配合，做好学生的思想政治教育和管理工作。

通过组织学术讲座、职业规划讲座和就业指导活动，学生处可以帮助学生明确学习目标和职业发展方向。学生处还要与企业、社会机构建立联系，为学生提供实习和就业机会，帮助学生顺利实现从校园到社会的过渡。学生社团和课外活动是学生全面发展的重要途径，能够丰富学生的课余生活，培养学生的兴趣爱好和综合能力。学生处需要为学生社团和课外活动提供支持和保障，指导学生开展丰富多彩的活动，激发学生的创造力和活力。通过社团和课外活动，学生可以锻炼组织能力和领导能力，增强团队合作精神和社会适应能力。

通过定期召开家长会、进行家访和利用家校沟通平台，学生处可以及时了解学生的家庭情况和家长的期望，与家长共同关注和支持学生的成长。

（三）科研处

科研处在学校管理中承担着推动学术进步和提升科研水平的重要职责。这个部门负责科研成果的推广与应用、学术交流等工作。科研处的有效运作对于学校的学术发展和科研实力的提升具有重大意义。科研处需要密切关注国内外的科研动态和政策导向，及时发布科研项目申报信息，指导和帮助教师及研究团队进行项目申报。科研处需要组织专家对申报项目进行评审，确保项目的科学性和可行性。同时，科研处还需负责已立项项目的全过程管理，包括项目的进度跟踪、经费使用监督和成果验收等，确保项目的顺利实施和高质量完成。

科研处需要制定科学合理的科研成果转化机制，推动科研成果从实验室走向市场，实现科研价值的最大化。通过与企业和社会机构进行合作，科研处可以促进科研成果的产业化应用，提升学校的社会影响力和经济效益。科研处还需组织各类成果展示和推介活动，提升科研成果的知名度和影响力，推动科研成果的广泛应用。科研处需要组织和协调各类学术会议、研讨会和讲座，为教师和研究人员提供交流和学习的平台。通过邀请国内外知名专家学者进行讲学和交流，科研处可以拓宽教师和研究人员的学术视野，激发他们的科研灵感，提升学校的学术水平。科研处还需鼓励和支持教师和研究人员参加国内外学术会议和交流活动，促进学术合作和学术成果的共享。

通过与教务处、人事处等部门的协调合作，科研处可以全面了解学校的科研需求和教师的科研情况，及时发现和解决科研工作中存在的问题。科研处还需与各学院（系）的科研管理人员密切配合，做好科研项目的申报与管理等工作，确保各项科研工作的顺利开展。通过制订和实施系统的科研人才培养计划，科研处可以吸引和培养高素质的科研人才，提升学校的科研实力。科研处还需建立科学合理的科研激励机制，激发教师和研究人员的科研积极性和创新能力。通过组织科研沙龙、科研培训和科研竞赛等活动，科研处可以营造浓厚的科研氛围，提升学校的科研水平和学术影响力。

科研处需要充分利用现代信息技术，建设和完善科研管理信息系统，实现科研项目管理、科研成果管理和学术交流的数字化和信息化。通过信息化手段，科研处可以提高科研管理工作的效率和透明度，为教师和研究人员提供更加便捷的服务和支持。信息化建设不仅有助于提升科研管理水平，还能促进科研成果的传

第二章　学校教育管理的组织结构与运行机制

播和应用。科研文化是学校科研发展的重要保障，科研处需要倡导科学精神，倡导严谨治学的科研风气，鼓励教师和研究人员追求真理、勇于创新。通过制定和实施科学合理的科研管理制度，科研处可以规范科研行为，提升科研质量，营造良好的科研环境和氛围。

科研处需要建立健全的科研伦理和科研诚信管理制度，预防和处理科研不端行为。通过开展科研伦理教育和科研诚信培训，科研处可以增强教师和研究人员的科研诚信意识，提升科研工作的规范性和科学性。科研伦理和科研诚信建设，是科研工作高质量发展的重要保障。

（四）人事处

人事处在学校管理中承担着重要的角色，负责学校教职工的招聘、培训、考核、晋升等工作。这个部门致力建设高素质、高水平的师资队伍，提升教师的专业素养和教学能力，从而推动学校整体教学质量的提升。为了吸引优秀人才，人事处需要制订科学合理的招聘计划，根据学校的需求确定招聘岗位和人数。在招聘过程中，人事处要通过多渠道发布招聘信息，并组织公平、公正的招聘考试和面试。人事处还要与各学院（系）和其他职能部门密切合作，确保招聘过程的透明与高效，通过严格筛选，招聘到符合学校发展需求的优秀教职工。

通过制订系统的培训计划，人事处可以帮助新教师快速适应工作环境，提升专业素养。培训内容应包括教学方法、教育技术、学科前沿知识等，既要有理论学习，也要有实践指导。人事处可以组织校内外专家讲座、教学观摩、教学研讨会等形式的培训活动，为教师提供丰富的学习机会。通过持续的培训，人事处能不断提升教师的教学能力和学术水平。

科学合理的考核机制不仅能激发教师的工作积极性，还能促进教师不断提升自身素质。人事处需要制定详细的考核标准和流程，定期对教师的教学、科研、服务等工作进行全面评价。考核结果不仅可用于教师的晋升和奖励，还可作为改进教学和科研工作的依据。通过客观、公正的考核，人事处可以促进教师队伍的良性竞争和共同进步。

为了激发教师的工作热情和提升其创新能力，人事处需要制定科学合理的晋升机制，为优秀教师提供广阔的发展空间。晋升机制应包括学术职称评审、管理岗位竞聘等途径，既要注重教师的教学和科研成果，也要关注教师的职业道德和综合素质。通过公平、公正的晋升机制，人事处可以激励教师不断追求卓越，推动学校整体教学和科研水平的提升。通过与教务处、科研处等部门的协调合作，人事处可以全面掌握教师的工作情况和发展需求，及时调整和优化人力资源管理政策。人事处还要与各学院（系）的人事管理人员密切配合，做好教师的培训、考核等工作，确保各项人力资源管理工作的顺利开展。

通过建立职业发展咨询和心理辅导机制，人事处可以帮助教师明确职业发展方向，解决工作中的困惑。职业发展咨询应包括职业规划、职称评定、岗位竞聘等，心理辅导则应关注教师的心理健康和工作压力管理。通过系统的职业发展规划和心理辅导，人事处可以帮助教师实现职业目标，保持身心健康。人事处需要充分利用现代信息技术，建设和完善人力资源管理信息系统，实现人事管理工作的数字化和信息化，提高人事管理工作的效率和透明度，为教师提供更加便捷的服务和更加有力的支持。信息化建设不仅有助于提升人事管理水平，还能促进学校整体管理的现代化和科学化。

此外，人事处在推动学校人力资源发展的过程中，还要注重教师队伍的多元化建设。通过引进和培养不同背景、不同学科领域的优秀人才，人事处可以壮大学校的教学和科研力量，提升学校的综合实力。教师队伍的多元化能促进学术创新和学科交叉融合。

（五）总务处

总务处在学校管理中起着重要的作用，负责学校的后勤保障工作，包括校园基础设施的建设与维护、物资采购与管理、安全保卫等。总务处的有效运作能确保学校的正常运转和安全稳定，为教育教学活动提供有力的后勤支持。总务处需要制定详细的基础设施建设规划，根据学校的发展需求，合理安排校园建筑、道路、绿化等项目的建设。在基础设施建设过程中，总务处要严格按照相关规范和标准进行施工，确保工程质量和安全。建设完成后，总务处还要负责日常的维护和管理，及时维修损坏的设施，确保校园环境的整洁和美观。通过科学合理的基础设施建设与维护，总务处可以为师生提供良好的工作和学习环境。

总务处需要根据学校各部门的需求，制订科学的采购计划，合理安排物资的采购工作。在采购过程中，总务处要严格遵循采购制度，确保采购的公开、公平和公正，选择质量可靠、价格合理的供应商。物资到货后，总务处要进行严格的验收和管理，确保物资的数量和质量符合要求。总务处还要建立完善的物资管理制度，确保物资的合理使用，防止浪费。

校园安全关系到全校师生的生命财产安全和学校的稳定发展，总务处要高度重视校园安全工作。总务处要制定全面的安全管理制度，建立健全的安全防范机制。通过安装监控设备、加强门卫管理、定期开展安全检查和应急演练，总务处可以有效预防和消除各类安全隐患，确保校园的安全稳定。总务处还要与公安、消防等部门保持密切联系，及时获取和处理安全信息，确保校园安全管理工作的全面落实。

通过与教务处、学生处、科研处等部门的协调合作，总务处可以全面掌握学校的后勤需求，及时提供相应的保障和服务。总务处还要与各学院（系）的后勤管理人员密切配合，做好物资管理及安全保卫等工作，确保各项工作的顺利开展。通过建立健全的服务体系和服务标准，总务处可以提升后勤服务的水平。总务处需要定期开展后勤服务质量评估和改进工作，听取师生的意见和建议，及时调整和优化后勤服务的内容和方式。通过不断提升服务质量和效率，总务处可以为师生提供更加优质的后勤保障。

总务处应充分利用现代信息技术，建设和完善后勤管理信息系统，这可以提高后勤管理工作的效率和透明度，为师生提供更加便捷的服务和支持。此外，总务处在进行学校后勤保障的过程中，还要注重节能环保和可持续发展。通过推广和应用节能环保技术，总务处可以减少能源消耗和环境污染，提升学校的可持续发展能力。总务处还要开展节能环保宣传教育，增强师生的节能环保意识。贯彻节能环保和可持续发展的理念，不仅有助于提升学校的社会形象，还能为社会的绿色发展做出贡献。

通过提供高质量的餐饮服务、宿舍管理和医疗保健等服务，总务处可以提升师生的生活质量和幸福感。总务处需要不断改进和优化生活服务内容和方式，满足师生多样化的需求，为他们的工作和学习提供良好的支持和保障。

三、学术机构

（一）各学院（系）

根据学科设置和专业特点，学校设立了多个学院（系），每个学院（系）负责本学科领域的教学与科研工作。学院（系）在学术事务上享有较大的自主权，负责制订具体的教学计划和实施科研项目，确保各项工作有序开展，这对于推动学校整体学术水平的提升具有重要意义。

学院（系）要根据学科特点和专业需求，确保课程内容的全面性和前沿性。在制订教学计划时，学院（系）要充分考虑学生的知识基础和发展需求，安排适当的课程进度和教学内容。在教学过程中，学院（系）还要注重教学方法的创新和教学质量的提升，通过课堂教学、实验教学、实践教学等多种途径，培养学生的综合素质和创新能力。通过科学合理的教学安排，各学院（系）可以确保学生在学习过程中获得扎实的理论基础。

每个学院（系）可根据自身的学科特点和研究方向，制订详细的科研计划，组织师生开展科研活动。科研项目的申报与管理、科研成果的推广与应用、学术交流等，是学院（系）科研工作的重点内容。通过积极开展科研活动，学院（系）可以推动学科发展，提升学术水平，增强学校的科研实力。学院（系）还要注重科研成果的转化与应用，推动产学研深度融合，实现科研成果的社会价值和经济效益。

学院（系）可根据自身的实际情况，灵活调整和优化教学和科研计划。学院（系）的自主权不仅有助于提升工作效率，还能激发教师和学生的创新精神，推动学科发展和人才培养。学院（系）在行使自主权的同时，还要注重规范管理，建立健全的管理制度，确保各项工作的有序进行。教师是学院（系）教学和科研工作的核心力量，提升教师的专业素养是学院（系）发展的关键。学院（系）要制订系统的教师培训计划，通过组织学术讲座等活动，提升教师的教学水平和科研能力。学院（系）还要建立科学合理的教师考核和激励机制，提升教师的工作积极性和创新能力，吸引和留住优秀的人才。

学院（系）还要建立健全的学生管理制度，维护良好的校风和学风。通过加强学科交叉融合与合作，学院（系）可以推动学术交流和科研合作，提升整体学术水平。通过有效沟通和协调，各学院（系）可以实现资源共享、优势互补，推动学校的整体发展。

（二）教研组

教研组是根据学科或专业设置的基层学术组织，由相关课程的教师组成。这个组织在学校教学管理中扮演着重要的角色，主要负责教材研究、教学方法探讨、教学经验交流等工作。教研组的有效运作对于推动教学改革和提升教学质量具有重大意义。

教材是教学活动的基础。教研组需要对所使用的教材进行深入研究，确保其内容的科学性、系统性和前沿性。通过对教材的分析和讨论，教研组可以发现教材中的优点和不足，并提出改进意见。教研组还要关注教材的更新和发展，及时引入新的教学资源和资料，确保教学内容的与时俱进。通过系统的教材研究，教研组可以为教师提供科学合理的教学指导。

教学方法直接影响教学效果。教研组需要根据学科特点和学生需求，不断探讨和创新教学方法。通过组织教学研讨会、观摩课和示范课，教研组可以为教师提供交流和学习的平台。教师可以分享教学经验和方法，互相借鉴和学习，不断改进和优化教学策略。教研组还要鼓励教师进行教学改革实验，探索新的教学模式和方法，提升课堂教学的生动性和实效性。教研组还可以邀请教学专家和学者开展讲座和指导，为教师提供专业的教学咨询和建议。通过丰富的教学经验交流活动，教研组可以帮助教师不断提升教学能力，促进教学水平的整体提高。只有通过持续的教学方法探讨，教研组才可以推动教学改革。

教研组需要建立科学合理的教学质量评估机制，通过学生反馈、课堂观察和教学评估等方式，对教师的教学效果进行全面评价。通过定期的教学评估，教研组可以及时发现教学中存在的问题和不足，并提出改进措施。对教学质量进行持续监控和评估，有助于提升教师的教学水平，保证教学质量的稳步提升。

教研组需要鼓励教师开展教学研究，探索教学规律和方法，不断提升教学水平。通过组织和参与各类教学科研项目，教研组可以为教师提供丰富的科研资源。教研组还要定期举办学术交流会，促进教师之间的学术交流和合作，推动教学科研的发展。教学科研的不断深入，有助于提升教学的科学性和创新性，为教学质量的提升提供理论和实践支持。

教研组需要充分利用现代信息技术，实现教学资源的共享和教学管理的数字化，提高工作效率和服务水平。信息化建设不仅有助于提升教研组的管理水平，还能促进教师之间的交流与合作，推动教学改革和创新。

一个优秀的教学团队需要有明确的目标和分工，以及良好的合作精神。教研组需要通过各种方式，增强团队的凝聚力。团队建设不仅有助于提升教研组的整体实力，还能为教师提供一个和谐、合作的工作环境，激发教师的工作热情。通过团队合作，教研组可以充分发挥每位教师的优势和特长，推动教学质量的提升。

四、支持与服务机构

（一）图书馆

图书馆是学校的重要学术支持机构，旨在为师生提供丰富的文献信息资源和研究支持。图书馆负责文献的采购、整理、借阅及信息服务工作，拥有这些功能，图书馆在促进学术研究和知识传播方面发挥着关键作用。

为了满足师生的研究和学习需求，图书馆需要制订详细的文献采购计划。采购计划应包括图书、期刊、电子资源等类型的文献资源。图书馆需要根据本校学科特点和师生需求，选择权威的出版物和数据库，确保文献资源的科学性和前沿性。图书馆还要关注新兴学科和跨学科领域，确保资源的全面性和多样性。通过科学合理的文献采购，图书馆可以为师生提供丰富、权威的学术资源。

图书馆需要对新采购的文献进行分类、编目和上架，确保资源的有序管理和高效利用。图书馆要采用先进的图书分类和编目标准，保证文献的可检索性和易用性。通过进行科学整理和编目，图书馆可以为师生提供便捷的检索和借阅服务，提升资源利用率。

图书馆需要制定科学的借阅制度，确保文献资源的合理分配和高效利用。通过借阅系统，师生可以方便地查询、预约和借还图书。图书馆还应提供咨询服务，帮助师生解决借阅过程中遇到的问题，提高服务质量和用户满意度。通过便捷高效的借阅服务，图书馆可以满足师生的研究和学习需求，促进学术活动的顺利开展。

图书馆还要为师生提供全面的信息服务，包括信息检索、文献传递、参考咨询、科研支持等。通过信息咨询、学科服务、信息素养培训等方式，图书馆可以帮助师生获取和利用学术信息。图书馆员需要具备丰富的信息素养和专业知识，能够为师生提供专业的信息咨询和指导，提升信息服务的水平。

图书馆需要为师生的学术研究提供全面的资源和服务支持。图书馆可以通过组织学术讲座、资源推介等活动，帮助师生了解和利用最新的学术资源和研究方法。图书馆还应建立科研支持平台，提供数据分析、科研管理、学术出版等一站式服务，帮助师生提升科研效率。通过全面的学术研究支持，图书馆可以推动学校的学术发展和科研创新。

图书馆不仅是知识的存储和管理机构，还是知识传播和交流的平台。通过举办各类学术活动、文化活动和读者活动，图书馆可以促进知识的传播和交流，营造浓厚的学术氛围和文化氛围。图书馆还应利用新媒体和数字技术，开展线上线下结合的知识传播活动，扩大知识传播的覆盖面并提升其影响力。通过丰富的知识传播活动，图书馆可以提升学校的学术影响力和社会声誉。

图书馆需要建设和完善信息系统，实现文献管理、借阅服务和信息服务的数字化和信息化。图书馆可以提高服务质量和工作效率，为师生提供更加便捷和高效的服务。信息化建设不仅有助于提升图书馆的管理水平，还能促进资源共享和服务创新，推动图书馆的发展和进步。

通过定期开展用户调研和反馈收集，图书馆可以了解师生的需求和期望，及时调整和优化服务内容和方式。图书馆要根据用户需求，提供个性化和定制化的服务，提升用户满意度。通过不断改进和优化服务，图书馆可以为师生提供更加优质的学术支持和信息服务。

图书馆还应开展资源共享和合作，推动区域内图书馆资源共享和协作，提升资源利用效率和服务水平。通过可持续发展和资源共享，图书馆可以为学校的长远发展提供有力的保障。

（二）信息技术中心

信息技术中心在学校的管理体系中占据着关键地位，负责学校的信息化建设与管理工作。其主要任务包括校园网络的建设与维护、信息系统的开发与管理、教育技术的推广与应用等。信息技术中心的有效运作对于提升学校的教学、科研和管理水平具有重要意义。

信息技术中心需要根据学校的发展需求，规划和建设高速、稳定、安全的校园网络。校园网络不仅是师生获取信息和进行学术交流的基础设施，还是学校各项信息化应用的基础平台。信息技术中心需要采用先进的网络技术，确保校园网络的覆盖范围和接入速度，不断提升网络的稳定性和安全性。通过科学合理的网络规划和管理，信息技术中心可以为学校的教学、科研和管理提供强有力的网络技术支持。

信息技术中心需要根据学校的具体需求，开发和维护各类信息系统，包括教务管理系统、科研管理系统、人事管理系统、财务管理系统等。这些信息系统的应用，可以极大地提升学校的管理效率和服务水平。信息技术中心在开发信息系统时，需要与各职能部门密切合作，了解和满足用户需求，确保系统的功能完备和操作简便。在信息系统的管理过程中，信息技术中心还要定期进行系统的维护和升级，确保系统的稳定运行和安全性。

教育技术在教学中的应用越来越广泛。信息技术中心需要积极引进和推广先进的教育技术，提升教学质量和增强教学效果。通过组织教师培训、提供技术支持和资源共享，信息技术中心可以帮助教师掌握和应用教育技术，促进教学方式的创新和变革。教育技术的广泛应用，不仅有助于提升学生的学习体验，还能推动教学内容和形式的现代化。

随着信息化水平的提高，信息安全问题也日益突出。信息技术中心需要制定和实施全面的信息安全管理策略，保证学校的数据信息安全。信息技术中心需采取多种安全措施,如数据备份、网络防火墙、身份认证等,防范信息泄露和网络攻击。通过定期开展安全检查和应急演练,信息技术中心可以提高信息安全管理水平,确保校园信息环境的安全和稳定。通过建立和完善用户服务体系,信息技术中心可以为师生提供便捷的技术支持服务。信息技术中心需要定期开展用户调研和反馈收集,了解师生的需求和他们遇到的问题。通过提供个性化和定制化的服务,信息技术中心可以提升用户满意度和服务水平,为教师的教学、科研和管理以及学生的学习、生活提供全方位的技术支持。

信息技术中心在推动学校信息化发展的过程中,还要注重信息资源的整合和共享。通过建立和完善信息资源管理平台,信息技术中心可以实现各类信息资源的集中管理和共享利用,提升信息资源的利用效率。信息技术中心要积极推动数据的互联互通,促进各类信息系统的集成和协同,为学校的决策和管理提供数据支持和分析服务。信息资源的整合和共享,不仅有助于提升学校的信息化水平,还能促进校内外的交流与合作。

通过引进和培养高素质的信息技术人才,信息技术中心可以提升自身的专业水平和技术能力。信息技术中心要制订系统的人才培养计划,组织员工进行专业培训和技术交流,提升团队的整体素质和协作能力。通过建设高素质的信息化团队,信息技术中心可以为学校的信息化发展提供有力支持。

(三) 财务处

财务处负责学校的财务管理工作。其主要职责包括预算编制、财务核算、资金管理等,财务处的工作直接关系到学校各项工作的顺利进行。

科学合理的预算编制可以为学校的各项工作提供资金保障,确保学校资源的有效利用。财务处需要根据学校的发展规划和各部门的需求,制订详细的年度预算计划。在预算编制过程中,财务处要与各职能部门和学院(系)密切合作,了解和评估各项支出的必要性和合理性。通过科学的预算编制,财务处可以合理分配资金,确保学校各项工作的顺利开展,确保财务工作的规范化。

财务核算是对学校财务活动进行系统记录和报告的过程,是财务管理工作的基础。财务处需要采用规范的会计核算方法,准确记录各项财务收支情况,编制财务报表和报告。在财务核算过程中,财务处要严格遵守财务制度和会计准则,确保财务信息的准确性和完整性。通过规范的财务核算,财务处可以为学校的财务决策提供准确可靠的数据支持。

资金管理包括资金的筹集、使用和监控,财务处需要确保学校资金的安全性和流动性。财务处要制定科学的资金管理策略，合理安排资金的使用，确保资金的高效利用。通过建立完善的资金监控机制，财务处可以及时发现和解决资金管理中存在的问题，防范财务风险。科学的资金管理，不仅有助于提升学校的财务效率，还能保障学校各项工作的顺利进行。

通过建立健全的财务管理制度，财务处可以规范各项财务活动，确保财务工作的公正和透明。财务处要定期向校级管理层和各职能部门报告财务状况，接受监督和审计。通过公开透明的财务管理，财务处可以提升学校的财务管理水平和社会信任度。

财务风险管理是确保学校财务安全的重要措施，财务处要制定全面的风险管理策略，识别和评估各类财务风险。通过建立风险预警机制和应急处理预案，财务处可以及时应对和化解财务风险，确保学校财务安全。科学的财务风险管理，有助于提升学校的财务稳定性和抗风险能力。

信息化建设是提升财务管理效率的重要途径，财务处要充分利用现代信息技术，建设财务管理信息系统，实现财务数据的实时记录和分析，提高财务管理的效率和准确性。财务信息化建设，不仅有助于提升财务处的工作效率，还能为学校的财务决策提供科学的数据支持。

财务处需要帮助财务人员不断更新专业知识，掌握最新的财务管理方法和技术。财务处可以组织财务人员参加各类财务培训，提升他们的专业素养和管理能力。通过持续培训和学习，财务处可以建设一支高素质的财务管理队伍，为学校的财务管理工作提供有力的保障。

五、外部合作与交流机构

（一）国际合作办公室

国际合作办公室负责学校的国际交流与合作事务。其主要任务包括国际学术交流、留学生管理、外籍教师招聘等，国际合作办公室的有效运作对于推进学校的国际化进程和提升学校的国际影响力具有重要意义。

通过组织和协调国际学术交流活动，国际合作办公室可以为师生提供与国际学术界交流和合作的机会。这些活动包括邀请国际知名学者来校讲学、组织国际学术会议和研讨会、组织师生参与国际学术交流项目等。通过这些国际学术交流活动，国际合作办公室不仅能提升学校的学术水平，还能增强学校在国际学术界的影响力。

随着学校国际化进程的推进，留学生的数量不断增加，如何有效管理留学生成为国际合作办公室的重要任务。国际合作办公室需要制定和实施科学的留学生管理政策，提供从申请入学、签证办理、学术指导到生活服务等方面的支持和服务。通过高效的留学生管理，国际合作办公室可以帮助留学生顺利适应和融入校园生活，提升他们的学习体验和满意度。

外籍教师的引进对于提升学校的国际化水平和教学质量具有重要作用。国际合作办公室需要根据本校的发展需求，制订外籍教师招聘计划，通过多渠道发布招聘信息，吸引优秀的国际人才。外籍教师的招聘过程要严格把关，确保应聘者的专业素养和教学能力均符合学校的要求。通过引进高素质的外籍教师，国际合作办公室可以丰富学校的教学资源，拓宽师生的国际视野。

在国际交流与合作事务中，国际合作办公室还需注重国际合作项目的开发和管理。通过与国外知名高校、科研机构和国际组织建立合作关系，国际合作办公室可以开展联合科研、合作办学、师生交换等形式的国际合作项目。国际合作办公室应积极推进和管理这些项目，确保项目的顺利实施和预期成果的实现。通过高质量的国际合作项目，国际合作办公室可以为学校的学术和科研发展提供新的动力和机遇。国际合作办公室还需要建设国际交流与合作信息管理系统，实现留学生管理、外籍教师招聘和国际学术交流等工作的数字化和信息化。

通过组织各种文化交流活动，如国际文化节、语言交流活动、跨文化交流讲座等，国际合作办公室可以促进不同文化背景的师生之间的交流与理解。这些活动不仅有助于提升师生的跨文化交流能力，还能增强学校的国际竞争力。

国际合作办公室需要与各职能部门和学院（系）保持密切联系。通过与教务处、学生处等部门的协调合作，国际合作办公室可以全面掌握学校的国际交流与合作需求，合理安排和组织各项国际事务。国际合作办公室还需与各学院（系）的国际交流管理人员密切配合，做好国际学术交流、留学生管理等工作。

通过组织各类国际培训和交流活动，国际合作办公室可以帮助师生提升外语水平、了解国际前沿动态、增强跨文化交流能力。通过系统的国际化能力培养，国际合作办公室可以为学校的国际化发展提供有力支持。通过研究国际教育发展趋势和政策导向，国际合作办公室可以为学校制定科学的国际化发展战略，明确国际交流与合作的目标和路径。科学的政策研究和战略规划，有助于提升学校的国际化水平和影响力。

（二）校友会

校友会是联系和服务校友的重要组织。其主要职责包括开展校友活动、筹集

第二章　学校教育管理的组织结构与运行机制

校友捐赠、促进校友与母校的合作与交流等。校友会的有效运作能为学校的发展提供强大的支持和丰富的资源。

通过组织各种形式的校友活动，校友会可以增进校友之间的联系和交流，增强校友对母校的归属感和荣誉感。这些活动包括校友联谊会、校友返校日、校友讲座等。校友会需要根据校友的兴趣和需求，精心策划和组织活动，确保活动的丰富性和多样性。通过定期开展校友活动，校友会可以营造浓厚的校友文化氛围，促进校友之间的互助和合作。

校友捐赠是学校发展资金的重要来源之一。校友会需要制订科学的筹款计划，通过多种途径和方式，鼓励和动员校友为母校的发展贡献力量。校友会可通过举办捐赠晚会、发布募捐倡议、开展捐赠项目等方式，吸引校友参与捐赠活动。校友会还要建立完善的捐赠管理制度，确保捐赠资金的合理使用和透明管理。通过有效的筹款工作，校友会可以为学校的发展提供充足的资金支持。

通过搭建合作平台，校友会可以促进校友与母校在学术、科研、就业、创业等领域的合作。校友会可以邀请校友回校开展讲座和分享会，分享其工作经验和专业知识。校友企业可以与母校合作，实现资源共享和共同发展。通过积极促进校友与母校的交流与合作，校友会可以为学校的发展注入新的活力和动力。

通过收集和整理校友信息，校友会可以建立详尽的校友档案，确保与校友的联系畅通。校友会要定期更新校友信息，与校友保持紧密联系。通过建立校友网站、社交媒体平台等，校友会可以及时向校友传递学校的发展动态和重要信息，增进校友对母校的了解。校友会需要充分利用现代信息技术，建设和完善校友管理信息系统，为校友提供更加便捷和高效的服务。信息化建设不仅有助于提升校友会的管理水平，还能促进校友之间的交流与互动，增强校友的凝聚力和向心力。

通过建立校友职业发展平台，校友会可以为校友提供职业咨询、就业信息、创业支持等服务。校友会可以组织职业发展讲座、就业招聘会、创业培训等活动，帮助校友提升职业技能，拓展职业发展机会。校友会还可以搭建校友间的互助网络，促进校友间的职业交流和合作。通过系统的职业发展支持，校友会可以增强校友对母校的感恩之情，激发校友回馈母校的热情。校友会可以组织校友参与各类社会公益活动，展现校友的社会责任感和母校的优良传统；还可以通过媒体和公众平台，宣传校友的优秀事迹和学校的发展成就，提升学校的社会影响力。通过校友的广泛传播和积极宣传，校友会可以提升学校的社会知名度和美誉度。

六、监督与评价机构

（一）校务监督委员会

校务监督委员会在学校治理中具有重要地位，负责监督学校重大决策和管理工作的执行情况，确保决策的科学性和透明度；负责对校长和校务委员会的工作进行监督和评估，以维护学校的健康发展。

学校的重大决策包括发展规划、重大项目、财务预算等，这些决策对学校的发展具有深远影响。校务监督委员会需要对这些决策的制定过程进行监督，确保其合理和可行。在决策执行过程中，校务监督委员会要密切跟踪和评估，发现和解决执行中的问题，确保决策的顺利实施和预期目标的实现。

透明的管理工作有助于提升学校的治理水平和公众信任。校务监督委员会要制定和实施有效的监督机制，确保各项管理工作的公开和透明。通过定期发布管理工作报告、召开监督评估会议、开展问卷调查等方式，校务监督委员会可以及时向校内外各方通报学校管理工作的进展和成果，提升管理工作的透明度和公信力。校长和校务委员会是学校的主要决策和管理者及机构，其工作直接关系到学校的发展方向和治理水平。校务监督委员会要对校长和校务委员会的工作进行全面监督和客观评估，确保其决策和管理行为符合学校的发展规划。通过监督和评估，校务监督委员会可以及时发现和纠正管理中的偏差，推动校长和校务委员会不断提升管理水平和治理能力。

监督工作的科学性和客观性直接关系到监督效果与公信力。校务监督委员会要建立科学的监督评估标准和方法，采用客观、公正的评价指标，确保监督工作的科学性和公正性。通过科学监督和评估，校务监督委员会可以为学校的重大决策和管理工作提供有力支持和保障。民主参与和公众监督是提升学校治理水平的重要途径。校务监督委员会要广泛听取教职工、学生和社会各界的意见和建议，增强监督工作的广泛性和代表性。通过召开师生座谈会、设立意见箱、开展社会调查等方式，校务监督委员会可以广泛收集各方意见，增强监督工作的民主性。公众的参与和监督，不仅有助于提升学校的治理水平，还能提高学校的社会责任感和公众信任度。

校务监督委员会需要与各职能部门和管理层保持密切联系。通过与校长办公室等部门的协调合作，校务监督委员会可以全面掌握学校重大决策和管理工作的进展情况，及时发现和解决监督中的问题。校务监督委员会还要与各学院（系和学生组织密切配合，做好监督评估工作，确保各项工作的顺利开展。校务监督委员会要建设监督管理信息系统。信息化建设有助于提升校务监督委员会的工作效率。

校务监督委员会要帮助成员不断更新监督知识，使其掌握最新的监督方法和技术。校务监督委员会可以组织成员参加各类培训，提升其专业素养和监督能力。通过与教育行政部门、审计机构等外部监督机构合作，校务监督委员会可以借鉴先进的监督方法和经验，提升监督工作的科学性。外部监督机构的参与和指导，有助于提升校务监督委员会的工作水平。

（二）教学评估中心

教学评估中心负责对教学质量进行评估和监控。通过学生评价、同行评议、专家评审等方式，教学评估中心致力持续改进教学工作，确保教学目标的实现。

学生是教学活动的直接受益者，他们对教学质量的评价具有重要参考价值。教学评估中心需要制定科学合理的学生评价体系，通过问卷调查、座谈会、在线评价等形式，收集学生对教师教学水平、课程内容、教学方法等方面的意见和建议。学生评价结果不仅能为教师提供教学改进依据，还能为学校制定教学政策和优化教学管理提供重要参考。

同行评议是指由同领域的教师对某一教师的教学工作进行评价，具有较高的专业性和客观性。教学评估中心可以组织学科内的教师定期开展同行评议，通过听课、评课、集体讨论等方式，对教师的教学方法、教学内容、课堂管理等进行全面评价。同行评议不仅有助于教师发现教学中的优点和不足，还能促进教师之间的交流和学习。

教学评估中心还可以邀请校内外的教育专家、学者对教学工作进行评审。专家评审通常包括课堂观摩、教学资料审查、师生访谈等环节，评审结果具有较高的权威性和可信度。通过专家评审，教学评估中心可以获得专业的指导和建议。

教学评估中心要制定详细的评估标准和流程，确保评估工作的科学性和公正性。在评估过程中，教学评估中心要保持独立性和中立性，避免出现任何形式的偏见和干扰，确保评估结果的真实和准确。评估的目的在于发现问题、改进教学，因此，教学评估中心需要及时将评估结果反馈给教师和相关部门。通过评估结果反馈，教师可以了解自身教学中的优点和不足，从而有针对性地对教学工作进行改进。教学评估中心还要对评估结果进行系统分析，提出改进教学工作的建议和对策，为学校制定教学政策和优化教学管理提供科学依据。

教学评估中心要建设和完善教学评估信息系统，实现评估工作的数字化和信息化，为师生提供便捷的评价和反馈渠道。信息化建设有助于提升教学评估中心的管理水平。通过评估发现和反馈教学中的问题，教学评估中心可以为教师提供有针对性的指导和支持。可以通过系统的专业发展支持，推动教师队伍的整体提升。

此外，教学评估中心在推动学校教学质量提升的过程中，还要注重教学改革和创新。通过系统的教学评估，教学评估中心可以发现教学中的问题和不足，提出改进的建议。教学评估中心还可以组织教学改革项目。教学改革和创新不仅有助于解决教学中的问题，还能推动教学内容和形式的现代化和多样化，提升学生的学习体验。

第二节　学校教育管理的运行机制

一、规章制度与管理机制

规章制度是学校教育管理的重要保障。完善的规章制度和管理机制能够规范学校管理行为，增强管理的科学性。规章制度与管理机制主要包括以下几个方面：

（一）教育教学管理制度

科学、合理的教育教学管理制度，可以确保教育教学活动有序、高效运行。课程设置是教育教学管理制度中的核心环节。学校应根据教育目标、学生需求和社会发展需要，科学合理地设置课程内容和结构，确保课程体系的完整性和系统性。同时，课程设置还需要考虑学生的兴趣和发展方向，提供丰富多彩的选修课程，以满足学生的个性化需求。教学计划应根据课程设置和教育目标，明确每学年、每学期的教学任务和进度安排。应充分考虑教师的教学能力和学生的学习基础，合理安排教学内容和时间，确保教学过程的连贯性和有效性。

科学、公正的考试评价制度能够有效衡量学生的学习效果和教师的教学水平。考试评价应注重多元化，应既包括平时的课堂表现、作业完成情况，又包括期中、期末考试成绩。评价标准应公开透明，确保每个学生的成绩都能真实反映其学习水平和进步情况。同时，考试评价结果应及时反馈给学生和家长，帮助学生认识自己的优点和不足，激励其不断进步。可以通过定期的教师培训，提升教师的专业素质和教学能力,帮助他们掌握最新的教育教学理论和方法。教师考核制度则应以科学、公正、全面为原则,综合考虑教师的教学效果、教学研究和教书育人等方面的表现,对教师进行全面的评价。考核结果不仅是对教师工作的一种认可和激励,还能为教师的职业发展提供重要依据。

学校应建立完善的教学资源管理制度,合理配置和利用教学设备、图书资料、实验仪器等资源,确保教学资源的高效使用。同时,学校应加强对教学资源的维护和更新,不断提升教学条件和环境,为教育教学活动的顺利开展提供有力保障。

(二)学生管理制度

学生管理制度是学校管理的重要组成部分,其目的是促进学生的全面发展。学生考勤制度在学生管理中扮演着重要角色。

严格的考勤制度,可以督促学生按时上课,形成良好的学习习惯。考勤制度应明确出勤要求、请假流程和考勤记录,确保考勤工作的规范化和透明化。同时,考勤数据的分析和反馈可以帮助教师了解学生的出勤情况和学习态度,及时发现问题并采取相应的措施,确保每个学生都能积极参与课堂学习。

科学合理的奖惩制度,可以激发学生的积极性和进取心。奖惩制度应注重公平、公正,明确奖励和惩罚的标准和程序,对表现优异的学生给予表彰和奖励,对违反校规的学生进行适当的惩罚和教育。奖励可以包括奖品、荣誉证书、荣誉称号等,而惩罚则应注重教育意义,通过批评教育、劳动教育等方式,引导学生认识错误,改正不良行为。奖惩制度的实施,可以营造良好的校园氛围,激发学生的学习动力。

行为规范制度,可以明确学生在校内外的行为要求,引导学生形成良好的道德品质和行为习惯。行为规范制度应包括学生的言行举止、课堂纪律、课外活动、交友交往等方面的具体规定。学校可以通过日常行为规范教育、主题班会、校规校纪宣讲等形式,增强学生的纪律意识和法治观念,培养学生的自律精神和社会责任感。行为规范制度的实施,有助于学生树立正确的价值观,形成健康向上的人格,奠定良好的人生基础。

心理健康是学生全面发展的重要方面,学校应建立完善的心理健康管理制度,为学生提供心理咨询和辅导服务。学校可以设立心理咨询室,配备专业的心理咨询师,通过定期的心理健康测评、心理辅导活动、心理健康讲座等方式,关注学生的心理健康状况,帮助学生应对学习压力、人际关系、情感困惑等问题。

心理健康管理制度的实施，可以有效预防和解决学生的心理问题，促进学生的身心健康发展。

安全是学生在校学习和生活的重要保障，学校应建立健全的安全管理制度，确保校园环境的安全与稳定。安全管理制度应包括校内外安全教育、突发事件应急预案、安全巡查机制等。学校可以通过安全知识讲座、安全演练等活动，增强学生的自救能力，营造安全和谐的校园环境。

家长是学生管理的重要参与者，学校应通过家校联系制度，加强与家长的沟通与合作，促进学生的发展。家校联系制度应包括家长会、家访、家校沟通平台等形式。学校应及时向家长反馈学生在校表现，听取家长的意见和建议，制定和实施教育管理措施。

（三）教师管理制度

通过严格规范的聘任制度，学校可以确保选拔到合格的教师。聘任制度应包括招聘程序、选拔标准、试用期考核等环节，确保聘用过程的公开、公正和透明。招聘时，学校应注重教师的学科专业背景、教学经验和教育理念，选择那些既具备扎实专业知识又具备良好教育素养的教师。严格的聘任制度可以确保学校教师队伍质量较高，推动教育教学工作的顺利开展。

通过系统培训，教师可以不断提升自己的教学能力。培训制度应包括新教师入职培训、在职教师继续教育、专项技能培训等。学校应制订年度培训计划，定期组织教师参加各种形式的培训活动，如教学研讨会、专家讲座、教学观摩等。此外，学校还可以通过校际交流、进修学习等方式，拓宽教师的视野。有效的培训制度不仅能提升教师的教学水平，还能增强教师的职业自豪感和归属感。

科学合理的考核制度能够全面评价教师的教学效果和工作表现，激励教师不断提高自己的教学质量和专业水平。考核制度应包括日常教学评估、学生评价、教研活动参与度、教育科研成果等方面。学校应建立健全的考核体系，制定明确的考核标准和程序，确保考核结果的客观、公正。考核结果应与教师的职称评定、绩效工资、职业发展等直接挂钩，形成有效的激励机制，促使教师不断提升自我。

职业发展制度旨在为教师提供明确的职业发展路径和多样化的发展机会。学校应根据教师的不同发展阶段和需求，为教师制订个性化的职业发展计划，提供职业发展指导和支持。可以通过设立教师职业发展中心、开展职业规划讲座、提供职业发展咨询等方式，帮助教师明确职业目标，规划职业路径，提升职业能力。同时,学校还应建立教师晋升机制,通过职称评定、岗位晋升等方式,激励教师不断追求进步,实现个人价值。

良好的工作环境和福利待遇是吸引和留住优秀教师的重要因素。学校应为教师提供良好的办公条件、充足的教学资源和良好的职业发展机会。同时,学校应关注教师的身心健康,提供必要的心理支持和健康保障。可以通过设立教师关怀机制,如教师健康体检、心理辅导、工会活动等,帮助教师保持良好的工作状态,增强教师的幸福感和归属感。

和谐的师生关系和积极的学校文化有助于教师发挥最高的教学水平,促进教育教学质量的提升。学校应通过各种形式的交流和活动,增进师生之间的了解和信任,营造尊师重教的良好氛围。同时,学校应加强校园文化建设,通过校园文化活动、教师团队建设等方式,增强教师的团队合作精神和集体荣誉感。

(四)行政管理制度

行政管理制度是保障学校各项工作正常运转的关键。

财务管理制度在学校行政管理中具有重要地位。健全的财务管理制度可以确保学校资金的合理使用和有效管理。财务管理制度应包括预算编制、资金使用、财务审计等环节,要确保资金流向透明、使用合理。预算编制应根据学校的年度工作计划和发展目标,合理分配资金。在资金使用过程中,必须严格执行财务制度,杜绝浪费和挪用行为。定期的财务审计可以及时发现和纠正财务管理中的问题,确保学校财务管理的规范化。

科学合理的设备管理制度,可以保障教学设备、图书资料等资源的高效利用。设备管理制度应包括设备采购、使用、维护和报废等环节。设备采购应严格按照程序进行,确保采购质量和采购透明度。设备使用应制定明确的使用规范和管理办法,确保设备的安全和高效使用。定期的设备维护和检修可以延长设备的使用寿命,减少设备故障和损坏。同时,报废设备的处理应符合相关规定,确保报废过程的合法合规。

安全管理制度的完善可以有效保障师生的生命安全和学校的财产安全。安全管理制度应包括校园安全、消防安全、食品安全、网络安全等方面。对于校园安全,学校应设立专门的安全管理机构,制定详细的安全管理措施,如安全巡逻、出入管理等;对于消防安全,学校应定期开展消防演练,确保师生都掌握基本的消防知识和逃生技能;对于食品安全,学校应严格执行食品卫生管理规定,确保师生的饮食安全;对于网络安全,学校应加强网络监控和信息保护,防止网络攻击和信息泄露。

科学合理的人事管理制度可以保障教职工的合法权益，激发他们的工作积极性。人事管理制度应包括招聘录用、考核评估、晋升机制、福利待遇等。招聘录用应严格按照程序进行；考核评估应制定明确的考核标准和评估方法，客观公正地评价教职工的工作表现；晋升机制应为教职工提供职业发展机会，激励他们不断追求进步；福利待遇应关注教职工的生活需求，提供良好的福利保障，提升他们的工作满意度和归属感。

信息管理制度的完善可以提高学校管理的效率和科学性。信息管理制度应包括信息收集、处理、存储和传递等环节。信息收集应及时、全面，确保为管理决策提供科学的依据；信息处理应采用先进的信息技术，提高信息处理的速度和准确性；信息存储应确保信息的安全，防止信息泄露和丢失；信息传递应制定明确的传递流程和权限，确保信息的及时传递和有效沟通。

学校应定期组织制度学习和培训活动，帮助师生熟悉和掌握各项制度的内容和要求。同时，学校应通过多种形式的宣传，如公告栏、校内网络、微信公众平台等，广泛宣传各项管理制度，提高制度的知晓度和执行力。可以通过对制度的宣传和培训，提高全体师生对制度的认识和理解，增强他们的制度意识和执行力。

二、信息化管理机制

（一）教学管理信息系统机制

教学管理信息系统机制是现代学校管理中不可或缺的一部分。教学计划的数字化和自动化是教学管理信息系统的重要功能。

信息系统可以实现教学计划的在线编制和管理，简化教学计划的制订过程，提高计划的科学性。信息系统能够根据教育目标、课程设置和学生需求，自动生成符合要求的教学计划，确保教学计划的完整性和系统性。此外，教学计划的在线管理还可以方便教师随时查询和修改，提高计划的灵活性和执行力。

信息系统可以实现课程安排的自动化和智能化，提高课程安排的效率和准确性。系统能够根据教师的教学任务、教室资源和学生的选课情况，自动生成最优的课程表，避免课程冲突和资源浪费。课程安排的在线管理还可以方便学生和教师随时查询和调整课程表，确保课程安排的合理性。

信息系统可以实现教学资源的在线管理和共享，提高教学资源的利用率和共享度。系统可以将教学课件、教材资料、教学视频等资源进行分类存储和管理，方便教师和学生随时查阅和使用。教学资源的数字化管理不仅可以节省教学资源的存储空间，还可以促进教学资源的广泛共享和交流，提高教学质量和效率。

信息系统可以实现教学评估的在线化和自动化，提高教学评估的客观性。系统可以通过在线问卷、数据分析等方式，对教师的教学效果、学生的学习效果进行评估，生成详细的评估报告。教学评估的在线化不仅可以提高评估的效率，还可以为学校的教学改进提供科学依据。此外，系统还可以实现评估结果的及时反馈，促进教学质量的不断提升。

信息系统的安全性是保障教学管理顺利进行的重要前提。学校应采取多种措施，确保系统的数据安全和网络安全，防止系统瘫痪。系统的稳定性也是提高教学管理效率的重要保障。学校应加强系统的维护和升级，确保系统的正常运行和高效运作。

（二）学生信息管理系统机制

学生信息管理系统机制是现代学校管理的重要组成部分，旨在实现学生档案、考勤、成绩等信息的电子化管理。

学生档案的电子化管理是学生信息管理系统的核心功能。学校可以将学生的基本信息、家庭背景、入学记录等档案数据进行电子化存储和管理。电子化管理不仅可以节省纸质档案的存储空间，还可以方便学校管理员随时查询和更新学生档案信息。学生档案的电子化管理有助于提高信息的准确性和完整性，确保每个学生的档案信息都能及时、准确地被记录和维护。

通过信息系统，学校可以实现学生考勤的自动记录和统计。教师可以通过系统在线录入学生的出勤情况，系统会自动生成考勤记录，并进行数据汇总和分析。考勤信息的电子化管理不仅可以提高考勤记录的准确性和实时性，还可以方便教师和家长随时查询学生的出勤情况，及时了解学生的在校表现。电子化考勤管理有助于加强学生的纪律管理，督促学生养成良好的出勤习惯。

通过信息系统，学校可以实现学生成绩的在线录入、计算、分析和查询，提高成绩管理的效率和准确性。教师可以通过系统在线录入学生的成绩，系统会自动进行成绩的汇总和分析，生成成绩单和成绩报告。成绩管理的电子化不仅可以减少人工计算的误差，提高成绩管理的效率，还有助于提升成绩管理的透明度，促进学生的学业发展。

学校可以对学生的各项信息进行数据统计和分析，生成统计报表和分析报告。数据统计和分析功能可以帮助学校了解学生的整体情况，发现学生管理中存在的问题，制定有针对性的管理措施。例如，可以通过对学生考勤数据的统计分析，了解学生的出勤规律，发现出勤异常的学生，及时采取相应的管理措施；通过对学生成绩数据的分析，了解学生的学习情况，发现学习困难的学生，提供必要的学习支持和帮助。

学生信息的安全性是确保信息管理顺利进行的前提。学校应采取多种安全措施，确保学生信息的存储和传输安全。例如，可以通过设置访问权限、数据加密、数据备份等技术手段，保障学生信息的安全。信息安全管理既是对学生隐私的保护，也是学校管理工作的基本要求。

用户友好性是提高系统使用率和用户满意度的重要因素。信息系统应具有简洁明了的操作界面和易于理解的操作流程，方便教师、学生和家长使用。同时，系统应具备多平台支持和移动端应用功能，方便用户随时随地进行信息查询和管理。操作便捷性是提高系统使用效率的重要保障。

（三）办公自动化系统机制

在现代行政管理中，办公自动化系统机制的引入无疑是一次革命性的变革。办公自动化系统不仅能显著提升行政管理的效率，还能确保信息的快速传递和处理。这一系统可以通过整合各类办公软件，实现文档管理、数据处理、日程安排、沟通交流等功能的无缝对接，从而减少人工操作的误差，提高工作精度。传统的纸质文件管理方式不仅耗时耗力，而且容易出现丢失和误传的情况。通过办公自动化系统，所有文档都可以实现电子化存储和管理，既能节省空间，又能随时查询和调取。此外，系统的权限设置功能可以确保文档的安全性，不同级别的用户可以根据需要访问相应的文件。

行政管理工作中涉及大量的数据统计和分析，手工操作不仅效率低下，还容易出错。通过办公自动化系统，数据的录入、计算和分析都可以在短时间内完成，并且可以保证数据的可靠性。系统还可以生成各类报表，帮助学校管理者快速了解工作进展和各项指标，做出科学决策。系统可以自动提醒用户重要的会议和任务，避免遗忘和时间冲突的发生。教职工可通过系统共享日程，实现团队工作的协同和配合，提高整体工作的协调性和效率。此外，系统的工作流功能可以规范各项行政流程，确保每一项工作都能按照规定的步骤有序进行，从而提升管理的严谨性。

通过系统内置的即时通信工具，教职工之间可以实现实时沟通，信息传递的速度和效率可以大大提高。同时,系统的邮件功能可以自动分类和归档各类邮件,方便用户查找和管理。内部公告和通知也可以通过系统迅速传达到每一个教职工,确保信息传达的及时性和准确性。

随着技术的不断发展,办公自动化系统可以不断升级和优化,以适应新的管理需求和工作方式。同时,系统可以与其他管理软件进行集成,实现资源的共享和信息的互通,进一步提升行政管理的效率。总体来看,办公自动化系统机制不仅可以提高行政管理的效率,实现信息的快速传递和处理,还可以推动管理模式的现代化和科学化。

(四) 校园安全监控系统机制

在校园安全管理中,安全监控系统机制的建立是确保校园环境安全和师生人身财产安全的关键措施之一。校园安全监控系统可通过视频监控、门禁系统等技术手段,全面提升校园安全防控水平。

视频监控系统作为校园安全监控的核心组成部分,能够实时监控校园内外的各个角落,及时发现和记录潜在的安全隐患。通过在学校的出入口、走廊、操场、教室等重要场所安装高清摄像头,安全人员可以24小时不间断地监控校园环境。一旦发生异常情况,系统会立即发出警报,通知相关管理人员迅速采取应对措施,防止事故的发生和事态的进一步恶化。此外,视频监控系统还具备录像回放功能,可以为后续的事件调查提供可靠的证据支持。

门禁系统作为校园安全的重要防线,可以有效控制人员的出入。可以在校园各主要出入口安装电子门禁设备,只有持有合法证件的师生和工作人员才能进入校园,防止外来人员随意进入校园造成安全威胁。门禁系统还可以记录每一位出入人员的具体时间和身份信息,方便安全管理人员进行统计和追踪。同时,门禁系统还可以与考勤系统相结合,实现对教职工和学生的出勤管理,提高校园安全管理的精细化水平。

与此同时,校园安全监控系统还包括火灾报警、紧急求助等功能,能进一步保障校园的安全。火灾报警系统可以实时监测校园内的火情,一旦发现火灾隐患,立即启动报警装置,通知全校师生进行紧急疏散,并自动联动消防系统启动灭火措施,最大限度地减少火灾带来的损失。紧急求助系统是在关键场所设置紧急按钮,一旦师生遇到突发情况,可以通过按下按钮迅速向校园安全中心求助,确保及时获得救援。

现代校园安全监控系统还具备智能化和联网化的特点,通过物联网技术和大数据分析，安全监控系统可以实现自动化和智能化管理。系统可以根据监控视频的实时数据，自动分析和识别潜在的安全风险，提前预警并制定应对措施。联网化的安全监控系统还可以与公安、消防等外部安全机构进行联动，一旦发生重大安全事件，可以迅速协调各方资源进行应急处理，提高校园安全事件的处置效率。

校园安全监控系统的建设与维护需要全校师生的共同参与和支持。安全教育和培训是保障系统有效运行的重要环节，可以通过定期组织安全演练和培训，增强师生的安全意识，使他们能在突发事件中沉着应对，减少安全事故的发生。校园安全监控系统机制不仅可以通过视频监控、门禁系统等技术手段保障校园安全，还可以通过智能化和联网化的管理手段，提高校园安全防控的整体水平，为构建和谐、安全的校园环境提供有力的保障。

三、民主管理机制与参与机制

民主管理是现代学校管理的重要特点。可以通过广泛的民主参与，提高管理决策的科学性和合理性。

（一）教师代表大会机制

教师代表大会机制是学校管理的重要组成部分。它通过定期召开教师代表大会，听取和讨论学校的重要决策和政策，充分反映教师的意见和建议，确保学校管理的民主化和科学化。教师代表大会机制的建立，不仅有助于提高学校管理水平，还能够激发教师的积极性。教师代表大会机制可以让教师代表在大会上充分表达自己的意见和建议，反映广大教师的心声。通过这样的机制，学校领导能够及时了解教师的想法和需求，从而制定更加符合实际情况的管理政策和措施。这种双向沟通的方式，不仅有助于增进学校领导和教师之间的理解和信任，还有助于形成良好的校风和教风。

教师代表通过参与学校重大决策的讨论和表决，可以对学校管理提出具有建设性的意见和建议，避免决策过程中出现偏差或失误。这种民主参与的机制，能使学校的决策更加科学和合理，减少由于信息不对称带来的管理盲点，提高学校管理的透明度和公信力。通过参与学校管理和决策，教师能更加关注学校的发展和自身的职业发展，从而更加积极主动地投入教育教学工作。教师代表大会不仅是教师表达诉求的平台，还是他们共同参与学校建设、共谋发展大计的重要场所，这种参与感和责任感能够提升教师的工作热情。

通过参与大会的讨论和决策,教师可以互相学习和借鉴,不断提高自己的管理能力和专业素养。大会的讨论内容涉及教学改革、教育创新、教师培训等方面,为教师提供了一个内容广泛的学习和交流平台,有助于他们不断提升自己的教学水平。可以通过定期召开大会,及时解决教师关心的问题和矛盾,消除误解和隔阂,促进师生关系、教师关系的和谐发展。教师代表大会的召开,可以使学校管理更加人性化和民主化。

教师代表大会机制的有效运行离不开制度的保障和支持。学校应制定科学合理的大会制度和程序,明确教师代表的选举办法、会议的议程和讨论的范围,确保大会的规范化和制度化运行。同时,学校领导要高度重视教师代表大会的作用,认真听取和采纳教师的意见和建议,真正发挥教师代表大会在学校管理中的作用。

(二) 学生代表大会机制

学生代表大会机制是通过定期召开学生代表大会,听取学生的意见和建议,增强学生的主人翁意识。学生代表大会机制的建立,有助于提高学校管理的民主化水平。

学生可以互相学习和借鉴,不断提高自己的管理能力。大会的讨论内容涉及学生活动、校园文化建设、学生权益保障等方面。学生代表大会机制能为学生提供一个内容广泛的交流平台,有助于他们全面提升综合素质。学校领导要认真听取学生的意见。

(三) 家长委员会机制

家长委员会机制是学校管理的重要组成部分。通过设立家长委员会,学生家长可以参与学校的管理与监督,加强家校合作。这一机制的建立,能够充分发挥家长在教育中的作用。通过家长委员会,学生家长可以定期与学校管理层沟通,表达自己的意见和建议,参与学校的决策过程。这样一来,学校也能及时了解学生家长的需求和期望,制定更符合实际的教育政策和措施,从而提高教育质量和管理水平。

通过家长委员会的机制,学生家长可以对学校的各项工作进行监督,确保学校在教育教学过程中遵循公平、公正、透明的原则。学生家长的参与和监督,不仅可以提升学校管理的规范性和透明度,还可以在一定程度上帮助学校发现和解决管理中的问题,从而提高整体管理水平。通过家长委员会,学生家长可以参与到学校的各项活动和项目中，与教师一起讨论和制订教育计划，分享育儿经验和教育资源。这样的合作，不仅可以增强学生家长与学校之间的沟通和理解，还可以为学生提供更加全面和科学的教育支持，促进他们的健康成长和全面发展。

家长委员会还可以在学校与家庭之间架起一座桥梁，促进双方的良性互动。通过家长委员会，学生家长可以更好地了解学校的教育理念、教学方法和管理制度，从而更加配合和支持学校的工作。同时，学校也可以通过家长委员会，更加深入地了解学生在家庭中的表现和需求，从而因材施教，制订个性化的教育方案。学生家长在参与学校管理的过程中，可以学到更多的教育知识和管理经验，不断提升自身的教育素养和能力。这不仅有助于学生家长更好地教育和引导孩子，还可以为学校和社区的发展贡献力量。学校应制定科学合理的家长委员会制度，明确家长代表的选举办法、委员会的职责和权利，确保家长委员会的规范化运行。

四、评估与反馈机制

评估与反馈是学校管理的重要环节，可以通过科学评估和及时反馈，不断改进管理工作。

（一）教育教学评估机制

通过定期开展教育教学评估，学校能够全面评估教学效果和学生发展情况等方面，及时发现问题。教育教学评估机制的建立，不仅有助于提高教育质量，还能推动学校的可持续发展。教育教学评估机制提供了一个系统性的平台，用于全面评估教学效果。通过多维度的评估方法，如课堂观察、教学文件检查、学生反馈问卷等，学校能够真实、全面地了解教学活动的实际效果。评估结果能够帮助学校识别教学中的优势与不足，有针对性地进行改进，提升教学质量和效果。

通过科学合理的评估指标体系，学校能够客观、公正地评估教师的教学水平和工作绩效。评估内容通常包括教师的教学态度、教学方法、教学效果、教学研究等方面。评估结果不仅可以作为教师考核、奖励和晋升的依据，还可以为教师的职业发展提供参考和指导，激励教师不断提升自身的专业素养和教学能力。通过定期评估学生的学习成绩、综合素质和个性发展，学校能够全面了解学生的成长状况。评估结果不仅可以为学生的个性化教育提供数据支持，还可以帮助学校及时调整教育策略，更好地满足学生的成长需求。同时，学生的发展评估也能为学生家长了解孩子的学习和成长情况提供参考。

通过系统评估，学校能够及时发现教学过程中存在的问题和不足，并采取相应的改进措施。例如，如果评估发现某一学科的教学效果不理想，学校可以组织教师进行教学研究，探讨改进教学方法。评估机制的存在，能够使问题及时暴露出来，并迅速实施改进措施，形成教学质量持续提升的良性循环。这不仅可以加强师生对教学过程的关注和重视，还可以促进学校管理的民主化和透明化。师生共同参与评估，共同推动教学改进，有助于形成良好的教学氛围和校风。学校应制订详细的评估方案，明确评估的标准、内容和方法，确保评估工作的规范性和科学性。同时，学校管理层应高度重视评估结果的应用，认真分析评估数据，制定切实可行的改进措施，真正发挥评估机制在教学质量提升中的作用。

（二）管理效能评估机制

管理效能评估机制是提升学校管理水平的重要工具，通过定期评估各项管理工作的效能，能够分析管理中的不足之处。该机制的建立，有助于优化管理流程。评估结果可以帮助管理者识别管理中的优势与劣势，从而有针对性地进行改进和优化，提升整体管理水平。

通过管理效能评估机制，学校能够及时发现管理过程中的问题。例如，某一管理流程可能存在冗余和低效的情况，导致工作效率低下。在评估过程中收集到的大量数据和信息，为管理层提供了重要的决策依据。通过对评估结果的深入分析，学校可以更准确地把握管理工作的重点和难点，制定更加科学合理的管理策略，提高决策的准确性和有效性。这种基于数据和事实的管理方式，可以提升管理的科学性。

通过评估，员工可以了解自己工作的成效和不足，明确改进的方向和目标。这不仅会增强员工对工作的关注和重视，还能激励他们不断提升自身的工作水平。同时，管理效能评估机制的实施，能使员工的绩效考核更加公平和公正，有助于形成良好的工作氛围和团队合作精神。通过对评估结果的分析，学校可以发现管理中的创新点和突破口，鼓励和支持学校管理者进行管理创新和尝试。

（三）反馈渠道机制

通过设立意见箱、网上调查等方式，广泛收集师生和家长的意见和建议，及时回应和处理，能够有效提升学校管理的透明度和民主性，推动学校的持续发展。设立意见箱，师生和家长可以随时将自己的意见投入其中。网上调查能通过电子邮件、学校网站或社交媒体等方式，广泛收集各方反馈。这些渠道的建立，可以确保所有声音都能被听到，真正实现广泛参与和民主决策。

通过广泛收集和公开反馈意见，学校可以让师生和家长了解学校管理的具体情况，增进彼此之间的理解和信任。同时，及时回应和处理反馈意见，能够让师生和家长看到学校的积极态度，进一步提升学校管理的透明度。通过定期整理和分析反馈意见，学校可以及时发现管理中的不足和问题，采取改进措施。例如，如果多数反馈意见集中在某一教学环节存在的问题，学校可以组织相关部门进行专项整改，提高教学质量和管理水平。这样的机制，能够确保及时发现并解决问题。

通过有效沟通和交流，学校能更好地了解师生和家长的需求和期望。同时，师生和家长也能通过反馈渠道，感受到自己的意见被重视和采纳，增强对学校管理的参与感和认同感。例如，师生和家长的建议能为学校的课程设置、教学方法、后勤服务等提供新的启示和方向，促使学校不断优化管理模式。学校应制定详细的反馈处理流程和操作规范，确保每一条意见都能得到及时回应和处理。同时，学校管理层应高度重视反馈渠道的作用，定期组织专项会议，研究和落实反馈意见的处理情况。

五、资源配置与管理机制

合理的资源配置和管理是学校教育管理的重要内容。可以通过科学的资源配置和有效的资源管理机制，充分利用各种资源，提高管理效能。

（一）人力资源管理机制

人力资源管理机制是学校管理中重要的组成部分，合理配置教师和管理人员，开展教师培训和职业发展，能够显著提升教师队伍的整体素质，进而提高教育教学质量和学校管理水平。学校应根据实际需求，科学制订人员配置方案，确保各个学科和岗位都有足够且合适的人力资源。通过科学的招聘和选拔流程，学校能够引进高素质的教育和管理人才，为学校的发展提供有力的人才保障。此外，学校应建立灵活的人员调配机制，根据教学需要和人员能力进行动态调整，优化资源配置。

通过定期组织各类培训活动，学校可以不断更新教师的知识结构和教学方法，提升其专业能力和教学水平。培训内容应包括教育理论、教学技能、信息技术应用等方面，既要满足教师的现实需求，又要紧跟教育发展的前沿动态。同时，学校还可以邀请专家学者开展讲座和培训，促进教师与教育专家的交流和互

第二章 学校教育管理的组织结构与运行机制

动，拓宽教师的视野和思路。学校应制定科学合理的教师职业发展规划，为教师提供明确的职业发展路径和成长机会。通过设立教师晋升通道和评聘机制，学校能够激励教师不断追求进步，提升自身的专业素养和教学能力。同时，学校应支持和鼓励教师参与各类教育科研活动，提升他们的学术水平，为教师的职业发展提供广阔的平台和空间。

学校应制定科学合理的绩效考核制度，对教师的教学效果、科研成果、班级管理等方面进行综合评价。通过奖励优秀教师、评选先进个人等方式，学校能够激发教师的工作热情，形成良好的竞争氛围。此外，学校应注重教师的工作条件和福利待遇，为教师提供良好的工作环境和生活保障，增强教师的幸福感。

学校应建立完善的人力资源管理信息系统，实现教师信息的电子化管理。这样学校就能及时掌握教师的基本情况、专业背景、培训经历等信息，以便进行人员配置和培训规划。同时，人力资源管理信息系统还能实现教师考勤、绩效考核等工作的自动化，降低管理成本。

学校管理层应高度重视人力资源管理机制的建设和实施。学校管理层应加强对人力资源管理工作的领导和监督，确保各项政策和措施的有效落实。同时，学校管理层应定期组织专项会议，研究和解决人力资源管理中的问题。

（二）财务资源管理机制

财务资源管理机制是学校管理中的关键部分，可以通过科学编制预算，合理使用资金，确保财务资源的有效利用，显著提高学校的管理水平和教育质量。合理的财务资源管理不仅关系到学校的日常运行，还对学校的长期发展起到重要的作用。学校应根据年度工作计划和发展目标，制订详尽的预算方案，确保各项经费的合理分配。预算编制应本着科学、严谨的原则，充分考虑各个部门和项目的实际需求，避免盲目扩张和资金浪费。同时，在预算编制过程中应广泛听取各方意见，尤其是教学和科研部门的建议，以保证预算的全面性和可行性。

学校应严格按照预算执行资金使用，确保每一笔资金都有明确的用途和合理的支出。在资金使用过程中应坚持公开透明的原则，加强对资金流向的监督和管理，防止出现贪污、挪用等违法行为。通过定期审计和财务检查，学校可以及时发现和纠正财务管理中的问题，确保资金的安全和高效使用。学校应制定详细的财务管理制度和操作流程，明确各部门和人员的职责和权限，确保财务管理工作的规范化和制度化。财务管理制度应包括预算编制、资金使用、财务监督、财务审计等环节。

学校可以通过多种途径筹措资金，如政府拨款、社会捐赠、科研项目资金等，以增加财务资源的来源。同时，学校应积极探索资金使用的途径，通过合理的投资和项目管理，提高资金的使用效益。例如，在基础设施建设和教学设备采购方面，应注重性价比和长期效益，避免一次性大额支出带来的财务压力。

学校应定期组织财务人员参加专业培训和继续教育，不断提升他们的业务能力和管理水平。通过学习最新的财务管理知识，财务人员能够更加科学、高效地进行财务管理工作，为学校的财务资源管理提供有力支持。学校管理层应加强对财务管理工作的领导和监督，确保各项财务政策和措施的有效落实。

（三）物资资源管理机制

加强对教学设备、实验仪器、图书资料等物资资源的管理，可以显著提高物资的使用效率，进而提升学校的教学质量和科研水平。合理的物资资源管理不仅可以保障教学和科研工作的顺利开展，还可以为学校的长远发展奠定坚实的基础。

学校应建立详细的教学设备管理制度，明确教学设备的采购、登记、使用和维护流程，确保每一件教学设备都有专人负责。要定期对教学设备进行检查和保养，及时发现和解决设备故障，保证教学设备的正常运行。通过科学管理和维护，能提高教学设备的使用寿命和效率，为教学活动的顺利进行提供有力保障。

实验仪器是学校科研工作的基础设施，其管理和维护直接影响科研工作的质量和效率。学校应建立完善的实验仪器管理制度，规范仪器的采购、使用和维护流程，确保仪器的安全和高效使用。要定期组织实验仪器的校准和维修，保证仪器的精度和可靠性，为科研工作提供坚实的技术支持。

图书资料是学校教育教学和科研工作的宝贵资源，其管理和利用直接关系到教学和科研的效果。学校应建立现代化的图书管理系统，实现图书资料的电子化管理，方便师生查阅和借阅。学校应定期更新和补充图书资料，保证资料的时效性和多样性，为师生提供丰富的学习和研究资源。学校应通过科学管理和高效利用，提高图书资料的使用效率，支持教育教学和科研工作。

可以通过建立资源共享平台，实现资源的统一管理和调配，提高资源的利用效率。例如，学校可以通过设立公共实验室和共享图书馆，促进资源的集中管理和使用，为师生提供更加便利和高效的服务。学校应定期组织相关人员参加专业培训。通过学习最新的管理知识和技术，管理人员能够更加高效地进行物资资源管理工作。学校管理层应加强对物资资源管理工作的领导和监督，确保各项管理政策和措施的有效落实。

第三节　学校教育管理的评估

一、学校教育管理评估的目的与意义

（一）提升管理质量

提升管理质量是学校教育管理评估的重要目标。通过评估，学校能够全面了解管理工作中的优点和缺点，从而制定切实可行的改进措施。学校教育管理评估可以揭示管理中的亮点和成功经验，帮助学校总结和推广优秀做法。同时，学校教育管理评估还能发现管理中存在的问题，为学校提供改进的依据和方向。例如，通过评估会发现某些管理环节存在效率低下或执行力不足的问题，学校可以有针对性地进行调整和优化。通过公开评估结果，师生、家长和社会可以了解学校管理的实际情况，增强对学校的信任和支持。这种透明的管理方式，有助于形成良好的校风和氛围。学校管理层可以更准确地把握管理工作的重点和难点，制定更加科学合理的管理策略和发展规划。这不仅能提高决策的准确性和有效性，还能增强学校管理的科学性。

（二）提升透明度和公信力

系统的评估过程可以显著提升管理工作的透明度，使家长、师生和社会对学校管理有更清晰的了解，进而增强对学校的信任和支持。通过评估，学校可以公开管理工作的各个环节和结果，包括教学质量、教师绩效和学生发展情况等。这样一来，家长和社会各界能够全面了解学校的实际情况，对学校的管理工作有更直观的认识。透明的评估过程能够减少信息的不对称，消除家长和师生心中的疑虑。评估结果的公开发布，能使各方利益相关者看到学校管理的真实状况和具体改进措施，提升学校管理的可信度和公正性。例如，通过定期发布评估报告，学校可以展示自身在教学改革、资源配置和学生发展等方面的努力和成效，从而赢得广泛的认可和支持。

通过邀请教师、学生和家长参与评估活动，学校能够广泛听取各方意见和建议，确保管理工作的公平性和科学性。这种参与机制不仅可以增强评估的客观性和全面性，还可以提升各方对评估结果的认同感和接受度。师生和家长在参与评估的过程中，能够感受到自己的意见被重视和尊重，从而增强对学校管理的参与

感和主人翁意识。学校管理层可以更加明确自身的优势和不足，从而有针对性地进行改进和优化。同时，家长和社会各界也能够提出具有建设性的意见和建议，为学校的持续改进和发展提供宝贵的参考和支持。如果学校管理的透明度提高，那么社会各界就能更加有效地监督学校的各项工作，确保学校管理的合法性和规范性。这种监督机制，能进一步提升学校管理的公信力和透明度，为学校的可持续发展提供有力的保障。

（三）指导决策和规划

评估结果能为学校领导层提供科学的数据支持，使其能够更精准地制定未来的教育管理政策和发展规划。学校能通过全面收集和分析教学质量、教师绩效、学生发展情况等方面的数据，发现其中的规律和发展趋势。这些数据能为学校领导层提供客观的决策依据，帮助他们更好地了解学校的实际情况和发展需求。通过分析评估数据，学校可以识别当前管理政策的有效性，发现存在的问题和改进空间。例如，如果评估结果显示某一教学方法效果显著，那么学校可以进一步推广这一方法；如果某一管理环节存在效率低下的问题，那么学校可以制定相应的改进措施。

学校可根据评估结果，确定未来的发展方向和重点，制订详细的发展计划。基于实际情况和数据分析的发展计划，更具可行性和针对性。例如，通过评估学生的学业成绩和综合素质发展情况，学校可以确定未来的教学改革方向和重点。学校可根据评估数据，合理调整和分配资源，确保资源的高效利用。例如，如果评估发现某一学科的教学资源不足，那么学校可以增加对该学科的投入，改善教学条件。通过科学的资源配置，学校能够更好地支持教育教学和科研工作，促进学校的全面发展。

学校领导层可以根据评估数据及时调整和优化管理策略，确保各项管理措施的有效实施。通过公开评估数据和分析结果，学校领导层能够让师生、家长和社会各界了解学校的管理情况和发展规划，增强各方对学校决策的信任和支持。

二、学校教育管理评估的内容与指标

（一）教学质量评估

教学质量评估是学校教育管理中的重要环节，涵盖教学计划的执行情况、教学方法的应用、教师的教学水平和学生的学习效果等方面。

评估教学计划的执行情况是确保教学质量的基础。学校需要定期检查各学科的教学进度，确保教学内容按计划进行，并及时发现和解决偏离教学计划的问题，从而保证教学的有序进行。

教学方法对学生的学习效果有直接影响。通过评估教学方法的实际应用情况，学校可以了解教师在课堂上采用的教学策略是否科学有效，能否激发学生的学习兴趣和积极性。评估结果可以帮助教师改进教学方法，采用更加适合学科特点和学生特点的教学方式，提高课堂的教学质量和效果。

教师的专业素养、教学技能和课堂管理能力直接影响教学质量。通过课堂观察、教学评估和学生反馈等方式，学校可以全面评估教师的教学水平。评估结果可以帮助学校制订有针对性的教师培训计划，提升整体教师队伍的专业素养和教学能力。

学生的学业成绩、知识掌握情况、学习能力和综合素质等都是评估的重要内容。通过定期的考试、测评和问卷调查，学校可以全面了解学生的学习情况，发现学生在学习过程中存在的问题。评估结果可以为学校改进教学方法和教学内容提供数据支持，帮助教师有针对性地进行辅导和教学调整。

通过教学质量评估，学校能够全面了解教学工作的实际情况，发现教学管理中存在的问题和薄弱环节。例如，如果评估结果显示某一学科的教学效果不理想，那么学校可以组织教师进行教学研究和讨论，探索改进教学方法的途径。

（二）教师绩效评估

教师绩效评估是学校管理的重要环节，涵盖教师的教学态度、教学能力、科研能力、职业道德，以及学生反馈等方面。

教学态度是教师绩效评估的基本要素。教师的责任心、敬业精神和教学热情直接影响学生的学习积极性和课堂氛围。通过评估教师的教学态度，学校可以了解教师在工作中的投入程度和对教育事业的热爱程度，确保教师能以积极、认真、负责的态度对待教学工作。

教学能力包括教师的专业知识水平、教学方法的掌握和应用、课堂管理能力等。评估教学能力可以通过课堂观察、教学评估、教师自评和同行互评等方式进行。评估结果有助于学校了解教师在教学实践中的表现，发现教师在教学技能上的优势和不足，为教师提供有针对性的培训和指导。

科研能力既体现了教师的学术水平和专业素养，也是教师不断提升自我、推动教学改革的重要动力。通过评估教师的科研成果、学术论文、课题研究等，学校可以了解教师的科研能力和学术贡献情况。评估结果可以激励教师积极参与科研活动,提升学校的学术氛围和科研水平。

教师的职业道德包括师德师风、教学纪律、工作态度等方面。通过评估教师的职业道德,学校可以确保教师在教育教学过程中遵循职业规范,维护良好的教育环境和师生关系。高尚的职业道德不仅是教师职业素养的重要体现,还是教师树立良好形象、赢得学生尊重和信任的关键。

学生是教学活动的直接受益者,他们的评价能够真实反映教师的教学效果。通过学生问卷调查、座谈会等方式,学校可以收集学生对教师的意见和建议。学生反馈不仅有助于学校全面了解教师的教学情况,还可以为教师改进教学方法、提高教学质量提供参考。

根据评估结果,学校可以公平、公正地评选优秀教师,给予奖励和表彰,激励教师不断进步。同时,评估结果也可以作为教师职称评定和晋升的重要依据,促进教师职业发展的规范化和制度化。

(三)学生发展评估

学生发展评估包括学业成绩评估、综合素质评估、心理健康评估、社会适应能力评估等方面。

学业成绩是学生发展评估的核心内容之一。学业成绩能够直接反映学生对知识的掌握程度和学习效果。通过定期考试、作业评阅和学科竞赛等方式,学校可以全面了解学生的学业水平和学习进展,及时发现学生学习中存在的问题,为后续教学提供参考。

综合素质包括学生的思想品德、文体特长、实践能力等多个方面。通过观察学生在课堂内外的表现,组织学生参与各类活动和竞赛,学校可以评估学生的综合素质发展情况,帮助学生发现自己的兴趣和特长。例如,学校可以通过评估学生的团队合作能力、创新精神和领导才能,培养学生成为全面发展的优秀人才。

心理健康评估可以通过心理测试、心理咨询和日常观察等方式,了解学生的心理状态和情绪变化。健康的心理是学生顺利完成学业、愉快生活的基础,学校通过评估可以及时发现学生的心理问题,并提供必要的心理辅导和支持,帮助学生保持积极、健康的心理状态,确保他们能够以愉快的心情学习和成长。

社会适应能力是指学生在社会环境中处理人际关系、应对生活挑战的能力。通过评估学生的社交行为、问题解决能力和自我管理能力,学校可以了解学生在社会环境中的适应情况。学校可以通过组织社会实践、社区服务等活动,提高学生的社会适应能力，帮助他们更好地融入社会，为未来的发展打下坚实的基础。

通过分析学生发展评估结果，家长可以全面了解孩子的学习和发展情况，制订学生的成长计划；学校可以发现教学中的问题和不足，及时调整教学方法和策略，改进教学内容，帮助学生增强学习效果。

（四）行政管理评估

行政管理评估包括评估行政工作的效率、评估制度执行情况、评估学校的资源配置、评估管理的创新性等方面。

评估行政工作的效率是确保学校各项管理任务顺利完成的基础。通过评估各部门的工作流程、任务完成情况和效率指标，学校可以发现管理中的低效环节，从而采取有效措施进行改进，提高整体行政效率。学校制定的各项规章制度只有得到有效执行，才能发挥应有的作用。

通过评估制度执行情况，学校可以了解各项规章制度在实际操作中的落实情况，发现制度执行中的问题和不足，及时进行调整和完善，确保各项管理工作有章可循、规范有序。

学校的资源配置是否合理，直接影响教育教学和日常管理工作的效果。通过评估资源配置情况，学校可以了解人力、物力、财力等各类资源的使用情况，发现资源浪费或不足问题。合理的资源配置不仅能提高工作效率，还能最大限度地发挥资源的使用效益，为学校的可持续发展提供保障。

通过评估管理的创新性，学校可以了解在管理理念、管理方法和管理工具等方面的创新和应用情况。创新的管理模式能够提高行政效率、提升管理水平。例如，通过评估，学校可以发现哪些创新措施取得了显著成效，哪些方面仍需进一步改进，从而不断优化管理体系。

通过行政管理评估，学校可以全面了解行政管理工作的实际情况，发现和解决管理中存在的问题和薄弱环节。评估结果可以为学校制定科学的管理策略提供重要依据，推动管理工作的持续改进和提升。学校可以让教职工和社会了解行政管理的实际情况，增强各方对学校管理工作的信任和支持。评估结果可以为学校的决策和规划提供数据支撑，帮助学校制定更加科学、合理的发展目标。

三、学校教育管理评估的方法与工具

（一）问卷调查

对教师、学生和家长进行问卷调查，可以获取他们对学校教育管理的真实看法。通过这种方式，学校管理层能更全面地了解现有管理模式的优点和不足，为后续的改进和优化提供数据支持。问卷设计应包括多个维度的问题，涵盖教学质量、管理制度、学校设施等方面，以确保信息的全面性和代表性。为了确保问卷调查的有效性，调查内容需要针对不同对象进行差异化设计。教师的问卷可以侧重教学资源分配、工作环境和职业发展；学生的问卷可以较多地关注学习体验、课程设置和校园活动；家长的问卷可以聚焦于家庭与学校的互动、孩子在家表现及家长对学校管理的期望。通过这种有针对性的问卷设计，学校可以获取更具针对性和实用性的反馈信息。

问卷调查不仅可以收集数据，还能促进学校与各利益相关者之间的沟通与互动。在调查过程中，可以通过组织问卷填写说明会或在线讨论会等形式，向参与者解释问卷的目的和重要性，激发他们的参与热情。可以通过这样的互动，让教师、学生和家长更加了解学校管理的目标和愿景，增强他们的主人翁意识。

可以通过统计分析软件，对数据进行量化处理，生成直观的图表和报告，为学校管理决策提供依据。同时，还可以对开放性问题的回答进行分类和整理，从中提炼出有价值的建议和意见。这些数据分析的结果不仅能指导学校日常管理，还能为学校制定长期发展战略提供参考。

（二）课堂观察

让专业评估人员进入课堂，观察和记录教学过程，可以全面了解教师的教学水平和学生的参与情况。这种方法不仅可以提供第一手的现场资料，还能发现课堂教学中存在的问题和改进的空间。评估人员在观察过程中，应注重教师的教学方法、课堂管理能力及与学生的互动情况，综合评估其教学水平。评估人员可以通过观察教师的授课内容、教学技巧和课堂节奏，了解其教学的有效性和灵活性。同时，学生的反应、参与情况和课堂纪律也是观察的重点。学生在课堂上的表现，如主动回答问题、参与讨论和小组合作等，能够直观地体现他们对课程的兴趣和理解程度。通过这些观察，评估人员可以对教师的教学效果做出客观、公正的评价。

为保证课堂观察的全面性和客观性，评估人员应制定详细的观察指标和记录表。观察指标可以包括教学内容的逻辑性和连贯性、教学方法的多样性、教学资源的利用情况，以及师生互动的频率和质量等。记录表应详细记录每一项指标的具体表现，并注明相关的实例和细节。这些记录将为后续的评估分析提供全面的数据支持，有助于形成科学、客观的评估报告。

课堂观察不仅能评估教师的教学水平，还能为教师的专业发展提供有价值的反馈。评估结果可以帮助教师发现教学中的优势和不足，从而有针对性地进行改进。学校可根据观察结果，制订个性化的教师培训计划。此外，课堂观察的结果还可以用于教师的绩效考核和晋升评估。通过专业评估人员的课堂观察，学校能够深入了解课堂教学的实际情况，为提升教学质量提供科学依据。这种方法不仅能帮助教师改进教学，还能增强学生的学习效果，最终实现教育质量的整体提升。

（三）数据分析

利用学校的管理信息系统，对各项教学和管理数据进行统计分析，可以深入挖掘数据背后的问题和改进空间。这种方法不仅能提供量化的分析结果，还能帮助学校做出科学决策。管理信息系统中的数据包括学生成绩、出勤率、教师授课情况等，可以通过对这些数据的综合分析，全面了解学校的运行状况。学校可以根据不同的需求，设定分析的重点，如教学质量、学生表现、教师绩效等。

对不同维度的数据进行分类整理和统计分析，可以发现各个环节中存在的问题。例如，可以通过分析学生的成绩数据，识别哪些学科或班级的成绩有待提高；通过分析教师的授课数据，了解不同教师的教学效果。

对比不同时间段的数据变化趋势，可以评估各项教学和管理措施的效果。例如，比较分析新教学方法实施前后的学生成绩变化，可以判断该方法的有效性；比较分析不同管理模式下的出勤率变化，可以优化学生管理策略。此外，数据分析还可以预测未来的发展趋势，帮助学校提前做好规划和准备。

采用自动化的数据采集和分析，可以减少人工统计的误差和工作量，提高数据的准确性和及时性。学校管理者可以通过系统生成的各类报告和图表，直观地了解各项指标的运行情况，为决策提供可靠依据。系统还可以根据分析结果，自动生成改进建议和行动计划，帮助管理者快速制定应对措施。

（四）专题座谈

专题座谈是深入了解教师、学生和家长对学校管理看法和期待的有效方式。通过组织座谈会，学校可以直接倾听各方的声音，获取第一手的信息和反馈。座谈会的形式灵活多样，可根据具体需求，邀请不同群体的代表进行讨论，确保所收集的意见具有代表性和多样性。

通过面对面的交流，学校管理者能更直观地了解各方的关切点和期望，为制定改进措施提供依据。学校可根据实际情况，设定不同的讨论主题，如教学质量提升、校园安全管理、家校合作等。明确的主题可以使讨论更加集中和高效，确保座谈会能够围绕核心问题展开。同时，座谈会的组织形式也需要精心设计，确保每位参会者都有机会发表意见和建议。

在座谈过程中，教师、学生和家长可以互相交流观点和看法。例如，教师可以分享在教学中遇到的困难和挑战，学生可以表达对课程设置和教学方法的期望，家长可以提出对子女教育的关注和建议。通过这种多方互动，学校管理者可以更全面地了解各方的需求和期待，促进学校管理的改进和优化。

学校可以指定专人记录座谈会的发言和建议，形成详细的会议记录。可以通过对会议记录的整理和分析，提炼出具有建设性的意见和建议，为后续的改进工作提供参考。同时，学校还可以通过反馈机制，将座谈会的讨论结果和改进措施及时反馈给参会者，增强他们的参与感。专题座谈不仅是收集意见和建议的途径，还是学校管理者展示开放和包容态度的重要方式。这种参与式的管理模式有助于提升学校的教育质量和管理水平，营造和谐、共赢的校园氛围。

四、评估结果的应用

（一）制定改进措施

根据评估结果，学校需要针对发现的问题制定具体的改进措施，确保每个问题都有明确的解决方案。学校应当对评估中发现的问题进行分类和优先级排序，确定哪些问题需要立即解决，哪些问题可以在中长期内逐步解决。这样有助于学校合理分配资源和精力，确保改进措施的实施能够有的放矢。

在制定改进措施时，需明确每项措施的具体内容和实施步骤。例如，如果评估结果显示某些学科的教学效果不佳，可以针对这些学科制订提高教学质量的计划，包括引进优秀教师、增加教学资源、开展教师培训等。每项措施应有详细的执行方案，确保在实施过程中能够按计划进行。此外，还应制定相应的评估标准，以便在实施过程中和实施后对改进效果进行跟踪和评估。

每项改进措施都应指定具体的责任部门和责任人，确保有人对措施的实施过程和结果负责。责任部门需要根据学校的整体规划，制订详细的实施计划和时间表，确保各项工作按时完成。可以通过明确责任，有效避免推诿扯皮现象的发生，提高工作效率和增强改进效果。每项改进措施都应有明确的完成时限，确保改进工作能在规定的时间内完成。完成时限的设定需要根据问题的复杂程度和实际情况来确定，既要考虑工作的可行性，也要确保改进措施能够尽快见效。设定合理的完成时限，可以确保改进工作有序推进，并为后续的评估和调整提供依据。

学校应定期对改进措施的实施情况进行监督检查，及时发现和解决实施过程中出现的问题。可以通过建立定期汇报和反馈机制，确保改进措施的实施过程透明、高效，并能够根据实际情况进行及时调整和优化。此外，还应鼓励教师、学生和家长对改进措施的实施情况进行反馈，广泛听取各方意见和建议，不断完善改进措施。

（二）优化管理流程

可以通过评估现有管理流程，发现其中的不足和瓶颈，并提出相应的优化方案。

第一，对现有管理流程进行全面梳理，了解每个环节的具体操作和职责分工。可以通过细致的流程分析，识别出重复、冗余和低效的部分，从而为优化工作提供基础数据。复杂冗长的流程不仅会增加工作量，还容易导致工作效率低下和错误发生。可以通过简化流程，减少不必要的步骤，使管理工作更加高效。标准化流程有助于确保各项工作的操作一致性，减少因个人操作差异导致的问题。制定详细的操作规程和标准，可以提高管理工作的规范性和科学性。

第二，引入信息化管理系统，实现数据的实时共享和自动化处理。例如，学生考勤、成绩管理、教师绩效考核等环节都可以通过信息化系统进行管理，减少人工操作的时间和误差。信息化系统还能提供数据分析和决策支持功能，为管理层的科学决策提供依据。

第三，对组织结构和人员管理进行调整。学校在优化流程时，需要根据实际情况重新划分部门职责，明确各部门的工作职责和权限，避免职责不清和推诿现象的发生。学校还应加强人员培训，提高工作人员的专业素养和操作技能，确保他们能够熟练掌握新的管理流程和工具。

第四，定期检查和评估管理流程的执行情况，及时发现和解决实施过程中存在的问题。监督机制应包括内部自查和外部评估，确保流程优化的客观性和有效性。反馈机制有助于收集一线工作人员的意见和建议，通过不断改进流程，提高管理工作的实效。

管理流程的优化是一个不断循环、逐步完善的过程。随着学校规模的扩大和管理需求的变化，现有管理流程可能会逐渐不适应新的形势。因此，学校需要建立常态化的流程评估和改进机制，定期对管理流程进行审视和优化，确保管理工作始终保持高效和适应性。

（三）制订培训计划，促进教师发展

根据评估中发现的教师培训需求，制订有针对性的培训计划，能够有效提升教师的专业素养和教学能力。

要详细分析评估结果，了解教师在教学知识、技能和教育理念等方面的不足和需求，这种分析有助于制订更加精准和有效的培训计划，使培训内容能够真正满足教师的实际需要。在制订培训计划时，应根据不同教师的具体情况，设计多层次、多样化的培训内容。对于新入职教师，可以提供入职培训，帮助他们快速适应教学工作环境和教学任务；对于有一定经验的教师，可以开展专题培训，提升他们在某一领域的专业技能；对于资深教师，可以组织高级研修班，探讨前沿教育理论和教学方法。可以通过这种分层次、分类别的培训设计，确保每位教师都能从培训中受益，提升教师队伍的专业水平。

除了传统的讲座和课程培训，学校还可以采用工作坊、示范课、观摩学习、教学研讨等互动性强的培训形式，增加教师的参与感和实践机会。此外，利用现代信息技术手段，如在线课程、网络研讨会等，可以突破时间和空间的限制，为教师提供灵活便捷的培训途径。这些多样化的培训形式，有助于激发教师的学习兴趣。学校可以通过组建教研组、学术团队等形式，促进教师之间的交流和合作，形成互帮互学的良好氛围。学校可以定期组织教学研讨会、公开课等活动，鼓励教师分享教学经验和成果，互相学习和借鉴。此外，学校还可以通过导师制、教师结对帮扶等方式，帮助年轻教师快速成长。

在培训结束后，应对培训效果进行全面评估，了解教师对培训内容的掌握情况和实际应用效果。可以通过问卷调查、座谈会等形式，收集教师的反馈意见，及时调整和优化培训计划，确保培训能够真正达到预期目标。建立长效的评估机制，有助于不断提升培训的质量和效果，为教师的专业发展提供持续的支持。

（四）为学生制定发展规划

依据评估结果为学生制定个性化的发展规划，能够为学生提供更有针对性的教育支持和服务。为学生制定发展规划，需要全面分析评估数据，了解每个学生的学业成绩、兴趣爱好、特长及存在的困难。对这些数据进行深入分析，可以为每个学生量身定制发展规划，帮助他们明确学习目标和方向。学生的学习能力和

兴趣爱好各不相同，因此，发展规划应具有针对性和灵活性。例如，对于学习成绩优异的学生，可以提供更多的自主学习机会和高级课程，进一步激发他们的潜能；对于学习有困难的学生，可以制订个性化的辅导计划，提供额外的学习资源和支持，帮助他们克服学习障碍。个性化的发展规划，可以更好地满足学生的不同需求。

评估学生的兴趣和特长，可以为他们提供丰富多彩的课外活动和实践机会，如社团活动、志愿服务、科研项目等，培养他们的领导力、团队合作能力和社会责任感。此外，还可以根据学生的职业兴趣，提供职业规划和指导，帮助他们了解职业选择和发展路径，为未来的职业生涯做好准备。

学校应积极与家长沟通，了解家长对孩子发展的期望和建议，制定学生的发展规划。可以通过定期家长会、家访等形式，加强家校联系，确保家长能够及时了解孩子的发展情况和学校的教育安排。同时，学校可以为家长提供相关培训和指导，帮助他们更好地支持孩子的成长和发展。

在学生发展规划实施的过程中，学校还应建立完善的跟踪和反馈机制。学校可以通过定期评估和反馈，了解学生在各个阶段的发展情况和存在的问题，及时调整和优化发展规划。通过个别谈话、问卷调查等方式，学校可以收集学生的反馈意见，了解他们的需求和困惑，提供有针对性的支持和帮助。完善的跟踪和反馈机制，可以确保学生发展规划的实施效果，促进学生的持续进步和全面发展。

第三章　学校信息化建设概述

信息化建设不只是将技术引入学校日常运营，更是一个全面提高学校教育教学质量、管理效率及决策水平的系统工程。它包括创建数字化校园、发展在线教育资源、实施智能管理系统及优化数据分析和学习评估方法等方面。通过这些措施，学校可以提供更加灵活和个性化的学习体验，同时增强教学活动的互动性和可达性。

第一节　学校信息化建设的概念和重要性

一、学校信息化建设的概念

学校信息化建设是指通过引入现代信息技术，提升学校管理和教学的质量与效率。它包括数字化校园基础设施的建设、信息管理系统的应用、网络教育资源的开发与利用，以及教师和学生信息素养的培养。学校信息化建设旨在实现教育资源共享、教学手段创新和管理流程优化，最终推动学校教育的现代化和智能化。

二、学校信息化建设的重要性

学校信息化建设的重要性体现在以下几个方面：

（一）提升教学质量

信息化技术提供了丰富的教育资源，这些资源包括电子教材、在线课程、虚拟实验室和教育视频等，极大地增加了教师和学生的学习材料。通过网络平台，教师可以方便地获取最新的教学资源，并根据学生的需求进行灵活调整。这种丰富的资源库不仅有助于教师备课，还能让学生接触更多前沿知识，拓宽他们的视野。此外，信息化技术带来的互动式教学工具，如电子白板、在线测评系统和教育软件等，能极大地促进教学手段和方法的创新。传统的教学方式往往以教师讲授为主，学生被动接受知识，而互动式教学工具可以打破这一局限，提升课堂的互动性和参与度。通过电子白板，教师可以展示动态的教学内容，吸引学生的注意力；在线测评系统可以实时检测学生的学习情况，帮助教师及时调整教学进度和内容；教育软件可以通过游戏化的学习方式，激发学生的学习兴趣和主动性。

通过信息化技术，教师可以了解每个学生的学习进度和薄弱环节，从而制订有针对性的教学方案。例如，利用学习管理系统（Learning Management System，LMS），教师可以跟踪学生的学习数据，分析他们的学习行为和成绩，识别出需要特别关注的学生，并提供个性化的辅导和支持。这种因材施教的方式，不仅能增强教学效果，还能满足不同学生的学习需求。

互动式教学工具的应用，能增强学生的学习兴趣。通过参与互动学习，学生不再是被动的知识接受者，而是主动的知识探索者。他们可以在虚拟实验室中进行模拟实验，动手操作，提高动手能力和实践技能；可以在在线课程中进行讨论和交流，培养合作能力和批判性思维。这种参与式的学习方式，可以极大地提升学生的学习动力，使他们更加投入。

（二）提高管理效率

通过信息化技术，学校可以实现数据的实时共享和自动化处理，从而大幅减少人工操作，提高管理工作的效率和准确性。信息化管理系统能够整合学校各类数据，包括学生成绩、考勤记录、教师工作量等，实现信息的统一管理和高效处理。通过这一系统，学校管理者可以实时获取所需数据，快速进行决策，而无须进行琐碎的手工统计和数据整理。在传统的管理工作中，许多流程需要人工操作，不仅耗时费力，还容易出现人为错误。信息化管理系统运用自动化流程，可以避免这些问题的产生。例如，学生成绩的录入和分析、教师考核的数据整理、校内通知的发布等，都可以通过系统自动完成，既能提高工作效率，又能确保数据的准确性和一致性。此外，信息化管理系统还可以自动生成各类报表和统计图表，为学校管理者提供直观、详细的数据支持，进一步提高管理决策的科学性和有效性。

传统的纸质档案和手工记录，具有物理损坏和丢失的风险，而数字化的管理系统可以通过加密技术和权限管理，确保数据的安全存储和传输。同时，系统还可以定期备份数据，防止数据丢失，保障学校信息的长期安全。这种安全性不仅能保护学校的数据资产，还能增强管理工作的可靠性。学校各部门之间的数据可以实现无缝对接和实时更新，打破信息孤岛。例如，教务处、学生处、财务处等不同部门可以通过系统共享相关数据，协同工作，提高整体运作效率。学生的学籍信息、成绩记录等可以在不同部门间实时共享，避免出现重复录入和信息不一致的现象，提升管理工作的连贯性和协调性。学校管理者和教师可以通过移动设备访问系统，处理日常事务，做到随时随地办公。这种灵活性不仅提高了工作效率，还适应了现代学校管理的多样化需求。

（三）促进资源共享

信息化建设能极大地促进教育资源的共享，使不同学校之间可以更加便捷地互通有无，共享优质教学资源，从而提升整体教育水平。数字化教育平台的应用，使各种教学资源能在网络上进行存储和分发。无论是教材、课件、试题库，还是教学视频、虚拟实验室，都可以通过信息化平台进行共享。教师和学生可以随时随地访问这些资源，突破了时间和空间的限制，提高了资源利用效率。通过建立区域性或全国性的教育资源共享平台，不同学校之间可以互相借鉴教学经验，分享教学成果。例如，某学校开发了一套优秀的教学课件，可以通过平台分享给其他学校使用；某学校在某一学科有独特的教学经验，可以通过线上讲座或示范课的形式分享给其他学校的教师。这样的资源共享和经验交流，有助于缩小学校之间的教学水平差距，提升教育质量。

通过在线培训平台，教师可以方便地参加各种专业培训和学术交流活动，获取最新的教育理念和教学方法。这不仅有助于提升教师的专业素养，还能促进教师之间的交流与合作，形成良好的教研氛围。同时，信息化平台还可以提供教师绩效评估和反馈功能，帮助教师不断改进教学。学生可以根据自己的兴趣和需求，从信息化平台的丰富资源中自主选择学习内容，开展个性化学习。例如，学生可以通过在线课程平台，选修自己感兴趣的课程，拓宽知识面；可以通过虚拟实验平台，进行实践操作。信息化建设为学生提供了自主学习和个性发展的机会，促进了学生的全面发展。

通过信息化平台，家长可以实时了解孩子的学习情况，关注孩子的成长。社区资源也可以通过信息化平台，与学校资源进行整合和共享，为学生提供更多的社会实践和服务学习机会。这样，不仅能提升教育资源的利用效率，还能促进学校与家庭、社区之间的合作与互动。

（四）支持个性化教育

通过信息化系统，学校能够详细记录和分析学生的学习情况，为教师提供全面的数据支持。这种精准的数据分析，能够使教师更好地了解每个学生的学习进度、学习特点和存在的困难，从而制订出个性化的教学方案，满足不同学生的学习需求。通过学习管理系统，教师可以获取学生的考试成绩、作业完成情况、课堂表现等方面的信息。这样的数据汇总，不仅能帮助教师及时发现学生在学习中遇到的问题，还能识别出学生的优势和特长。基于这些数据，教师可以有针对性地进行教学调整，帮助学生克服学习障碍，巩固知识点，增强学习效果。

根据学生的学习数据，系统可以分析出最适合学生的学习内容和学习方式。例如，对于掌握知识较快的学生，系统可以推荐更高难度的学习材料，挑战他们的学习能力；对于学习进度较慢的学生，系统可以推荐基础性的练习和辅导资料，帮助他们逐步提升。这样的个性化推荐，能使每个学生在适合自己的节奏中学习，充分发挥其潜能。通过系统提供的分析报告，教师可以全面了解班级中每个学生的学习情况，从而进行分层教学和小组辅导。例如，教师可根据学生的学习水平，将班级分成不同的小组，为每个小组设计专门的学习计划和辅导策略。这样的分层教学，可以更有针对性地满足学生的学习需求，增强整体教学效果。

家长可以及时了解孩子的学习进展，与教师保持沟通，共同制订和实施个性化的学习计划。例如，家长可以通过平台了解孩子在校的表现和作业情况，配合教师在家中进行监督。这样的家校协同，不仅能增强教育的连续性和一致性，还能更好地支持学生的个性化学习。通过在线学习平台，学生可以根据自己的兴趣和需求，安排学习时间。这种自主学习模式，能培养学生的自学能力和自主性。在线讨论、即时反馈等系统中的互动功能，也能增强学生的学习体验，促进他们的积极参与和互动。

（五）增强沟通交流

信息化建设能显著改善学校与家长、学生之间的沟通渠道，提升沟通的效率和效果。通过在线平台，家长能随时了解学生的学习情况和学校动态，促进家校合作。信息化平台为家长提供了一个便捷的途径，使其能实时获取孩子的考试成绩、作业完成情况及课堂表现。这种透明的信息流动，能够使家长及时掌握孩子的学习进展，从而在家庭教育中做出相应的调整和指导，增强家庭教育和学校教育的连贯性和一致性。通过家校互动平台，家长可以随时与教师进行交流，了解孩子在学校的表现，并就教育问题进行讨论；教师也可以向家长反馈学生的学习情况，提出有针对性的教育建议。这种双向的沟通方式，不仅能提高沟通的效率，还能建立家长和教师之间的信任与合作关系，为学生的成长和发展提供支持。

信息化平台还可以发布学校的各类通知和动态,及时向家长传达重要信息。例如,学校的活动安排、考试时间、假期安排等,都可以通过平台迅速传达给家长,确保家长能够及时了解学校的最新动态。这种信息的快速传递,避免了传统纸质通知的滞后性和不确定性,使家长能够更好地配合学校的工作。学生可以方便地向教师请教问题,获取学习资源和辅导资料;教师也可以通过平台向学生布置作业、发布学习资料,并进行在线答疑和辅导。这种高效的沟通方式,不仅能提升学生的学习体验,还能增强师生之间的互动和联系,使教育更加个性化和人性化。

家长通过信息化平台可以多了解一些教育方法和理念,以便更好地参与孩子的教育。学校可以在平台上发布教育资讯、家庭教育指南等内容,帮助家长提高教育水平,增强他们在家庭教育中的作用。这种教育资源的共享,不仅可以提升家长的教育素养,还可以促进家庭教育与学校教育的有效结合。通过家长社区或论坛,家长可以分享教育经验,互相学习,共同探讨孩子的教育问题。这种交流和互动,不仅可以拓宽家长的视野,还可以为他们提供一个互助的平台,增强家长群体的凝聚力和合作意识。

(六)提高决策的科学性

通过大数据分析,学校管理者能够获取详细的数据支持,从而科学评估教学和管理效果,做出更加精准的决策。信息化系统可以收集和整合大量的教育数据,包括学生成绩、考勤记录、教师教学情况、教育资源使用情况等。这些数据不但量大面广,而且更新及时,能为学校管理者提供全面而准确的基础信息。通过大数据分析技术,学校管理者可以对这些数据进行深度挖掘和分析,揭示隐藏在数据背后的规律和趋势。例如,可以对比不同教学方法的效果,识别出哪些教学策略能够有效提升学生的学习成绩;可以通过对教师工作数据的分析,评估教师的教学质量和工作负担,从而优化教师的工作安排和培训计划。这种基于数据的科学评估,有助于提高教学和管理的针对性和有效性。

大数据分析还可以帮助学校管理者提前预测和识别潜在的问题,及时采取预防和纠正措施。例如,可以通过分析学生的出勤数据和学习行为,识别出有学习困难或行为问题的学生,提前进行干预和辅导;通过分析教学资源的使用数据,可以发现资源分配和使用中的不合理之处,提高资源利用效率。这种预警和干预机制,能使学校管理更加主动和灵活,有效避免问题的积累和扩大。通过对历年教育数据的趋势分析，学校管理者可以制定更加科学的发展规划和改革方案。例如，可以通过分析不同学年的招生数据和毕业生就业情况，调整学校的招生政策和专业设置，满足社会和市场的需求；通过分析教育投入和产出的关系，优化学校的资金使用和项目安排，提高教育投资的效益。这种基于数据的战略决策，有助于学校实现可持续发展。

信息化系统还可以提供实时的数据监控和反馈功能，使学校管理者能够随时了解各项工作的进展和效果。通过数据仪表板和报表系统，学校管理者可以直观地看到各项指标的变化情况。例如，可以通过实时监控学生的学习数据，快速调整教学策略；通过实时监控教师的工作数据，合理分配工作任务，减轻教师的工作负担。这种实时监控和反馈机制，能使管理更加精准和高效。

第二节　学校信息化建设的发展历程

一、初期探索阶段

（一）建立和完善基础设施

在信息化建设的初期，学校的主要任务是建立和完善基础设施。这一阶段，学校应集中力量进行计算机教室的建设，通过大量购置计算机设备和配置必要的软件系统，确保学生和教师都能接触现代化的计算机技术。同时，学校应在整个校园内部进行网络布线，使各个教室、办公室和公共区域都能连接到互联网，为后续的网络教学和信息管理提供技术保障。多媒体教室的建设应逐步推广。每间教室都要配备投影仪、电子白板和音响设备，使教师能够通过多媒体手段进行教学，丰富课堂的表现形式，增强教学效果。学校还应积极采购和安装各类辅助教学设备，如数字投影仪、视频播放设备等，使课堂教学更加生动直观，激发学生的学习兴趣。

建立校园局域网，构建初步的信息管理系统，实现基本的办公自动化和教务管理信息化。这些系统不仅能提高办公效率，还能为教师和学生提供便捷的服务。例如，教务管理系统可以实现学生成绩管理、课程安排等功能，方便师生的日常教学活动。为了确保这些基础设施的顺利运行，学校还会开展大量的培训工作，帮助教师和管理人员掌握使用这些新设备和新系统的技能。通过一系列的培训课程，教师能逐渐熟悉多媒体设备的操作和信息管理系统的使用，能够更好地将信息技术应用于日常教学和管理中。这些措施为学校信息化的深入发展奠定了坚实的基础，标志着学校正式迈入了信息化建设的新时代。

（二）在教学辅助方面进行探索与实践

在信息化建设的初期应用阶段，学校在教学辅助方面进行了探索与实践。这一阶段，多媒体课件成为课堂教学的重要工具。教师通过制作并使用多媒体课件，将教学内容以更加生动、直观的形式呈现给学生。图像、视频、动画等多种元素的融合，能使复杂的知识点更加形象化，极大地增强学生的理解和记忆效果。这种教学方式的变革，不仅丰富了课堂内容，还有效地激发了学生的学习兴趣和积极性。与此同时，电子邮件作为一种便捷的沟通工具，逐渐在学校内部被推广使用。教师与学生之间、教师与教师之间、教师与家长之间通过电子邮件进行交流和沟通，大大提高了信息传递的效率。这种无纸化的沟通方式，既可以节约时间，又可以增强沟通的及时性和准确性。尤其是在布置作业、答疑解惑、家校联系等方面，电子邮件的应用为教学管理提供了极大的便利。

在管理方面，学校开始尝试使用简单的管理信息系统。这些系统主要用于学生成绩管理、课程安排、考勤记录等基础管理工作。学校管理人员可以更加高效地处理大量的日常事务，减少出错的概率。例如，成绩管理系统可以自动统计学生的考试成绩，并生成各类分析报告，为教师的教学反馈和改进提供数据支持。此外，学校还会积极推进教学内容的数字化建设。传统纸质教材逐步被电子教材、数字资源所替代，学生可以通过校园网络访问各类学习资源库，进行自主学习和课后复习。数字化教学资源的丰富，为个性化学习提供了更多的可能性。学生可以根据自身的学习进度和兴趣，选择适合自己的学习材料。

二、整合与提升阶段

（一）逐步实现校园网络的全面覆盖

随着网络技术的迅速发展，学校逐步实现了校园网络的全面覆盖，为信息化教学和管理提供了有力的保障。在这一过程中，首先得到重视的是有线网络的建设。学校通过架设光纤、电缆等手段，将网络覆盖教室、办公室、实验室及图书馆等场所，确保师生在校园内的每一个房间都能方便地访问互联网。这种全方位的网络覆盖，为后续的信息化应用创造了有利条件。通过在校园内部署无线接入点，学校不仅能扩展网络的覆盖范围，还能提升使用的便捷性。学生和教师只需通过移动设备连接无线网络，就可以随时随地进行学习和工作。特别是在图书馆、自习室和户外活动区域，无线网络的应用能使学习和交流更加灵活和高效。

全面网络覆盖的实现，不仅满足了教学和管理的基本需求，还为学校信息化建设的深化提供了可能。网络平台的稳定运行，能使电子邮件、在线课程、云端存储等应用顺利工作。教师可以通过网络资源库获取最新的教学资料，学生可以通过在线平台进行课后练习和自主学习，学校管理层可以利用网络系统进行高效的信息处理和数据管理。这一切，都为学校教育教学质量的提升和管理效率的提高奠定了坚实的基础。

网络覆盖的全面化也促进了学校与外界的交流和合作。通过互联网，学校可以与国内外的教育机构进行学术交流和资源共享，开阔师生的视野，提升教育的国际化水平。网络视频会议、远程协作平台的应用，使得跨地域的教学和研究合作成为现实，大大丰富了教育资源和合作形式。

在网络安全方面，学校也会采取一系列措施，确保网络环境的安全和稳定运行。通过安装防火墙、设置访问权限、定期进行网络安全检查等手段，学校可以有效地防范网络攻击和信息泄露的风险，保障师生安全使用网络。

（二）逐步推进系统集成与数据共享

学校逐步推进校园管理系统、教务管理系统、图书管理系统等多个系统的集成，旨在打破信息孤岛，实现数据的共享与互通。这一阶段的工作，能显著提升学校的服务质量和管理效率。

通过将人事管理、财务管理、设备管理等多个模块整合到一个平台上，学校管理层可以更加便捷地进行各项工作。例如，人事管理模块可以实现对教职工信息的统一管理，财务管理模块可以对预算、支出进行全面监控，而设备管理模块则能够有效追踪校内设备的使用和维护情况。多系统模块的集成，可以大大减少重复工作，提高信息处理的速度和准确性。

传统的教务管理往往依赖纸质文件和人工操作，效率低下且容易出错。而通过信息系统的集成，课程安排、成绩管理、选课系统等教务工作能实现自动化和信息化。学生可以在线选课、查询成绩，教师可以在线提交和查看教学计划，这种无缝对接的系统不仅能方便师生，也能提高教务管理的整体效率。

通过将图书馆的藏书信息、借还书记录等整合到一个平台上，读者可以方便地查询和借阅图书，图书管理员也可以更高效地进行图书的管理和维护。此外，系统还支持电子资源的在线访问，读者可以通过网络直接阅读电子书籍和学术论文。

各类系统的数据集成和互通,能使学校实时掌握各种信息,从而进行科学决策。这种基于数据的管理方式,能提高决策的准确性。在推进系统集成与数据共享的过程中,学校还会特别注重信息安全和隐私保护。通过设置严格的访问权限、采用先进的加密技术、定期进行安全审计等措施,学校能有效防范信息泄露风险,保障信息系统的安全运行。

三、深度应用阶段

(一)信息化教学模式得到推广

信息技术的深入应用引发了教学模式的深刻变革,带来了翻转课堂、大规模开放在线课程(Massive Open Online Courses,MOOC)和微课等新型教学模式的广泛应用。这些创新模式推动了教育教学的革新,为师生提供了更多的教学方法和学习选择,极大地提升了教学效果并丰富了学习体验。

翻转课堂是一种革命性的教学模式,它颠覆了传统的课堂教学结构。教师将课堂讲授的内容录制成视频,学生在课前进行自主学习,课堂上则集中讨论、答疑和应用实践。这种模式不仅提高了课堂效率,还提升了学生的自主学习能力和课堂参与度。通过翻转课堂,教师能够更好地了解学生的学习状况,有针对性地进行指导和帮助,从而提升教学质量。

MOOC 的兴起,为全球的学习者提供了丰富的课程资源。学生可以通过互联网注册和学习世界各地名校的课程,享受高质量的教育资源。这种开放在线课程模式,不仅突破了时间和空间的限制,使学习变得更加灵活和便捷,还促进了教育资源的公平化。MOOC 平台的互动环节,如在线讨论、测验和作业提交等,使学习者能在全球范围内与其他学生和教师进行交流互动,扩展了学习的广度,加深了学习的深度。

微课作为一种短小精悍的教学视频,适用于传授具体知识点或技能。微课的时长通常不超过十分钟,内容集中、重点突出,便于学生在短时间内掌握关键知识。微课的灵活性使其在课前预习、课后复习和自主学习中发挥了重要作用。教师可根据教学进度和学生需求,灵活制作和使用微课,提升教学的针对性和实效性。

信息化教学模式的推广,不仅丰富了教学手段,还改变了学生的学习方式。传统的被动接受知识的学习模式,逐渐转变为主动探索和合作学习。信息技术的应用，使得教学资源更加多样化和丰富化。教师可以利用各种多媒体资源、虚拟实验、在线模拟等，增强课堂的互动性和趣味性。此外，信息化教学模式的实施，也对教师提出了更高的要求。教师不仅需要掌握信息技术工具的使用，还需要具备设计和制作优质数字教学资源的能力。为了适应这种变化，学校通常通过组织培训和提供技术支持，帮助教师提升信息化教学能力和水平。

（二）逐步迈向智能化管理

随着大数据、云计算、人工智能等先进技术的广泛应用，学校管理逐步迈向智能化，极大地提升了管理的精准性。在这个过程中，数据分析成为关键工具之一，通过对海量数据的深度挖掘和分析，学校能够对教学质量进行全面评估。这些数据包括学生的考试成绩、课堂表现、作业完成情况等，可以通过系统分析，精准定位教学中的薄弱环节，帮助教师及时调整教学策略，从而提升整体教学质量。通过对学生在校期间的各种行为数据进行分析，如出勤情况、图书借阅记录、课堂互动等，学校可以全面了解学生的学习习惯和行为模式。这不仅有助于教师有针对性地进行个性化辅导，还能够及早发现和预防学生可能出现的问题，如学业压力、心理健康等，从而提供及时有效的干预和支持。

通过智能监控系统和安全传感器，学校可以实时监控校园环境，确保师生的安全。人工智能技术可以对监控视频进行智能分析，自动识别异常行为并报警，提升安全管理的反应速度和准确性。此外，智能门禁系统和身份识别技术的应用，也能进一步提升校园安全防护水平。

通过云计算技术，学校可以实现资源的统一调度和高效利用。例如，教学设备、实验室、图书馆资源等都可以通过云平台进行在线预约和管理，避免资源浪费和重复建设，提高资源的利用效率。云存储技术能确保数据的安全性和可靠性，重要数据可以进行异地备份，防止数据丢失和损坏。

在行政管理方面，智能化技术的应用能使办公自动化水平大幅提升。无纸化办公系统、智能排课系统、在线审批流程等，能使行政工作更加高效和便捷。管理者可通过智能终端随时随地处理事务，提高工作效率。同时，数据的实时共享和透明化管理，也会增强学校管理工作的公开性。学校通过组织定期培训，提升教师和管理人员对智能化系统的使用能力，能使先进技术更好地服务于教育教学和学校管理。技术支持团队的建立，可确保系统运行的稳定性和持续性，为智能化管理的顺利实施提供有力保障。

四、创新与未来发展阶段

（一）个性化学习成为重要方向

未来信息化建设的一个重要方向是个性化学习，可以通过人工智能技术为学生提供量身定制的学习资源和路径。个性化学习首先依赖对学生数据的精准分析。通过对学生的学习行为、兴趣爱好、学术成绩等数据进行深入挖掘和分析，人工智能可以构建出每个学生的学习画像。这些数据不仅包括学生在课堂上的表现，还涵盖课外学习、在线测试和作业完成情况等，为个性化学习方案的制订提供了科学依据。根据每个学生的学习情况和需求，系统可以自动推荐最适合的学习材料、练习题和视频课程。例如，对于某一知识点薄弱的学生，系统可以推荐相应的补充材料和针对性练习，帮助他们巩固知识；对于在某一领域表现出特别兴趣的学生，系统可以提供更深入、更广泛的学习资源，激发他们的学习热情和潜力。

传统的教学模式可能无法充分考虑学生的个体差异。而通过人工智能技术，学习路径可以根据每个学生的特点和进度进行动态调整。例如，系统可以为学习进度较快的学生提供更具挑战性的任务，而对于需要更多时间掌握基础知识的学生，则可以设计更细致的学习步骤。这种灵活的学习路径设计，不仅能提高学习效率，还能使得每个学生在适合自己的节奏中取得最大的学习效果。人工智能系统可以实时监测学生的学习状态，并在学生遇到困难时提供及时的帮助。例如，通过在线答疑、智能辅导等方式，系统可以及时解答学生的疑问，提供学习建议，甚至模拟教师的角色进行辅导。这种及时的互动和反馈，能够有效避免学生在学习过程中产生困惑和挫败感，提升学习的积极性和自信心。

教师从知识的传授者转变为学习的指导者和促进者。通过人工智能技术提供的学生学习数据和分析报告，教师可以更有针对性地进行教学设计和辅导。这样一来，教师能更好地关注学生的个体需求，提供个性化的教学支持，从而实现因材施教的目标。

（二）虚拟现实与增强现实技术应用日益广泛

虚拟现实（Virtual Reality，VR）和增强现实（Augmented Reality，AR）技术在教育领域的应用日益广泛，为学生提供了前所未有的沉浸式学习体验。这些先进技术不仅改变了传统的教学方式，还极大地提升了教学的趣味性和互动性。

在教育中，VR 技术的应用尤为突出。例如，通过虚拟实验室，学生可以在虚拟环境中进行各种复杂的实验操作，而不需要担心现实中的安全问题或资源限制。这种沉浸式的实验体验，不仅能增强学生的动手能力和理解力，还能激发他们对科学探索的兴趣。通过 VR 技术，学生可以"亲身"体验历史场景，感受历史事件的发生过程。例如，学生可以在虚拟世界中参观古代遗址，体验古代文明的辉煌。这样的学习方式，不仅能让历史知识变得立体和生动，还能帮助学生更好地理解和记忆历史事件，培养他们的历史思维能力。

AR 技术通过将虚拟信息叠加到现实世界中，提供了丰富的学习资源和互动方式。例如，在生物学课堂上，学生可通过 AR 设备看到生物体内部的结构和功能，进行虚拟的解剖和观察。这种直观的学习方式，不仅能使抽象的知识变得具体可见，还能增强学生的理解和记忆效果。此外，AR 技术还可用于地理教学，通过 AR 地图展示，学生可以直观地学习地理知识，了解地形地貌、气候变化等。VR 与 AR 技术的应用，不仅能提升课堂教学的互动性，还能拓展学习的空间和时间。学生可以通过 VR 或 AR 设备进行远程学习，体验异地的教学资源和环境。例如，通过 VR 技术，学生可以参观全球各地的博物馆、科技馆，参与虚拟的实地考察，获取更加广泛的知识视野。同时，AR 技术可以将学习延伸到课外，学生可以通过手机或平板设备随时随地进行学习，获取实时的学习资源和指导。

教师在利用 VR 和 AR 技术进行教学时，也面临机遇和挑战。教师需要掌握这些新技术的操作和应用，设计和制作适合教学的虚拟内容。为此，学校应提供相应的技术培训和支持，帮助教师提升信息化教学能力，充分发挥 VR 和 AR 技术的优势。

（三）智慧校园建设成为信息化发展的未来方向

智慧校园的建设是信息化发展的未来方向，涵盖教学、管理、服务的全方位智能化。物联网技术在智慧校园中的应用，能极大地提升校园设备的智能化管理水平，进而提高校园的运行效率。智慧校园能通过物联网技术，实现对教学设备、实验室设备、安防设备等的实时监控和自动管理。例如，教室里的智能白板、投影仪、空调等设备，可以通过物联网技术实现自动控制和远程管理，从而优化资源利用，减少能源消耗，提升设备的使用寿命。

智慧校园系统集成了多种管理功能。智慧校园平台可以对教务、学务、人事、财务等各类管理信息进行统一处理和实时更新，管理人员可以通过一个平台，便捷地完成各项行政事务。这种集成化的管理模式，可以提高工作效率，大大减少重复劳动。学校管理层可以及时获取各种统计数据和分析报告，为决策提供科学依据，推动管理的科学化和精细化。

在服务方面，智慧校园能为师生提供更加便捷和个性化的服务。通过校园一卡通系统，师生可以在校内实现"一卡通行"，涵盖食堂就餐、图书馆借阅、门禁出入、校园消费等多种功能，极大地方便日常生活。智慧校园 APP 的应用，使师生可以通过手机随时随地获取校园信息，进行选课、查成绩、预约场地等操作，提升校园服务的便捷性和用户体验。

智慧校园还会注重安全管理的智能化。通过智能监控系统、紧急报警系统、电子围栏等设备，校园安全管理可实现全方位、全天候的监控和预警。人工智能技术的应用，可以使安防系统自动识别异常行为并及时报警，确保校园的安全。此外，智慧消防系统、智能照明系统等的应用，也可提升校园的安全保障水平和资源利用效率。

智慧教室可以通过物联网技术和大数据分析，为教师提供教学行为的实时反馈和数据支持，帮助教师改进教学方法。智慧学习平台可以为学生提供个性化的学习资源和学习路径，促进学生自主学习和个性化发展。为了确保智慧校园的顺利建设和正常运行，学校需要在技术、资金、人员等方面进行全面规划和投入。可以通过培训和教育，提升师生对智慧校园的认知和使用能力，确保各项智能化服务和管理措施得以有效实施。

第三节　学校信息化建设的基本框架

一、基础设施建设

（一）硬件设施

学校作为培养人才的摇篮，其硬件设施的完备程度直接关系到信息化教学和管理的质量。计算机教室作为学校信息化建设的核心组成部分，是学生接触计算机技术、进行网络学习的主要场所。这些教室应当配备先进的计算机设备和软件，以满足学生在信息技术方面的学习需求，促进其计算机思维和创新能力的培养。

服务器作为信息系统的核心，承担着数据存储、处理和传输等重要任务。学校需要建立健全的服务器系统，确保数据安全可靠，保障教学、管理等各项工作的正常运行。同时，网络设备的健全也非常重要，稳定的网络连接是信息化教学的基础保障，能够支持教师开展在线教学、学生进行网络学习等活动。此外，多媒体教室具有播放音频、视频等功能，可以有效提升课堂教学的趣味性和互动性。学校应当加强多媒体教室的建设，配备先进的投影设备、音响设备等，为教师展示教学内容、进行多媒体互动提供便利。

（二）网络环境

校园网络环境的健全与否直接关系到师生的教学、学习效率。有线网络和无线网络的全面覆盖是构建畅通校园网络的关键。有线网络的全面覆盖能够为学校提供稳定、高速的网络连接，适用于固定设备如台式电脑的接入，保障教学、科研等各项工作的顺利进行。无线网络的全面覆盖则更适用于移动设备，如笔记本电脑、平板电脑和智能手机等。通过无线网络，师生可以随时随地接入互联网和校园内网资源，方便灵活地开展教学、学习和科研活动，提高工作效率和便捷性。

无缝连接意味着在校园内不同区域之间切换网络时不会出现中断或者连接异常，保证师生在移动过程中网络连接的稳定性和连贯性，提升整体的网络体验。在当前信息化时代，校园网络已经成为教学、学习和学校管理的重要基础设施。通过全面覆盖有线和无线网络，并实现无缝连接，学校能够为师生提供一个高效、便捷、安全的网络环境，促进信息化教学和学校管理的深入发展，推动学校整体教育水平的提升。

二、软件平台开发

（一）教学平台

在线教学平台是一个集教学资源、课程内容、教学活动等于一体的虚拟学习环境，为教师和学生提供了一个便捷的在线教学交流平台。教师可以通过在线教学平台上传课件、布置作业、组织讨论等，实现灵活多样的教学形式。学生可以在平台上参与课堂互动、查阅资料、完成作业等，实现自主学习和课程资源共享。

学习管理系统（Learning Management System，LMS）作为教学管理的重要工具，通过集成课程管理、学习进度跟踪、在线考试等功能，帮助教师实现对学生学习过程的管理和评估。教师可以通过 LMS 在线发布课程信息、管理学生信息、查看学习进度等。同时，学生也可以通过 LMS 随时随地查看课程资料、完成在线作业、参与在线讨论等，提升学习的灵活性和便捷性。

除此之外，资源库也是教学平台的重要组成部分。资源库包括教学视频、电子书籍、教学软件等教学资源，能为教师和学生提供丰富多彩的学习资料。教师可以从资源库中选择适合自己教学内容的资源进行引用和分享，而学生则可以从资源库中获取丰富的学习资源，提高学习效率。

（二）校园管理系统

校园管理系统是一个集成了各项管理功能的数字化平台，能够实现学校各项事务的统一管理和高效运作。

通过教务管理系统，学校能够实现课程信息的在线发布、学生选课的自助化操作、成绩查询和统计分析等功能，提高教务工作的效率和透明度。

学生管理系统是管理学生信息、学生档案等的重要工具。学校可以通过学生管理系统实现学生信息的录入、查询、修改和统计，包括学生的基本信息、学习情况、奖惩记录等，为学生管理提供便捷的途径。同时，学生管理系统也可以与其他系统进行整合，实现学籍管理、考勤管理、宿舍管理等多方面的信息共享和交互操作。

人事管理系统是校园管理系统中不可或缺的一环，主要负责教职工信息管理、招聘录用、绩效评估等。通过人事管理系统，学校能够实现教职工信息的全面管理和统计分析，包括教师的个人信息、任职情况、工资福利等，为学校人事管理提供科学化、规范化的支持。

三、数据中心建设

（一）数据存储与备份

数据中心作为学校信息系统的核心设施，承担着数据存储、处理和管理等重要任务。数据中心应配备先进的存储设备和系统，以满足学校大规模数据的存储需求，这些数据包括教学资料、学生档案、科研数据等信息。通过建设数据中心，学校可以实现数据的集中存储和管理，提高数据的安全性和可靠性。学校应当建立健全的数据备份制度，定期对数据进行备份，并存储于安全可靠的地方，以防止因硬件故障、人为操作失误、病毒攻击等造成数据丢失或损坏。备份数据应具备完整性和可恢复性，能够在数据丢失或损坏时快速恢复，保障学校教学、管理和科研工作的正常进行。学校应当建立健全的数据安全管理制度，加强数据访问权限控制、数据加密保护、网络安全防护等方面的工作，确保敏感数据不被非法获取和篡改，保障数据的完整性和机密性。

（二）数据共享与分析

可以通过建立数据集成平台和数据分析平台，实现学校各类数据的互联互通和深度挖掘，为学校管理决策提供数据支持和科学依据。

数据集成平台是将学校教学、管理、科研等各个方面的数据进行整合和统一管理的重要工具。通过数据集成平台，学校可以实现不同系统、不同部门数据的集中管理和统一查询，避免数据孤岛和信息割裂现象的发生，提高数据的利用效率和管理水平。

通过数据分析平台，学校可以对教学、管理、科研等方面的数据进行多维度、多角度分析，发现数据之间的关联和规律，为学校管理决策提供科学依据。例如，可以通过对学生学习数据的分析，发现学生的学习习惯等，为个性化教学和学业发展提供指导；通过对教师教学评价数据的分析，评估教学质量，为教师专业发展提供反馈和改进建议。

此外，数据共享与分析还能促进学校各个部门之间的信息共享和协同工作。通过数据共享平台，不同部门之间的数据可以实现互联互通，避免信息壁垒，提高工作效率和协同能力。同时，数据分析结果也可以为学校各个部门的决策提供参考，促进学校管理的科学化和规范化。

四、信息安全保障

（一）网络安全

通过部署防火墙、入侵检测系统、病毒防护软件等，建立健全的网络安全防护体系，是保障校园网络安全稳定运行的关键。

防火墙作为学校网络的一道防线，能够监控和过滤网络流量，阻止未经授权的访问和恶意攻击，保障网络的安全性和稳定性。防火墙可根据学校的网络策略和安全需求进行配置，对入站和出站的数据进行检查和过滤，有效防止网络攻击和信息泄露。

入侵检测系统能够识别和响应网络中的异常行为和攻击行为，及时发出警报并采取相应的防御措施，保障网络的安全和稳定运行。通过部署入侵检测系统，学校可以及时发现和应对各类网络安全威胁，保护网络和信息系统的安全。

网络病毒和恶意软件在不断演变和增多，病毒防护软件能够及时发现和清除网络中的病毒和恶意代码，有效防止病毒传播和网络感染，保护学校网络和信息系统的安全。学校应定期更新病毒库，加强对网络终端和服务器的防护，提高网络安全防护的能力和水平。

（二）数据保护

制定严格的数据访问权限和管理制度是确保数据安全的重要举措之一。学校应建立健全的数据访问权限管理机制，根据不同用户角色和权限需求，设定相应的数据访问权限，并严格控制数据的访问和使用范围。只有经过授权的用户才能访问和操作相应的数据，确保数据的安全性和可控性。学校可以采用数据加密技术对重要的敏感信息进行加密处理，如个人隐私信息、财务数据、学术研究成果等。可以通过加密技术，有效防止数据在传输和存储过程中被非法获取和篡改，保障数据的机密性和完整性，降低数据泄露和被非法访问的风险。

学校应定期对重要数据进行备份，以防止数据丢失。同时，制订灾难恢复计划并建立应急响应机制，能在数据遭受灾难性损失时快速恢复数据，保障学校信息系统的稳定性。

五、智能化应用

（一）智能教学

可以通过应用人工智能技术，实现教学质量评估、个性化学习路径推荐、教学行为分析等方面的功能，为教师和学生提供更加智能化、个性化的教学和学习服务。

人工智能技术可用于教学质量评估。可以通过分析学生的学习数据和行为，结合教学内容和教学目标，对教学过程和教学效果进行客观评估，发现教学中存在的问题和不足，并及时调整教学策略，增强教学效果和学习成效。

可以通过分析学生的学习状态、学习兴趣、学习能力等个性化特征，为学生量身定制适合其特点的学习内容，提供个性化的学习建议和学习资源，帮助学生更高效地学习，丰富学习体验。可以通过分析教师的教学行为，发现教学中的亮点和问题，为教学改进和优化提供参考和建议；同时，还可以发现学生的学习习惯和学习需求，为个性化教学和个性化学习提供支持和保障。

（二）智能管理

通过物联网技术，学校可以实现校园设备管理、环境监测、安防管理等方面的智能化管理，提升管理效率、降低管理成本，为师生营造更加安全、舒适、便捷的校园环境。学校可以通过将各类设备与传感器、网络等连接起来，实现设备的远程监测、故障预警和智能维护。例如，可以通过监测设备的运行状态和数据，及时发现设备故障并进行维修，避免因设备故障而影响教学和管理工作的正常进行。

学校可以部署环境监测设备，实时监测校园内的温度、湿度、空气质量等参数，并进行数据分析和预警。结合监测环境数据，学校可以及时采取措施改善校园环境，提高师生的工作和学习舒适度，保障校园环境的安全和健康。学校可以部署视频监控、门禁系统等安防设备，实现校园内的实时监控和安全防护。通过智能分析技术，学校可以对监控视频进行实时识别和监测，及时发现异常情况并进行预警和处理，提高校园安全防范能力，保障师生的人身和财产安全。

第四章 学校信息化建设的技术支持

在学校信息化建设的技术支持方面，有效的技术支持体系应包括全面的网络基础设施建设，从高速互联网连接到安全的数据存储解决方案。此外，校园内的无线接入点、智能设备的普及，以及云计算资源的接入，都是确保教育资源无缝接入和高效运用的关键部分。为此，学校需投入相应资源进行定制开发或采购市场上成熟的软件产品，以提高教育活动的互动性和可达性。

第一节 学校信息化建设的硬件设施

一、计算机教室设施

计算机教室是学校信息化建设的核心部分，是师生教学、学习和进行科研活动的场所。配备现代化计算机设备的教室和连接高速网络的设施，能保障师生多种教学活动的顺利进行。

（一）现代化计算机设备

计算机教室中配备了现代化的计算机设备，包括台式电脑、笔记本电脑或平板电脑等。这些设备不仅配置了高性能的处理器，还具备充足的内存和大容量的存储空间，以满足教学、学习和科研的需求。现代化的计算机设备为教学提供了强大的支持。教师可以利用这些设备进行教学演示、课件制作、实验模拟等活动，使教学内容更加生动有趣；学生也可以利用这些设备进行学习，通过互联网获取各种学习资源，进行在线学习和交流讨论，提高学习效率。

这些设备通常配置了先进的处理器和显卡，能够满足各种教学和科研应用的需求。无论是进行复杂的数据处理、图形设计，还是进行大规模的模拟计算，这些设备都能有良好的性能表现，能保障教学和科研工作的顺利进行。此外，这些设备还具备充足的存储空间，能存储大量的教学资料、学习资源和科研数据。学校可以建立统一的数据存储和管理系统，将各类数据集中存储在计算机设备中，方便师生进行查阅和利用。

（二）连接高速网络的设施

为了满足教学、学习和科研活动的需求，计算机教室应当连接高速网络，包括有线和无线网络两种形式。网络设施的连接不仅可以保障师生在教学过程中畅通无阻地访问互联网和校园内网资源，还可以为学校信息化建设提供重要支持。通过高速网络，教师可以在教学过程中使用各种在线教学资源，如教学视频、教学软件、网络课件等，丰富教学内容；学生也可以利用高速网络查阅各种学习资料、参与在线学习活动、进行网络讨论等，拓宽学习视野。

可以通过有线网络连接，实现稳定、快速的网络传输，保障师生在教学过程中对网络资源的快速访问和数据传输。有线网络通常采用高速以太网技术，支持千兆或者更高速率的数据传输，能满足计算机教室中大量设备同时访问的需求。无线网络覆盖范围广，能满足学生身处教室内任何角落的网络访问需求，提升教学的灵活性和便捷性。

（三）多媒体设备和教学工具

除了现代化的计算机设备，计算机教室还配备了多媒体设备和教学工具，如投影仪、互动白板、音响系统等。这些设备可为教学提供丰富的方式，能极大地增强教学效果和丰富学习体验。

通过投影仪，教师可以将计算机上的教学内容、PPT演示、教学视频等投影到大屏幕上，使全班学生都能清晰地看到教学内容，帮助学生更好地理解和消化知识。

互动白板结合了投影仪和触摸屏技术，可以使教师在白板上书写、标注、绘图等，与计算机进行互动操作。学生可通过触摸屏参与互动，解答问题、涂鸦、进行实时投票等，提高课堂互动性和学习参与度。通过音响系统，教师可以播放语音讲解等多媒体内容，使教学内容更加生动和具体。

音响系统还可用于课堂宣传、学校广播等，丰富教学环境，增强教学效果。除了上述设备，计算机教室还可以配备其他多媒体设备和教学工具，如扩音设备、投影幕布、激光笔等，以满足不同教学场景的需求，提供更加多样化的教学方法和资源。

学校应建立健全的计算机教室维护和管理机制，这是确保教学设备正常运行和使用的关键。维护和管理机制的建立涉及设备的检查、维护、更新，以及故障排除等方面，需要学校建立一套完善的管理体系，保障计算机教室设备的长期稳定运行和有效利用。学校需要定期对计算机教室设备进行检查和维护。定期的检查可以及时发现设备存在的问题，如硬件故障、软件异常等，及时进行维护和修复，以防止问题进一步恶化。维护工作还包括设备的清洁和保养，保证设备的正常运行和使用寿命。

随着科技的不断发展和升级，计算机设备的性能和功能也在不断提升。为了保持设备性能的先进和稳定，学校应定期对设备进行更新和升级，替换老旧设备，引进新技术和新设备，提高教学设备的整体质量。此外，学校还应提供专业的技术支持和故障排除服务。面对设备出现的各种故障和问题，学校需要有专业的技术团队，及时排除故障，保障教学活动的正常进行。技术支持团队还应提供相关的培训和指导，帮助教师和学生更好地使用和维护计算机设备。学校还应建立完善的备用设备和部件库，以备不时之需。在设备出现故障或需要更换部件时，学校可以迅速获取所需的备用设备和部件，保证故障的及时修复和设备的正常使用，减少故障对教学活动的影响。

二、服务器设备

服务器设备是支撑学校信息系统运行的关键部分。学校需要建立稳定、可靠的服务器系统，用于存储和管理各类教学、管理和科研数据，保障学校信息系统的安全性和稳定性。

（一）是数据存储与管理的载体

在现代教育环境中，数据存储与管理已成为学校信息化建设中不可或缺的重要环节。服务器设备承担了这一重要的任务，为学校的各类教学、管理和科研数据提供了高效可靠的存储解决方案，确保师生随时随地可以访问和利用这些数据。在当今数字化时代，学校产生的各类数据呈爆炸式增长趋势，包括教学资料、学生信息、课程资源、科研成果等方面的数据。这些数据对于教学、管理和科研等起着重要的作用，因此需要得到有效的存储和管理。

学校可以通过建立数据中心或专用服务器，存储大量的数据，并通过网络技术实现对这些数据的远程访问。这样，师生就可以随时随地通过计算机、平板电脑或手机等设备访问和利用学校的教学资源和管理信息，提高教学和管理效率。为了确保数据的安全性和完整性，服务器设备通常配备了严格的权限控制和数据加密机制。只有经过授权的用户才能访问和修改特定的数据，这确保了数据的安全性。此外，服务器设备还会定期对数据进行备份，保证数据的完整性和可靠性。通过管理系统，学校可以对数据进行分类、整理和归档，建立统一的数据管理体系。这样一来，师生就可以更加方便地查找和利用所需的数据，提高了数据的利用效率和管理水平。

（二）必须具备稳定性和可靠性

可以通过采用高性能的硬件设备、健全的网络架构和专业的运维管理团队，确保服务器系统的稳定运行和持续可靠。

学校的信息系统需要全天候不间断地运行，因此服务器设备必须具备高度的稳定性，确保系统能够持续稳定地提供服务。为了实现稳定性，学校可以采用高品质的服务器硬件设备，包括服务器主机、存储设备、网络设备等，确保其具备良好的性能。

可靠性是指服务器系统在面对各种异常情况时能够保持正常运行的能力。学校的信息系统可能面临各种突发事件，如硬件故障、网络故障、自然灾害等，因此服务器设备必须具备高度的可靠性，能够在面对各种异常情况时保证系统的正常运行。为了确保服务器设备的可靠性，学校可以采用冗余设计和备份机制，如采用双路电源、冗余网络链路等技术手段，提高系统的容错能力和抗灾能力。

此外，学校还需要建立健全的网络架构和专业的运维管理团队，保障服务器系统的稳定运行和持续可靠。健全的网络架构能够有效地提高网络的负载均衡和容灾备份能力，保证数据的传输和存储稳定。专业的运维管理团队能够及时发现和处理服务器设备的问题。

定期的维护和更新也是确保服务器系统稳定性和可靠性的重要手段。学校需要定期对服务器设备进行维护和更新，包括系统补丁更新、硬件设备检查、数据备份等，以确保系统处于最新的安全状态，并且能够及时应对各种潜在的故障和问题。

（三）性能提升与扩展能力很重要

随着学校信息化建设的不断推进和业务需求的不断增长，服务器设备的性能提升和扩展能力变得尤为重要。这些服务器设备不仅要满足当前的需求，还要具备足够的灵活性和可扩展性，以应对未来的发展和变化。随着学校信息化建设的不断推进，信息系统的业务需求也在不断增长。例如，随着在线教育、远程教学等教学模式的普及，教学工作对服务器的计算和存储能力提出了更高的要求。因此，学校需要定期对服务器设备进行性能评估，了解当前系统的运行状况，及时发现和解决性能瓶颈，保证系统能够稳定高效地运行。

服务器设备的性能提升不仅包括硬件方面的改进，还包括软件方面的优化。学校可以通过升级操作系统、优化数据库配置、调整网络架构等，提升服务器系统的整体性能。此外，还可以利用虚拟化技术和云计算技术，实现服务器资源的动态调整和灵活分配，提高系统的利用率和灵活性。随着业务量的增长和用户数量的增加，学校需要不断扩展服务器设备的计算和存储资源，以满足不断增长的业务需求和用户需求。因此，学校需要选择具有良好扩展性的服务器硬件设备和存储设备，支持灵活扩展和升级，以满足未来的发展需求。除了硬件设备的性能提升和扩展，学校还需要关注服务器设备的管理和运维能力。学校可以建立健全的运维管理体系，如定期维护和更新、性能监控和优化、故障排查和处理等，确保服务器设备能够持续稳定地运行。

（四）能为学校提供应用服务支持

服务器设备作为学校信息系统的核心组成部分，承担了为学校提供应用服务支持的重要责任。这些服务的部署涵盖学校的各个方面，包括教务管理、学生管理、在线教育等，为学校的各个部门都提供了高效便捷的服务，推动了学校信息化建设的深入发展。

这个系统具有学生选课、课程安排、成绩管理等方面的功能，可以为学校的教务工作提供强有力的支持。通过信息系统，学校可以实现课程信息的在线发布和管理，学生可以方便地进行选课和成绩查询，教师可以轻松地安排课程和管理学生成绩，提高了教务工作的质量和效率。

这个系统有学生信息录入、管理和查询等功能，为学校的学籍管理工作提供了重要支持。通过学生信息管理系统，学校可以实现学生信息的电子化管理，包括个人基本信息、课程成绩、奖惩记录等，为学校的学籍管理工作提供便利。

这个系统还有在线课程的发布、学习资源的共享、在线作业的提交等功能，能为学校的教学活动提供新的可能性。通过网络课堂平台，学校可以实现课程的在线教学，学生可以随时随地通过网络参与课堂学习和交流，教师可以方便地发布教学资源和布置作业，提高了教学的灵活性和效率。

除了以上几种应用服务，服务器设备还可以支持学校的各类其他业务和服务，如图书馆管理系统、实验室预约系统、校园卡管理系统等。这些服务通过服务器设备的支持，提升了学校的整体服务质量和管理水平。

（五）能为学校数据提供安全性保障

服务器设备在保障数据安全方面扮演着关键的角色，特别是对于学校的教学、管理和科研数据来说，其安全性至关重要。服务器通过实施严格的访问控制、加密技术和安全审计等，为学校的数据提供了全面的安全性保障，有效地防止了数据泄露和非法访问等安全威胁。

严格的访问控制是指通过对用户身份进行认证和权限管理等手段，限制用户对系统资源的访问权限，确保只有经过授权的用户才能访问和修改数据。服务器可以通过设置用户账号和密码、实施多层次的权限管理等手段，对数据的访问进行有效控制，提高数据的安全性。

加密技术是一种通过对数据进行加密和解密处理，以防止数据在传输和存储过程中被窃取或篡改的安全技术手段。服务器通过采用SSL/TLS加密协议、数据加密算法等技术，对数据进行加密处理，保障数据在传输和存储过程中的安全，有效防止数据泄露。

服务器设备还通过建立安全审计机制来监控和审计系统的安全运行状态。安全审计是指对系统的各种操作和事件进行记录和分析，及时发现和处理安全威胁。服务器通过记录用户登录日志、操作日志、安全事件日志等信息，对系统的运行情况进行监控和审计，一旦发现异常行为和安全威胁，就及时采取措施防范和应对，保障系统的安全性和稳定性。

三、网络设备

网络设备是学校信息化建设中重要的一环，包括交换机、路由器、无线接入点、防火墙等设备，用于构建校园局域网和互联网连接。可以通过部署高性能、高可靠性的网络设备，实现校园网络的稳定运行和高速传输，支持师生的网络教学和学习活动。

（一）交换机

在学校信息化建设中，交换机不可或缺，其在构建局域网中扮演着重要的角色。作为局域网的核心设备之一，交换机承担着实现局域网内部各个终端设备之间的数据交换和通信的重要职责。在一个学校的局域网中，可能同时连接着成百上千个终端设备，如台式电脑、笔记本电脑、平板电脑、智能手机等，交换机负责管理和调度这些设备之间的数据流量，保证数据的正常传输。交换机可通过学习和过滤数据包的方式，实现对数据流的精确控制。当一台终端设备向局域网发送数据时，交换机会根据数据包中的目标媒体存取控制（Media Access Control，MAC）地址，将数据包转发到相应的目标端口，从而实现终端设备之间的直接通信。这种方式能有效地减少网络中的冗余数据传输，提高网络的传输效率。

交换机还能够根据预设的访问控制列表（Access Control List，ACL）或者虚拟局域网（Virtual Local Area Network，VLAN）的配置，对数据包进行过滤和筛选。这样可以阻止不必要的数据包进入网络，提高网络的安全性。此外，交换机在数据链路层工作，能够直接转发数据包到目标设备，因此能提供比传统的集线器（Hub）更快的数据传输速度。这种直接转发的方式可以减少网络中不必要的冗余数据传输，提高数据传输的效率和速度。交换机能根据 MAC 地址进行数据转发，而不是像集线器那样将数据包以广播方式传输到整个网络，这样可以减少网络中的数据泄露风险。此外，交换机还支持虚拟局域网技术，能够将不同的终端设备划分到不同的虚拟局域网中，进一步提高网络的安全性。

（二）路由器

路由器是重要的网络设备之一，承担着连接不同网络、实现网络之间通信的重要任务。路由器作为连接不同网络之间的关键设备，是数据在网络中传输的桥梁。路由器通过维护路由表来识别目标网络，并根据路由协议选择最佳的数据传输路径。一旦确定了传输路径，路由器就会将数据包转发到目标网络，实现数据的有效传输。这种智能路由选择和数据包转发的机制，大大提高了网络的传输效率和稳定性，为学校网络的正常运行提供了保障。在连接互联网的情况下，学校可能会使用私有互联网协议（Internet Protocol，IP）地址来管理内部网络设备，而路由器负责将这些私有 IP 地址转换为公有 IP 地址，以实现内部网络与外部网络之间的通信。这种网络地址转换技术能有效地保护内部网络的安全，防止外部网络直接访问内部网络设备。通过在路由器上设置虚拟专用网络（Virtual Private Network，VPN）服务，学校可以为教职员工和学生提供安全、加密的远程访问网络服务，实现远程办公和远程学习。这种 VPN 技术能够保障数据的安全传输，提高师生的工作和学习效率。

（三）无线接入点

无线接入点是重要的网络设备之一。它为师生提供了便捷的无线上网服务，支持移动教学和学习活动的开展。无线接入点是连接无线终端设备的网络设备，其主要功能是提供无线网络覆盖和接入服务。在现代学校中，师生使用各种无线终端设备，如笔记本电脑、平板电脑、智能手机等进行教学和学习活动，无线接入点是连接这些终端设备到校园网络的桥梁，能为其提供稳定、快速的网络接入服务。

无线接入点通过无线信号覆盖校园内的各个区域，为师生提供全面的无线网络覆盖。学校通常占地面积大，有许多教学楼、实验室、图书馆等，而无线接入点的部署可以确保这些区域都能获得稳定的无线网络信号，从而实现全校范围内的无缝网络覆盖。随着移动设备的普及和移动学习的兴起，师生可以利用无线接入点提供的网络服务，在任何时间、任何地点进行教学和学习活动，不再受到有线网络的限制。这种灵活的网络接入方式大大提高了教学效率和丰富了学习体验。

除此之外，无线接入点还能支持大规模用户的同时连接。在学校的图书馆、自习室等地方，可能会有大量的师生同时使用无线网络进行上网或者学习，而无线接入点能通过提供多个频道和增加连接数的方式，满足大规模用户同时连接的需求，保证网络的稳定性和可靠性。无线接入点的部署还可以提高学校的网络管理效率。通过集中管理和监控无线接入点，网络管理员可以随时了解网络的工作状态，及时发现和解决网络问题，保障网络的稳定运行。

（四）防火墙

随着网络攻击和安全威胁的不断增加，学校网络面临着内部和外部的各种安全威胁，如病毒、木马、僵尸网络等。防火墙可以通过监控网络流量，识别和拦截恶意流量，阻止网络攻击和非法访问，保护学校网络免受各种网络威胁的侵害。防火墙可以通过设置访问控制策略和安全规则，实现对网络流量的精确控制。网络管理员可根据学校的安全策略和需求，制定相应的访问控制列表和安全规则，对网络流量进行过滤和限制。这样可以阻止未经授权的访问和不必要的网络流量进入学校网络，提高网络的安全性和稳定性。

防火墙还具有网络地址转换（Network Address Translation，NAT）和端口转发等功能，能保护内部网络免受外部网络的直接访问。防火墙可以将私有IP地址转换为公有IP地址，实现内部网络与外部网络之间的通信，同时阻止外部网络直接访问内部网络设备。防火墙还支持VPN的功能，能为教职员工和学生提供安全、加密的远程访问网络服务。通过在防火墙上设置VPN服务，学校可以建立安全的远程连接，保护数据在公共网络上的传输安全，提高工作和学习的效率。防火墙的部署和管理能够提高学校的网络管理效率。此外，防火墙还能记录和分析网络流量，为网络安全事件的调查和分析提供数据支持。

网络管理系统是用于对网络设备进行集中管理和监控的软件系统。在现代学校网络中，可能存在大量的网络设备，如交换机、路由器、防火墙、无线接入点等，而网络管理系统能帮助网络管理员对这些设备进行统一管理和监控，实现对网络设备的配置、监控、故障排除等。

网络管理系统能够帮助学校网络管理员实时监测网络设备的运行状态。通过网络管理系统提供的监控功能，网络管理员可以随时了解网络设备的工作状态，包括中央处理器（Central Processing Unit，CPU）利用率、内存利用率、网络流量等，及时发现网络设备的异常情况，为网络故障的排查和解决提供数据支持。

网络管理系统还能够帮助网络管理员进行网络设备的配置管理。通过网络管理系统提供的配置功能，网络管理员可以对网络设备进行统一的配置管理，包括设备的参数设置、软件升级、安全策略配置等，确保网络设备的正常运行。当网络设备出现故障或异常情况时，网络管理系统能够提供相应的报警信息，帮助网络管理员快速定位和解决网络问题，保障网络运行的稳定性和可靠性。

网络管理系统还能够帮助学校网络管理员进行网络性能优化和规划。通过网络管理系统提供的性能分析和优化功能，网络管理员可以对网络流量、带宽利用率等指标进行分析和评估，优化网络结构和配置，提高网络的性能和效率。

网络管理系统还能够提高网络管理效率和降低管理成本。通过集中管理和监控网络设备，网络管理系统能够减少人工干预和手动配置的工作量，提高网络管理效率，同时降低网络管理的人力成本和时间成本。

四、多媒体教室设施

多媒体教室设施是学校信息化建设中的重要组成部分，配备了投影仪、互动白板、音响系统等设备，支持教师进行多媒体教学和互动式教学。多媒体教室的建设能够增强教学效果，激发学生的学习兴趣，促进教育教学的创新发展。

（一）投影仪

投影仪是多媒体教室的核心设备之一。投影仪可以将教师准备的教学内容以图像或视频的形式投射到屏幕上。这能使教学内容呈现出更加直观和生动的效果，有利于集中学生的注意力。通过查看图像和视频，学生可以更加清晰地理解教学内容，加深对知识的记忆。

投影仪为教师提供了展示教学PPT、视频、图片等多媒体资源的平台。教师可以通过投影仪将自己准备的教学资料展示给学生，包括课件内容、教学视频、实验演示等。这种多媒体资源的展示方式不仅能提高课堂教学的吸引力和趣味性，还能帮助学生更好地掌握知识。此外，投影仪的使用还可以实现课堂互动和教学探究。教师可以通过投影仪展示一些有启发性的问题、案例或实验结果，引导学生进行思考和讨论。学生也可以通过投影仪展示自己的作品或者观点，进行课堂展示和交流，促进学生之间的互动和合作。

教师可以通过投影仪将自己准备的教学资源分享给其他教师或学生，促进教学资源的共享和利用。这有助于提高教学质量和效率，推动教育教学的创新和发展。教师可根据不同的教学需求和教学内容，灵活地调整投影仪的使用方式和展示内容，实现个性化教学和差异化教学。这有助于满足不同学生的学习需求，提高教学的针对性，增强教学效果。

（二）互动白板

互动白板是一种融合了传统白板和现代电子设备的教学工具，在学校信息化建设中发挥着越来越重要的作用。互动白板具有触摸屏和电子笔等功能，能够实现教师与电脑、投影仪等设备的连接，实现在屏幕上书写、标注等操作。教师可通过互动白板展示教学PPT、教学视频、实验演示等多媒体资源，并在屏幕上进行实时标注和讲解。这种交互式的教学方式会使教学更加生动、直观，有利于吸引学生的注意力。

教师可以邀请学生到互动白板前进行答题、讲解或者展示作品，让学生成为课堂的主体，积极参与到教学过程中来。学生也可以通过互动白板与教师进行实时互动，提出问题，发表观点，促进对教学内容的深入交流和理解。教师可以通过互动白板使用多种教学工具，如数学绘图工具、化学分子模型、地理地图等，进行教学展示和演示。同时，教师还可以在互动白板上使用教学软件，如数学公式编辑软件、物理模拟软件等，进行教学资源的开发和利用。

互动白板还能够实现课堂教学内容的录制和回放。教师可以通过互动白板录制自己的教学过程，形成教学视频或者教学资源，方便学生复习和回顾。这种教学内容的录制和回放功能有助于提高教学质量和效率。

（三）音响系统

音响系统能提供清晰、响亮的音频效果，使教师的讲解声音和多媒体资源的声音清晰传达到每个学生的耳边。在课堂教学中，良好的音响系统能够确保学生听到教师清晰的讲解声音，以及多媒体资源中的语音内容，帮助学生更好地理解和掌握知识。音响系统能够提升课堂教学的听觉体验，让学生更专注于课堂内容。清晰、响亮的音频效果，能使学生更加聚焦于教师的讲解和多媒体资源的内容，减少听觉信息传递中的障碍，有利于学生的思考和学习。

音响系统还能营造课堂氛围。通过合适的音量和音质调节，音响系统能够营造良好的听课环境，让学生感受到课堂的活力和魅力。这有助于激发学生的学习兴趣，提高课堂教学的吸引力和趣味性。音响系统还能支持多种教学场景和活动的开展。例如，在课堂讨论和互动环节中，教师可以通过音响系统传递学生的发言，让全班学生都能听到，促进学生之间的交流和合作。同时，在课堂演讲和表演等活动中，音响系统能够提供良好的声音支持，使活动更生动、感染力更强。

五、其他设施

除了计算机教室、服务器、网络设备、多媒体教室等核心设施，学校还需要考虑一些辅助设施的建设和配置，以满足教学、管理和生活需求，提升服务质量和信息化水平。

打印机能够提供快速、高质量的打印服务，满足师生的打印需求，如学校内部的各种文件、资料、作业等都需要打印。

通过扫描仪，学校可将纸质文件、资料等快速转换为电子文档，实现数字化管理和存储，提高工作效率和信息利用率。扫描仪还可用于学生作业、试卷等的扫描和存档，方便教师进行评阅和管理。

学校还可能需要配置一些辅助性的硬件设施，如投影幕布、网络摄像头等，用于支持教学和管理活动的开展。投影幕布可以作为投影仪的投影背景，提供清晰的投影效果；网络摄像头可以用于远程教学、在线会议等场景，支持学校教学和管理的远程交流与协作。

第二节 学校信息化建设的软件平台

一、在线教学平台

（一）教学资源管理

在线教学平台的教学资源管理旨在为教师提供丰富多彩的教学资源，包括教材、课件、视频、实验指导等，以满足不同学科、不同年级的教学需求。

教学资源的多样性意味着不同学科和不同年级的教学需求都能得到满足。在线教学平台应当提供各类教科书、参考书、教辅材料等教材资源，以支持教师的课堂教学。同时，丰富的课件资源能帮助教师更灵活地展示课程内容。此外，在线教学平台还应提供实验指导、实验视频等资源，以支持实验课程的教学。

教学资源的管理应该是动态的、可定制的，以满足教师个性化的教学需求。平台应提供便捷的上传、下载、共享、搜索等服务，使教学资源的管理更加高效、便利。同时，教学资源的更新和维护也是非常重要的，平台应定期更新资源、清理过期资源，确保教学内容的时效性和准确性。教师需要在教学过程中方便地调取各种教学资源，以支持教学活动。学生需要轻松地访问丰富的学习资料，以辅助他们的学习和复习。因此，教学资源的管理应当以教学为中心，充分满足师生的教学和学习需求，促进教学活动的顺利开展。

（二）互动教学工具

在当今信息化教育环境下，互动教学工具作为在线教学平台的重要组成部分，扮演着促进师生互动交流、增强教学效果的关键角色。这些工具的多样性和灵活性为教学过程注入了活力，为学生提供了更加丰富的学习体验。传统的课堂教学往往是教师单向传授知识、学生被动接受，互动教学工具则打破了这种单一的教学模式。通过在线问答、投票、小组讨论等工具，学生可以更加积极地参与教学过程，提出问题、表达观点、解答问题，从而提升其学习主动性和参与度。同时，教师可根据学生的反馈及时调整教学内容和方法，使教学更加贴近学生的实际需求。

互动教学工具促进了师生之间的互动交流，加强了师生之间的沟通和互动。在传统的课堂教学中，由于学生人数较多，师生之间的互动往往比较有限。通过在线问答、小组讨论等工具，学生可以随时随地与教师和同学进行互动交流，极大地拓宽了师生之间的交流渠道。这种互动不仅有助于师生之间的情感交流和沟通，还能激发学生的学习兴趣，提升学生的学习动力，增强学习效果。通过在线小组讨论、合作项目等形式，学生可以与其他同学共同探讨问题、解决问题，培养团队合作意识和能力。学生需要相互协作、相互配合，共同完成学习任务，这能提高他们的团队合作能力和交际能力。团队合作和交际能力对于学生的综合素质提升具有重要意义，有助于他们将来的学习和工作。

（三）在线作业和考试

在线作业和考试是现代教育中不可或缺的一部分。它通过在线教学平台支持教师布置在线作业、组织在线考试，并能自动批改和统计成绩，对于教学管理和评估学生学习情况具有重要意义。下面将从教学效果的增强、教学管理的便捷性、学生学习的自主性等方面论述其重要性和作用。

在线作业和考试为教师提供了更加灵活多样的评价手段，教师可以根据学生的实际情况灵活设置作业和考试内容。与传统的纸质作业和考试相比，在线作业和考试具有更高的时效性和灵活性，能够更好地增强教学效果。

传统的作业和考试需要大量的人力、物力投入，教师需要花费大量的时间和精力进行批改和统计成绩，而在线作业和考试可通过自动化的方式实现作业和考试的批改和成绩统计，能极大地减轻教师的工作负担，提高教学管理的效率和便捷性。

在线作业和考试为学生提供了更加灵活和自主的学习方式，学生可根据自己的学习进度和兴趣选择适合自己的作业和考试，并在规定的时间内完成任务。此外，在线作业和考试还为学生提供了即时反馈和个性化建议，能帮助他们及时发现和解决问题，增强学习效果。

二、学习管理系统

（一）学生信息管理

学生信息管理在学校信息化建设中扮演着重要的角色，其涉及学生的个人信息、学习成绩、课程安排等内容，对于学校的教学管理和学生服务具有重要意义。学生的个人信息涉及隐私和个人权益，必须得到严格保护。学习管理系统应建立健全的权限管理机制，确保只有授权人员才能访问和修改学生信息。同时，应采取加密技术和安全防护措施，防止信息被窃取和篡改，保障学生信息的安全。

学生信息是学校教学管理的基础，任何错误或遗漏都可能对学校的教学工作造成影响。因此，在信息录入和管理过程中，必须确保数据的准确性和完整性，及时更新和修正错误信息，保证学生信息的真实性和可靠性。传统的学生信息管理往往需要大量的人力物力，且易出现信息不准确等问题。而学习管理系统的应用能够实现信息的自动化录入、管理和查询，极大地提高管理效率。教务人员可以通过学习管理系统随时随地查询和更新学生信息，提高管理效率。除了基本的学生信息录入和管理，学习管理系统还具备学生档案查阅、成绩查询等服务功能，为师生提供更加便捷和个性化的服务。学生和教职员工可以通过学习管理系统方便地进行信息查询和交流，提高了信息共享和服务质量。

（二）课程管理

课程管理作为学校信息化建设中的重要部分，在学习管理系统中扮演着关键角色。它涵盖课程设置、排课管理、选课报名、课程评价等内容，能为学校的教学活动提供全面的支持和管理。

课程设置是教学活动的基础，其灵活性和多样性直接影响教学质量和教学效果。学习管理系统允许教师根据课程特点和教学目标自由设定课程内容、教学大纲、学习资料等，满足不同学科、不同课程的教学需求，提高教学的针对性和灵活性。

排课管理是指教学活动的组织和协调过程，其效率直接关系到教学的顺利进行。学习管理系统能够自动化地进行排课计划的制订、教师课表的安排、教室资源的分配等，提高排课的效率和准确性。

选课报名是学生参与课程学习的第一步，其便捷性和及时性对学生的学习积极性和教学管理具有重要意义。学习管理系统具备在线选课报名功能，学生可以通过系统自主选择感兴趣的课程，并实时查看选课结果和课程信息，为学生提供便捷和灵活的选课体验。

课程评价是教学活动的反馈和改进机制。学习管理系统能够对课程进行综合评价，包括教学内容的丰富度、教学方法的多样性、教学效果的评估等，为学校提供科学有效的教学改进建议。

（三）学习跟踪和评估

在学习管理系统中，学习跟踪和评估功能的实现能帮助教师更好地了解学生的学习进度和表现，为学生提供个性化的学习指导。

学习跟踪和评估是指通过学习管理系统记录的学生学习活动、作业完成情况、在线测试成绩等数据，教师可以及时了解学生的学习进度和学习状态，发现学生学习中遇到的困难，为学生提供有针对性的指导和支持。

学习跟踪和评估能够提供个性化的学习支持。通过数据分析和评估工具，学习管理系统能够识别学生的学习特点和学习需求，为学生提供个性化的学习路径和学习资源，帮助学生更加高效地学习和成长。通过对学生学习情况的全面跟踪和评估，教师可以及时调整教学策略和教学方法，提供更加符合学生需求的教学内容和教学活动，从而提高教学的针对性和有效性。

此外，学习跟踪和评估还能促进教育教学的创新发展。教师可以发现学生学习中的规律和特点，探索新的教学方法和教学模式，推动教育教学的创新发展，为学校的教育事业注入活力和动力。

三、资源库

（一）教学资源库

教学资源库具有促进教学创新和增强教学效果的作用。通过建立内容丰富的教学资源库（包括教案、课件、教学视频、实验指导等），学校可以为教师提供充足的教学支持，支持个性化教学，提高教学质量和丰富学生学习体验。教学资源库可以收集整理各类教学资源，涵盖教科书、教学参考资料、课件模板、教学视频等形式，为教师提供丰富的教学工具和素材，满足不同学科、不同年级、不同教学内容的教学需求。

教学资源库可以根据教师和学生的需求提供个性化的教学资源，支持教师根据学生的学习特点和学习需求设计和选择教学内容，实施个性化的教学活动，提高教学的针对性。建立教学资源库有助于增强教学效果。教学资源库中的丰富的教学资源可以充实课堂教学内容，增加教学的趣味性和吸引力，提升学生学习体验。教学资源库中的各类教学资源可以为教师提供借鉴，激发教师的教学创新意识，推动教学方法和教学模式的不断创新和改进。

（二）学术资源库

学术资源库作为学校信息化建设的重要组成部分，对于促进学术研究和提升教学水平具有重要意义。通过收录学术期刊、论文、专著等学术文献资源，学术资源库能为教师和学生提供丰富的学术信息和学术资源，支持他们开展学术研究和学习活动，营造学校的学术氛围并提升学校的学术水平。学术资源库应涵盖各个学科领域的最新研究成果和学术发展动态，能为教师提供丰富的学术信息和参考资料，支持他们开展学术研究和教学活动。

学术资源库有助于提升学生的学术素养和学术能力。学术资源库为学生提供了丰富的学术文献资源，可以帮助他们了解学科知识的前沿进展和学术研究的最新成果，提高他们的学术素养和学术能力，培养他们的科研意识和创新能力。学术资源库收录了国内外的学术期刊和论文资源，为师生提供了学术交流的平台，促进了学术研究和学术合作的开展，推动了学校的学术发展和科研水平的提升。此外，学术资源库还有助于推动学术信息化建设和学术资源共享。学术资源库通过信息化手段收集、整理和管理学术文献资源，建立学术资源共享平台，为教师和学生提供了便捷的学术资源获取渠道，推动了学术信息的共享和传播。

（三）数字图书馆

数字图书馆作为学校信息化建设的重要组成部分，在提供电子资源、方便师生在线阅读和检索等方面发挥着重要作用。通过构建数字化图书馆，学校可以实现图书馆资源的数字化管理，为师生提供更加便捷、高效的学习和研究支持服务。数字图书馆收录了大量的数字化文献资源，涵盖了各个学科领域的内容，为师生提供了丰富的学习和研究资料。师生可以通过数字图书馆在线获取所需的电子资源，满足其研究和学习需求。

师生可以通过数字图书馆平台进行在线检索和阅读电子资源，不受时间和空间的限制，随时随地获取所需的文献资料。数字图书馆有强大的检索功能，师生可以通过关键词、作者、主题等进行快速检索，快速定位所需的文献资源。通过数字图书馆，师生可以根据自身的研究和学习需求，制订个性化的研究和学习计划，选择合适的电子资源进行研究和学习。数字图书馆还能提供个性化的推荐服务，根据用户的阅读和检索历史推荐相关的文献资源，提高研究和学习的质量和效率。

此外，数字图书馆还可以促进学术信息的共享和传播。数字图书馆通过数字化手段管理和存储图书馆资源，建立了开放共享的数字图书馆平台，为师生提供了便捷的学术资源获取渠道，推动了学术研究和学术交流的发展。

四、管理系统

（一）教务管理系统

教务管理系统是学校信息化建设的核心组成部分。它承担着管理学校教学计划、课程安排、学生成绩等教务信息的重要职责，为教学管理提供了全面的支持。这一系统通过集成、管理和处理教务数据，实现教务管理工作的数字化、自动化和规范化，极大地提高了教学管理的质量和效率。学校教务管理人员可以利用系统对课程、学期计划等进行统筹安排，确保教学任务的合理分配和有效组织。可以通过系统的辅助，实现教学资源的优化配置，提高教学资源的利用率，进而提升教学质量和效益。

教务管理人员可以通过系统对课程信息、教室资源、教师安排等进行管理和调配，实现教学计划的灵活调整和课程的有效安排。系统可以自动化生成课程表，确保课程安排的科学合理，为师生提供良好的服务保障。教务管理系统能够及时记录和管理学生成绩信息，包括平时成绩、考试成绩、综合评价等，为教师和学校提供全面的学生成绩管理服务。可以通过系统的分析和统计功能，及时了解学生的成绩，为学生发展提供有力支持。

教务管理系统还可支持教学管理工作的各项业务，如学生选课管理、教师排班管理、课程评价管理等。系统为教务管理人员提供了便捷的操作界面和功能模块，使教学管理工作更加规范、高效。可以通过系统的集成和协同，实现教务管理工作的信息共享和资源整合，提高教务管理的工作效率和管理水平。

（二）学生管理系统

学生管理系统旨在管理学生的基本信息、学籍信息、考勤信息等，为学校学生管理提供便利和支持。这一系统通过整合、管理和处理学生相关信息，实现学生管理工作的数字化、自动化和规范化，为学校提供了全面的学生管理服务。

学生管理系统可以记录和管理学生的个人信息，包括姓名、性别、年龄、籍贯等，为学校建立学生信息数据库。通过系统的查询和更新功能，教务管理人员可以随时查阅和更新学生信息，确保学生信息的准确和完整。

学生管理系统可以记录和管理学生的学籍信息，包括入学时间、班级信息、学习进度等，为学校建立学生学籍档案。可以通过系统的学籍管理功能，实现学生的学籍注册、转班调级、休学复学等操作，保障学生学籍信息的正常运转。该系统可以记录和管理学生的考勤信息，包括上课考勤、活动考勤等，为学校建立学生考勤记录。可以通过系统的考勤管理功能，及时统计学生的出勤情况、迟到早退情况等，为学校管理人员提供重要的考勤数据支持。

学生管理系统可以记录和管理学生的综合素质评价信息，包括学业成绩、课外活动、品德表现等，为学校开展学生综合素质评价提供数据支持。同时，该系统也可以记录和管理学生的奖惩信息，包括奖学金、处分记录等，为学校管理人员提供便捷的奖惩管理服务。

（三）人事管理系统

人事管理系统是学校信息化建设的重要组成部分，旨在管理学校的教职工信息、招聘录用、考核评价等工作，提高管理效率和服务质量。这一系统通过整合、管理和处理教职工相关信息，实现了人事管理工作的数字化和规范化。

人事管理系统可以记录和管理教职工的个人信息，为学校建立教职工信息数据库。人事管理人员可以随时查阅和更新教职工信息，确保信息准确。

人事管理系统可以记录和管理教职工的录用信息，包括岗位、面试结果、入职手续等，为学校建立教职工招聘录用档案。可以通过系统的招聘录用管理功能，实现招聘岗位的发布、应聘者的筛选和面试安排、录用流程的跟踪等，提高招聘录用工作的效率和透明度。

人事管理系统可以记录和管理教职工的考核评价信息，如年度考核、绩效评定、奖惩记录等，为学校建立教职工考核评价档案。可以通过系统的考核评价管理功能，实现教职工的考核评价指标设定、评分统计和结果分析等，为学校管理人员提供重要的评价数据支持。该系统可根据学校的需求，生成各种与人事管理相关的统计报表，如教职工数量统计、招聘录用情况分析、考核评价结果汇总等，为学校管理层提供决策参考。

五、科研管理系统

（一）科研项目管理系统

科研项目管理系统是学校信息化建设的重要组成部分，旨在管理科研项目的立项、申报、执行和结题等各个阶段的信息，以促进科研管理的规范化发展。系统通过整合、管理和处理科研项目相关信息，实现科研项目管理工作的数字化和自动化，为学校科研管理提供全面的服务和支持。

科研项目管理系统可以记录和管理科研项目的基本信息，包括项目名称、项目编号、项目负责人、项目起止时间、经费预算等，为学校建立科研项目信息数据库。

科研项目管理系统可以记录和管理科研项目的立项申报信息，包括项目计划、研究内容、预期成果等，为学校建立科研项目立项档案库。可以通过系统的立项申报管理功能，实现项目立项申报表的填写、审核流程的跟踪、立项结果的通知等，提高科研项目立项工作的效率和透明度。

科研项目管理系统还可以记录和管理科研项目的执行进度、经费使用情况、成果产出等信息，为学校建立科研项目执行档案库。可以通过系统的执行管理功能，实现项目进度的跟踪和监控、经费的拨付和使用管理、成果的汇报和评价等，及时发现和解决项目执行过程中的问题，确保项目按计划顺利进行。

科研项目管理系统还支持科研项目结题的管理和分析。系统可以记录和管理科研项目的结题报告、经费结算等信息，为学校建立科研项目结题档案库。可以通过系统的结题管理功能，实现项目结题报告的提交和评审、经费的结算和核销等，为学校提供科研项目的完整闭环管理。

（二）科研成果管理系统

科研成果管理系统旨在记录和管理科研成果的著作、专利、论文等信息，为科研工作者提供科研成果展示和评价的平台。系统通过整合、管理和展示科研成果相关信息，为学校科研工作者提供了便捷的管理工具和科研成果展示平台，促进了科研成果的交流、合作和应用。科研成果管理系统可以记录和管理科研成果的基本信息，包括科研成果名称、作者、发表时间、出版社或期刊名称等，为学校建立科研成果信息数据库。

科研成果管理系统还可以对科研成果进行评价和统计分析，包括成果的数量、类型、发表情况等，为科研管理人员提供科研成果的全面评估和分析工具。通过系统的评价和统计分析功能，科研管理人员可以了解科研成果的情况和质量，为科研项目管理和决策提供参考依据。此外，通过系统的交流和合作功能，科研工作者还可以与他人分享自己的科研成果，促进成果的交流和合作，提高成果的影响力和应用价值。

第四章　学校信息化建设的技术支持

第三节　学校信息化建设的网络环境

一、建立有线网络覆盖

学校应建立有线网络覆盖，确保校园内各个教学区域、办公区域和学生宿舍都能接入网络。有线网络具有稳定、高速的特点，能够满足师生对网络稳定性和高速性的需求。

（一）进行细致的网络规划与布线

学校应进行细致的网络规划，确保网络设备的布放位置和网络布线方案合理有序。可以通过合理的布线设计，确保网络信号覆盖每个区域，避免出现网络死角。在进行网络规划时，学校应充分考虑校园的整体布局和建筑结构。不同区域的功能需求和网络使用情况会有所不同，因此需要根据实际情况确定网络设备的布放位置。例如，教学区域需要更多的网络接入点以支持教学活动和满足学生上网需求，而办公区域需要稳定的网络连接以保障教职员工的工作效率。因此，学校需要针对不同区域的需求量身定制网络规划和布线方案。

合理的布线设计可以最大限度地减少网络信号的衰减和干扰，提高网络的传输速度和稳定性。例如，可以采用层级式布线结构，将核心交换机与各个区域的网络设备相连，以确保网络信号能快速、稳定地传输。同时，还应当注意避免网络设备之间的交叉布线和过长的传输距离，以减少信号衰减和传输延迟。学校网络往往涉及大量的敏感信息和个人数据，因此在进行网络规划和布线时，需要考虑网络安全防护措施的部署。例如，可以在网络设备上部署防火墙和入侵检测系统，加强对网络流量的监控和管理，及时发现和阻止潜在的安全威胁。同时，还可以采用虚拟专用网络等加密通信技术，保障网络数据的安全传输。

（二）选择合适的网络设备并进行部署

在构建有线网络时，选择适当的网络设备是非常重要的。这些设备包括交换机、路由器、网线等，它们的性能直接影响网络的稳定性和传输速度。因此，在设备选型时，需要考虑学校的实际需求和网络规模，选择性能优良、可靠稳定的设备。在选择交换机时，需要考虑端口数量、传输速度、管理功能等因素。针对大型学校网络，可以选择端口数量较多、传输速度较快的企业级交换机，以满足多用户同时接入的需求。同时，还要考虑交换机是否支持虚拟局域网、服务质量（Quality of Service，QoS）等功能，以提高网络的灵活性和管理性。

在选择路由器时，需要考虑路由器的性能、可扩展性和安全性。特别是对于大型学校网络来说，其需要选择性能强、支持多种网络协议和安全功能的企业级路由器，以确保网络的稳定运行和数据的安全传输。常见的网线类型包括Cat5e、Cat6、光纤等，它们的传输速度和距离有所不同。在选择网线时，需要根据网络的实际需求和布线环境来进行选择。例如，对于长距离传输和传输速度需求较高的场景，可以选择Cat6或光纤网线，以确保网络传输的稳定性和速度。

在设备部署方面，需要根据网络规划和布线方案合理进行。需要将核心设备放置在网络的中心位置，以便连接各个区域的网络设备。还需要根据网络负载和用户密度的情况，在各个区域合理部署网络设备，以确保网络信号覆盖每个角落，并且能够满足用户的网络需求。

（三）确保提供足够的带宽和速度

确保有线网络提供足够的带宽和速度是学校网络建设中的一项重要任务。当今信息时代，师生在教学、学习和管理中都离不开网络，而高速稳定的网络连接是保障他们工作和学习效率的关键。因此，根据学校的规模和网络使用情况，合理配置带宽和速度是相当重要的。带宽是指网络传输数据的能力，通常以每秒传输的数据量（比特率）来衡量。对于大型学校网络来说，其需要配置足够的带宽以满足师生日益增长的网络需求。例如，教室和办公区域需要足够的带宽来支持视频会议、在线教学和大规模数据传输，学生宿舍也需要足够的带宽来支持高清视频流和大容量文件下载。因此，学校需要根据不同区域的需求合理配置带宽，以确保网络畅通无阻。

除了带宽，网络速度也是影响网络传输效率的重要因素。网络速度通常以传输速率（比特/秒）来衡量，可以通过优化网络设备、使用高性能网线和升级网络设备等方式来提高。特别是在高密度用户区域，如教室和学生宿舍，需要提供较高速的网络连接以满足多用户同时接入的需求。因此，学校需要根据网络使用情况和用户密度合理配置网络速度，以提高数据传输效率和用户体验。另外，网络负载均衡也是提高网络性能的有效手段之一。可以通过在网络设备上部署负载均衡器，将网络流量合理分配到不同的网络通路上，避免出现网络拥塞和带宽瓶颈的情况，提高网络的传输效率和稳定性。

在配置带宽和速度时，学校还需要考虑到网络的成本和资源利用率。虽然提供高速的网络连接可以提高用户体验，但是会增加网络建设和运营的成本。因此，学校需要在保证网络质量的前提下，兼顾成本和效益，合理配置带宽和速度，以达到资源最优利用的目的。

二、建立无线网络覆盖

除了传统的有线网络，建立覆盖全校的无线网络也是一项必要的举措。这一举措的意义不仅在于让师生在校园内任何地点都能方便地接入互联网，更在于为他们的工作与学习提供灵活性和便利性，支持各种移动设备的使用，从而满足他们日常办公和学习的需求。无线网络的覆盖能为学校师生创造一个更加灵活的工作和学习环境。在传统的有线网络下，师生的活动范围受到了很大的限制。而有了全校范围的无线网络覆盖，师生可以在教室、图书馆、操场等空间自由地连接到网络，享受随时随地获取信息和进行学习交流的便利。

随着智能手机、平板电脑等移动设备的普及，越来越多的师生倾向于使用这些设备进行工作和学习。无线网络的覆盖为这些移动设备的使用提供了必要的支持，使师生可以更加方便地使用各种应用程序查阅资料、进行在线学习和教学活动，极大地提高了工作效率和学习质量。

此外，无线网络覆盖还可以为学校提供更智能化的管理和服务。学校可以实现对师生上网行为的监控和管理，保障网络安全和信息安全。同时，学校还可以利用无线网络为师生提供更加便捷的服务，如在线图书馆、课程管理等，提升学校的整体服务质量和管理水平。

三、建立高速网络连接

在高峰时段和网络使用量大的情况下，高速网络连接的重要性不可忽视。这种高速网络连接不仅能保证师生在进行在线教学、学习和研究时获得良好的网络体验，还能促进教育教学的有效开展，提升学校的教学质量和竞争力。高速网络连接能够提供稳定、流畅的网络体验，保障师生在进行在线教学和学习时不受网络卡顿、延迟等问题的困扰。在传统的教学模式下，教师和学生可能需要面对诸如资料下载速度慢、视频加载缓慢等网络问题，这不仅会影响教学效果，还会降低学习的效率。而有了高速网络连接，这些问题将成为过去，师生可以更加专注地参与到教学和学习活动中，增强教学效果和学习效果。

随着信息技术的不断发展，越来越多的教育资源以多媒体、互动的形式呈现，如在线课程、教学视频、虚拟实验室等。这些教育资源往往需要大带宽和高速度支持才能流畅播放和使用。因此，只有拥有高速网络连接，学校才能充分利用这些教育资源，为学生提供更加生动、丰富的学习体验。

在数字化时代，教育信息化已经成为教育改革和发展的重要方向之一。高速网络连接作为教育信息化的基础设施之一，将为学校提供更多的发展空间和可能性。通过高速网络连接，学校可以实现教学资源的共享和互动，拓展教学内容和形式，实现个性化教育和远程教育，从而推动教育教学的创新和提升。

四、部署安全防护措施

确保学校网络环境的安全性至关重要。部署各种安全防护措施，如防火墙、入侵检测系统、入侵防御系统、病毒防护软件等，是保护网络免受各种网络威胁侵害的必要手段。这些安全防护措施不仅能有效防止网络攻击和数据泄露，还能保障师生在网络环境中的个人隐私和信息安全，为师生提供一个安全可靠的在线工作和学习平台。

防火墙可以监控和过滤网络流量，保护内部网络免受外部威胁的侵害。学校应根据实际情况选择合适的防火墙设备，并根据网络规划和布线方案合理部署防火墙，确保网络的安全性和稳定性。

通过监控网络流量和系统日志，入侵检测系统可以识别出网络中的异常行为和潜在威胁，并及时发出警报，以便管理员采取相应的应对措施。这种实时监控和响应机制可以有效地减少网络攻击对学校网络安全造成的影响，保障师生的网络环境安全。

入侵防御系统可以采取自动防御措施，阻止恶意攻击和入侵行为。学校可以入侵防御系统来加强对网络安全的监控和防护，提高网络的安全性。

病毒防护软件也是保护学校网络安全的重要工具。病毒防护软件可以对学校网络中的终端设备进行实时监控和防护，及时发现和清除各种恶意软件和病毒，防止它们对系统和数据造成损害。通过定期更新病毒库和软件版本，病毒防护软件可以保持对最新威胁的识别能力，确保学校网络安全的持续有效。

学校还可以通过使用加密协议和加密算法等加密通信技术，保障网络数据的传输安全，为师生提供安全可靠的网络连接。

除了技术手段，网络安全教育和培训也是提高网络安全的重要途径。学校应积极开展网络安全教育和培训活动，加强师生对网络安全的认识和理解，提高其防范网络威胁的能力。只有将技术手段和人员培训相结合，才能全面提高学校网络的安全性和防护能力。

五、建立网络管理与监控系统

建立网络管理与监控系统，能够实时监控网络设备的运行状态、网络流量情况及安全事件，从而及时发现和解决网络问题。这个系统不仅能提高网络运行的稳定性和安全性，还能保障网络服务的持续可用性，为师生提供一个高效、可靠的网络环境。网络管理与监控系统可以帮助学校实时监控网络设备的运行状态。通过监控网络设备的各项指标，如 CPU 利用率、内存使用情况、网络接口流量等，管理员可以了解网络设备的工作情况，及时发现设备故障或性能异常，并采取相应的措施进行修复和优化，确保网络设备的正常运行。

学校应建立定期维护计划，对网络设备进行定期检查、清洁和维护，及时发现并处理潜在的故障隐患，提高网络设备的可靠性和稳定性。例如，可以定期清洁网络设备的风扇和散热器，防止因散热不良导致设备性能下降或网络故障。此外，定期更新网络设备的软件和固件也是确保网络安全和稳定运行的重要措施。学校应及时关注网络设备厂商发布的安全补丁和更新信息，及时更新网络设备的软件和固件，修复已知的安全漏洞，以提高设备的性能和稳定性。

网络管理与监控系统还能监控网络流量情况，帮助学校合理规划网络资源和带宽分配。通过分析网络流量的来源、目的、类型等，管理员可以识别出网络中的瓶颈和拥塞点，优化网络拓扑结构，调整带宽分配策略，提高网络的传输效率和响应速度，从而提升师生的网络体验。通过监控网络安全事件，如入侵行为、恶意软件攻击等，该系统可以及时发现并防御潜在的安全威胁。同时，网络管理与监控系统还可以记录网络安全事件的详细信息，为后续的安全事件调查和分析提供数据支持，提升网络安全管理的能力和水平。

六、提供技术支持与维护

学校应提供专业的技术支持团队，负责网络设备的安装、配置、维护等。这样的技术支持团队不仅能及时响应师生的网络问题，还能提供高效的技术支持服务，为学校网络的稳定提供有力的保障。技术支持团队应具备丰富的网络设备知识和经验，能根据学校的网络规划和需求，对网络设备进行合理的选型、布局和配置。通过专业的安装和配置工作，技术支持团队能确保网络设备的正常运行。

技术支持团队负责网络设备的维护和保养工作。他们定期检查和维护网络设备，及时更新设备的固件和软件，修复设备的硬件故障和软件漏洞，以保障网络设备的正常运行和安全性。通过持续的维护工作，技术支持团队能够延长网络设备的使用寿命，减少故障发生，提高网络的可靠性和稳定性。

技术支持团队还负责处理师生的网络问题和故障报修。他们应设立专门的技术支持热线或在线平台，接受师生的网络问题反馈，并及时响应和解决。无论是网络连接问题、设备故障还是软件配置等，技术支持团队都能提供专业的帮助和指导，确保师生能顺利地使用网络资源进行工作和学习。

第五章 学校教育管理信息化系统的应用

在当今数字化时代，信息化已经成为学校教育管理不可或缺的一部分。通过利用现代信息与通信技术，学校能够极大地提高教育质量和管理效率，并实现教育资源的优化配置。学生信息系统能够实现学生数据的集中管理和快速访问，而学习管理系统则有助于教师和学生高效互动，提升教学和学习体验。

第一节 学校教育管理信息化系统在课堂教学中的应用

一、教学资源的数字化管理

（一）建立资源共享平台

学校教育管理信息化的目标之一是建立一个功能强大且全面的资源共享平台。数字化教学资源库包括丰富的电子教材、教学课件及视频资料等。这些资源不仅种类繁多，而且内容详尽，能够满足不同学科、不同年级的教学需求。通过资源共享平台，教师和学生可以轻松访问和利用这些资源，从而提高教学和学习效率。在传统的教学模式中，教师制作的课件和教学资料往往只能在自己班级内部使用，资源的利用率较低。而在数字化教学资源库中，优质的教学资源可以实现广泛共享，其他教师都可以借鉴和使用，这大幅提升了资源的利用率。同时，学生也能通过资源共享平台自主学习，查阅相关资料，进行课外拓展。

在备课过程中，教师可以方便地从资源共享平台上获取所需的教学资料，参考其他教师的教学设计和课件，优化自己的教学方案。这样不仅能节省备课时间，而且能集思广益。教师之间还可以通过平台进行互动交流，分享教学经验和心得，共同进步。学生可根据自己的学习进度和需求，随时随地访问平台上的学习资源进行自学。尤其是在复习和预习阶段，资源共享平台上的电子教材和教学视频能为学生提供宝贵的学习素材，帮助他们更好地理解和掌握知识点。对于有特殊学习需求的学生，资源共享平台还可以提供个性化的学习资源。

在传统教学模式下，优质教学资源往往集中在一些重点学校，其他学校的学生则难以接触这些资源。优质教学资源在更大范围内共享，可以缩小学校之间的差距，让更多的学生享受到高质量的教育资源。这对于促进教育公平、提高整体教育水平具有重要意义。随着教育技术的升级和教学理念的更新，新的教学资源不断涌现。通过资源共享平台，教师和教育机构可以及时上传和分享最新的教学资源，保持资源库的时效性和先进性。同时，资源共享平台也为资源的反馈和评价提供了渠道，用户可以对资源进行评价和建议，帮助优化资源内容。

资源共享平台可以扩展到校外，与其他学校和教育机构进行合作，共同建设和共享资源库。这样不仅可以丰富资源内容，还可以促进不同学校和地区之间的交流与合作，实现资源的互通和互补。这种跨校合作的模式，能更好地推动教育资源的整合和优化，提高整体教育水平。资源共享平台的建设要注重用户体验，即界面简洁友好、操作方便快捷，确保教师和学生能够顺利使用。资源的分类和管理也要科学合理，方便用户快速找到所需资源。另外，平台要有完善的安全保障措施，确保资源的安全性和保密性。

（二）进行资源检索与获取

教师和学生可以通过信息化平台，迅速找到所需的教学资源。这种高效的资源检索方式，能使教学准备和学习过程更加流畅，增强整体教学效果和学习效果。资源检索与获取平台的建立，能使教育资源的利用变得更加合理。该平台可以提供多种检索方式，如关键词搜索、分类目录和高级搜索功能等，用户可根据自己的需求灵活选择检索方法。例如，教师在备课时，可以通过关键词搜索快速找到相关的课件和教学视频；学生在自学时，可以通过分类目录轻松浏览不同学科和年级的电子教材。检索方式的多样化，能满足不同用户的需求，提高资源利用的效率。

资源检索与获取平台可根据用户的检索行为和使用习惯，智能推荐相关的教学资源。这种个性化推荐功能，能使用户发现更多符合自己需求的优质资源，拓宽教学和学习的视野。尤其是教师在进行教学设计时，这种智能推荐功能可以提供有价值的参考，提高备课质量。信息化平台的资源检索与获取功能，不只局限于校内，还可以实现跨校和跨区域的资源共享。通过与其他学校和教育机构的合作，平台上的资源库可以不断丰富和扩展，教师和学生可以获取更多优质的教育资源。例如，一些优秀的教学案例和研究成果可以通过平台迅速传播和共享，促进教育经验的交流和推广。这种跨校合作模式，可以推动教育资源的整合和优化，提高整体教育水平。

　　信息化平台的资源检索与获取功能，还能提升教育的公平性和可及性。通过信息化平台，优质资源可以在更大范围内共享，更多的学校和学生能够平等地获取和利用，从而缩小教育资源分配的不均衡，促进教育公平。为了确保资源检索与获取的效率和准确性，平台在资源的分类和管理上也进行了精心设计。所有资源都经过严格的分类和标签处理，以便用户快速定位和检索。同时，平台还提供了资源的评价和反馈机制，用户可以对资源进行评分和评论，这些评价信息能为其他用户提供参考依据，帮助平台进行资源的优化和更新。

　　教师可以通过信息化平台快速查找和下载教学资料，灵活应用于课堂教学中。例如，在教授某一复杂知识点时，教师可以通过平台找到相关的教学视频和互动课件，辅助教学。学生可以利用平台上的丰富资源，进行复习，增强学习效果。教师和教育机构可以及时上传最新的教学资料和科研成果，保持资源的时效性和前沿性。这样，师生可以随时获取最新的教育信息和教学资源，跟上教育发展的步伐。

　　在使用信息化平台进行资源检索与获取时，还要注意保护知识产权和资源的合法使用。平台应严格遵守相关法律法规，确保上传的资源均合法合规，同时保护作者的版权和利益。对于用户上传的自制资源，平台也应建立完善的审核机制，确保资源的质量和安全。

二、教学过程的智能化监控

（一）课堂管理系统

　　在现代教育中，智能化的课堂管理系统已成为提升教学质量的重要工具。智能化的课堂管理系统能够让教师实时掌握学生的课堂表现。系统通常配备了多种传感器和数据收集设备，可以记录学生的注意力水平、参与度及互动情况。这些数据能实时传输到教师的设备上，使教师能迅速了解每个学生的学习状态和课堂表现，从而做出及时的教学调整。通过分析学生的课堂表现数据，教师可以发现哪些教学方法效果更好，哪些知识点学生掌握得不够牢固。基于这些分析结果，教师可以有针对性地调整教学内容和方法，如采用更多的互动教学模式，或增加对难点的讲解时间，提升学生的参与度，加强学生对知识点的理解。

　　课堂管理系统可以实时监控学生的行为，如是否专心听讲、是否按时完成课堂任务等。当发现某些学生注意力不集中或出现违纪行为时，系统会及时提醒教师，使教师能够迅速采取措施，维持课堂秩序。这种实时监控和提醒功能，有助于营造积极、有序的学习环境。借助系统，学生还可以及时反馈他们的学习体验和问题。这种双向互动不仅可以帮助教师了解学生的学习需求，还可以提升学生的参与感和积极性。例如，学生可以通过系统提交他们对某个知识点的疑问，教师可以在课堂上或课后及时进行解答。

教师可以通过系统方便地上传、管理和分享教学资料，学生可以随时访问，进行预习和复习。这种资源共享的模式，不仅能提高教学资源的利用率，还能促进师生之间的互动和交流。例如，教师可以将课件、视频和习题上传到系统，学生在课后可以根据需要进行学习和练习。

通过系统，教师可以大大简化课堂管理的流程，节省大量的时间和精力。例如，系统可以自动记录学生的出勤情况、作业提交情况和考试成绩。此外，系统还可以自动生成各种教学报表和分析报告，帮助教师全面了解教学情况，提高教学决策的科学性和准确性。课堂管理系统可以根据学生的表现数据，自动生成详细的评估报告，帮助教师全面了解学生的学习进展和问题。例如，系统可以分析学生的答题情况，找出他们常犯的错误和知识盲点，从而帮助教师有针对性地进行辅导和教学改进。

随着人工智能和大数据技术的升级，课堂管理系统将能更精准地分析学生的学习数据，提供更加个性化和高效的教学服务。例如，通过深度学习算法，系统可以预测学生的学习趋势和发展潜力，帮助教师制订更加科学的教学计划。此外，课堂管理系统还可以与其他教育平台和资源进行无缝对接，构建一个全面、智能的教育生态系统。

（二）学生学习情况监测

通过数据分析技术，教师可以全面了解学生的学习进度和学习效果。每个学生的学习轨迹都能被详细记录，包括他们的学习时间、作业完成情况、测验成绩等。通过对这些数据的分析，教师能准确掌握学生的学习状态，识别出哪些学生进度较快，哪些学生需要更多帮助和辅导。学生学习情况监测不仅能帮助教师了解学生的当前表现，还能预测学生未来的学习趋势。这些洞察可以帮助教师提前采取措施，调整教学内容和方法，确保学生能够及时补上知识的短板，避免学习上的落后。

学校管理者可以通过分析学生的整体学习情况，制定更加科学合理的教育政策。例如，可以通过对不同班级、不同年级的学习数据进行对比分析，发现哪些教学方法效果更好，哪些班级或学科存在问题，从而进行有针对性的优化。这种基于数据的决策方式，能提高教育管理的质量和效率。

家长可以全面了解孩子的学习进展和存在的问题，与教师一起制订有针对性的学习计划，促进孩子的成长。例如，家长可以通过在线平台查看孩子的学习数据，及时了解他们的学习状态，帮助孩子调整学习策略，解决学习中遇到的困难。这种透明、高效的沟通方式，有助于家校之间的互动和合作，形成教育合力。

未来，学生学习情况监测的精度和智能化水平将不断提高。通过分析学生的学习路径和习惯，系统可以自动生成个性化的学习计划，推荐更适合的学习资源和练习题，帮助学生更高效地学习。此外，系统还可以实时监测学生的学习情绪和心理状态，提供心理辅导和支持，确保学生在健康、积极的状态下进行学习。

三、教学评估的多元化

（一）在线测评系统

通过各种类型的测试题目，如选择题、填空题、简答题等，系统可以准确地检测学生对所学知识的理解和掌握程度。这种全面、细致的评估方式，能使教师清晰地了解每个学生在不同知识点上的学习情况，从而有针对性地进行教学调整和辅导。在线测评系统不仅关注学生的知识掌握，还能评估学生的能力发展。例如，通过设计综合性强、应用性高的测试题目，系统可以评估学生分析问题、解决问题的能力，以及他们在实际情境中运用知识的能力。此外，系统还可以通过开放式问答题、项目作业等方式，评估学生的创新能力和批判性思维。这些能力评估，能为教师提供丰富的信息，帮助他们更好地培养学生的综合素质。

在线测评系统还可以评估学生的态度和行为。例如，通过问卷调查、情景模拟等测评工具，系统可以了解学生在学习过程中的态度、动机和行为表现。例如，系统可以评估学生的学习态度、学习兴趣、合作能力等，帮助教师了解学生的学习心理和行为特点。这种全面的评估，有助于教师制定更加科学合理的教育策略。学生可以随时随地进行测评，教师可以及时获取评估结果。这种高效的评估方式，不仅节省了时间和精力，还提高了评估的及时性和准确性。例如，学生在完成测评后，系统可以立即生成详细的评估报告，教师可以根据报告结果，及时调整教学计划。

在线测评系统可以根据不同学科、不同年级的需求，设计多种类型的测评工具，满足不同教育场景的需求。例如，系统可以为数学设计计算题和应用题，为语言学科设计阅读理解和写作题，为科学学科设计实验报告和项目作业。这种灵活、多样的测评方式，不仅能全面评估学生的学习效果，还能增强学生的参与感和积极性。通过系统生成的评估数据，教育管理者可以全面了解学校的教学质量和学生的学习情况。例如，通过对不同班级、不同学科的评估结果进行分析，管理者可以发现教学中存在的问题和不足，制定改进措施。

在线测评系统还可以提供个性化的评估报告和学习建议，帮助学生进行有针对性的学习以提高学习成绩。

（二）反馈机制

教师能够及时向学生反馈评估结果。这些在线测评平台通常具有自动化评分和数据分析功能，可以在学生完成评估后迅速生成详细的成绩报告。这种即时反馈的机制，能够使学生第一时间了解自己的学习情况，明确自己的优点和不足，从而进行自我调整和改进。教师在反馈过程中，不仅提供分数和排名，还会详细说明学生每个知识点的掌握情况，并指出具体的错误和不足。这样的细致反馈，有助于学生深入理解错误原因，避免在今后的学习中再犯同样的错误。例如，教师可以通过平台提供详细的答案解析和学习建议，帮助学生有针对性地进行复习和巩固。

及时、准确的反馈能够让学生看到自己的进步和努力的成果，增强他们的学习信心和动力。特别是当学生在某些方面表现突出时，教师的积极反馈可以激励学生继续保持良好的学习状态。同时，对于表现不理想的学生，教师的建设性反馈和鼓励可以帮助他们树立信心，找到改进的方向和方法。通过平台，学生可以就评估结果和反馈内容与教师进行交流，提出自己的疑问和困惑；教师可以根据学生的反馈进行进一步的辅导。这种双向互动的反馈机制，不仅能提高反馈的及时性和有效性，还能加强师生之间的信任和合作。例如，学生可以通过平台提交自己的学习计划和目标，教师可根据这些信息提供个性化的学习建议。

学生的学习情况和需求各不相同，教师可以根据每个学生的评估结果，提供个性化的反馈和学习建议。个性化反馈，有助于满足不同学生的学习需求。学生可以随时查看自己的评估结果和学习记录，了解自己的学习进展和问题，从而制订科学合理的学习计划。学生可以根据反馈内容，主动进行自我反思和调整，逐步提高自己的学习能力和水平。例如，学生可以根据评估结果调整自己的学习策略，重点复习薄弱环节，增强学习效果。

四、教学互动的多样化

（一）互动教学平台

利用在线互动教学平台，师生之间的互动交流可以得到显著提升。这些平台提供多种互动功能，如实时聊天、在线讨论和视频会议等，教师可以通过这些功能与学生进行即时沟通，解答学生的疑问。这种即时互动不仅可以提高教学效率，还可以使课堂变得更加生动和有趣。学生可以通过平台参与小组讨论、合作项目和在线研讨会，分享自己的观点和想法，互相学习和帮助。这种互动不仅能促进学生之间的交流与合作，还能培养他们的团队合作精神和沟通能力。例如，在一个在线小组项目中，学生可以分工合作，利用平台进行讨论和协作，最终共同完成任务。

无论学生和教师身处何地，只要有网络连接，就可以通过平台进行互动和交流。这种灵活的互动方式，突破了传统课堂的时间和空间限制，使教学活动可以在任何时间、任何地点进行。尤其是在远程教育和在线学习中，互动教学平台的这一特点显得尤为重要。例如，教师可以通过平台进行在线辅导和答疑，学生可以随时登录平台进行学习和讨论。此外，互动教学平台还提供了丰富的互动工具和资源，进一步增强了课堂教学的互动性和参与感。这些工具包括在线测验、互动白板、投票和问卷调查等，教师可以利用这些工具设计各种互动活动。例如，在历史课上，教师可以利用互动白板进行生动讲解，学生可以通过在线测验进行即时测试，了解自己的知识掌握情况，并通过投票和问卷调查参与课堂讨论。

利用互动教学平台，教师还可以实时监控和评估学生的学习情况，进行及时反馈和调整。平台上的数据分析功能，可以帮助教师了解学生的参与度、互动频率和学习效果，及时发现问题并进行改进。例如，教师可以通过平台查看学生的讨论记录和互动情况，了解他们的学习进展和存在的问题。教师可以通过平台分享各种类型的教学资源，如视频、音频、电子教材和互动课件，学生可以随时利用这些资源进行学习。此外，教师还可以利用平台进行多媒体教学，结合文字、图像、音频和视频等形式，提升教学的趣味性。例如，在科学课上，教师可以通过视频演示实验过程，学生可以通过互动课件进行操作和模拟实验，提升学习体验。

互动教学平台不仅有助于课堂教学，还能为课外辅导和课后交流提供便利。教师可以通过平台进行课外辅导和个别指导。同时，学生也可以通过平台进行课后讨论，分享学习经验和资源。例如，学生可以在平台上创建学习小组，进行课后讨论和复习，解决学习中的问题。

（二）虚拟课堂

虚拟课堂是现代教育技术的重要创新，通过 VR 和 AR 技术，打造了一个沉浸式的教学环境，提升了学生的学习体验。

虚拟课堂利用 VR 技术为学生提供了身临其境的学习体验。学生可以通过 VR 设备进入一个全新的虚拟世界，仿佛置身于历史场景、科学实验室或地理环境中。这种高度沉浸式的体验，不仅能激发学生的学习兴趣，还能帮助他们更直观地理解和掌握复杂的知识点。虚拟课堂还通过 AR 技术将数字信息与现实世界相结合，增强了学习的互动性和趣味性。学生可以通过 AR 设备看到增强的现实场景，如通过 AR 眼镜看到的星空可以显示出详细的星座信息和行星轨迹。

虚拟课堂的应用使得一些传统教学难以实现的内容变为现实。例如，在化学实验课上，许多实验由于安全和成本因素无法进行实际操作，而通过 VR 技术，学生可以在虚拟环境中安全地进行实验，观察化学反应的全过程，理解实验原理。这种虚拟实验不仅安全，还能重复进行，直到学生完全掌握实验原理和步骤。通过 VR 和 AR 技术，教师可根据学生的学习进度和兴趣爱好，设计个性化的学习内容和任务。例如，在历史课上，对于对古代文明感兴趣的学生，可通过 VR 技术"参观"古埃及金字塔或古罗马斗兽场；而对于对近现代史感兴趣的学生，可以参观历史博物馆或战场遗址。这种个性化的学习体验，有助于激发学生的学习动力，满足他们的学习需求。

学生可以"走出"课堂，进行虚拟实地考察和探险。例如，在地理课上，学生可以"亲临"世界各地的自然奇观，了解各地的地理特征和文化背景。在生物课上，学生可以"进入"人体内部，观察器官和细胞的结构和功能。这种跨越时空的学习方式，不仅丰富了教学内容，还开阔了学生的视野，培养了他们的探索精神和科学素养。远程学生也可以"参与"到实体课堂中，获得与在校学生相同的学习体验。例如，远程学生可以"坐在"教室里，与教师和同学进行互动，参与课堂讨论和实验操作。这种虚拟课堂模式，突破了地域和时间的限制，使人们都能共享优质教育资源。

教师需要掌握和运用 VR 和 AR 技术，根据教学内容设计相应的虚拟教学场景和互动活动。学校也需要投入一定的资源，建设和维护虚拟课堂的硬件和软件设施。同时，教育管理者需要制定相关政策和标准，确保虚拟课堂的教学质量和安全。

五、教学管理的协同化

（一）教师协同备课

教师协同备课是现代教育信息化的重要实践，在这种方式下教师能够实现在线协同备课，共享教学经验和资源，从而大大提高备课质量。协同备课平台为教师提供了一个集中的工作空间。在这个平台上，教师可以随时随地访问、编辑和共享教学资料，不再受时间和地点的限制。这种灵活性使得教师能更高效地进行备课，节省时间和精力。教师可以在平台上讨论教学内容和方法，分享彼此的教学经验和心得。例如，有经验的教师可以将自己设计的教案上传到平台，与其他教师分享，大家可以在此基础上进行优化。这种协作模式，不仅能提高教案的质量，还能促进教师的专业成长和教学能力的提升。

教师可以将自己制作的教学资源上传到协同备课平台，与其他教师共享。教师也可以通过平台方便地获取各种教学资源，如电子教材、教学视频、课件和练习题等，用于课堂教学，增强课堂的生动性和吸引力。

协同备课平台还提供了多种辅助工具，帮助教师提高备课的质量和效率。例如，平台可以自动生成教学计划和课时安排，帮助教师合理安排教学进度；平台可以提供各种教学模板和示例，帮助教师设计出更加规范和高效的教案。此外，平台还可以进行数据分析，帮助教师了解学生的学习效果。

通过协同备课平台，教师还能进行跨学科的交流和合作。不同学科的教师可以在平台上分享各自的教学资源和方法，进行跨学科的教学设计和探讨。例如，数学教师和科学教师可以共同设计一个综合性的教学项目，将数学和科学的知识结合起来，培养学生的综合应用能力。

教师可以通过平台参加各种在线培训和研讨会，了解最新的教学方法，提升自己的专业素养和教学能力。例如，平台可以提供名师讲座和教学案例分析，帮助教师学习和借鉴优秀的教学经验和做法。通过不断学习和交流，教师可以不断提升自己的教学水平和专业能力。

通过协同备课平台，学校管理者可随时查看教师的备课情况和教学进度，了解教师的教学效果。例如，学校可以通过平台定期检查教师的教案和教学资料，确保教学的有序和高效进行。这种监督和管理机制，能促使教师更加认真和规范地进行备课，提高教学的质量和水平。

（二）家校沟通平台

家校沟通平台是现代教育中非常重要的工具。通过这一平台，家长和学校能够实现更高效、更紧密的交流与合作。家校沟通平台为家长和教师提供了一个便捷的交流渠道。家长可以通过平台随时了解孩子在学校的表现等，教师也可以及时向家长反馈学生的学习情况和成长变化。这种实时的双向沟通，可以增强家校之间的互动与合作。学校可以通过平台发布各种教育资讯、活动通知、学习资源和家庭教育指导，帮助家长更好地支持和引导孩子的学习和成长。例如，学校可以上传一些优秀的教育视频、文章和讲座，家长可以根据需要进行学习和参考，提升家庭教育的质量和效果。

通过家校沟通平台，家长可以参与学校的各种活动，如家长会、班级活动、学校会议等。家长可以通过平台提出自己的意见和建议，与学校共同讨论和解决教育中的问题。这种参与和互动，不仅能增强家长的责任感和参与感，还有助于学校更好地了解和满足家长与学生的需求，提升教育的整体质量。家长和教师可以通过平台制定学生的成长目标，跟踪和评估进展和成果。例如，教师可以通过平台记录和分享学生的学习和行为表现，家长可以通过平台及时了解和反馈，帮助学生解决学习和成长中的问题。这种协同合作的方式，有助于学生的全面发展和个性化成长。

通过家校沟通平台，学校可以及时发布各种重要信息和通知，如考试安排、课程变动、安全提示等，家长可以第一时间接收这些信息。例如，学校可以通过平台发送紧急通知，家长可以立即查看并采取相应措施，确保孩子的安全和健康。这种高效的信息传递机制，能提高家校沟通的质量和效果。信息化的家校沟通平台还能提供多种互动功能和工具，如即时消息、电子邮件、在线会议等，方便家长和教师进行深度交流和沟通。例如，家长可以通过即时消息与教师进行一对一的交流，了解孩子的具体情况；教师可以通过在线会议与家长进行集体沟通和指导，讨论和解决教育中的共性问题。这些互动功能的应用，能增强家校沟通的灵活性和便捷性。

通过平台的持续互动和交流，家长和教师可以更了解彼此的观点和需求，建立相互理解和信任的关系。这种良好的家校关系，有助于形成教育的合力，为学生创造良好的学习和成长环境。例如，家长和教师可以通过平台共同商讨和制定教育策略，协调和配合彼此的教育行动，以达到更好的教育效果。

六、教学数据的精准化分析

（一）数据驱动的教学决策

数据驱动的教学决策在现代教育中越来越重要。通过收集和分析教学数据，教师能够制定更加科学、有效的教学决策。数据驱动的教学决策能使教师全面了解学生的学习情况。通过对学生成绩、课堂参与度、作业完成情况等数据的分析，教师可以清晰地看到每个学生的学习进展和存在的问题。这种全面的了解，有助于教师制订有针对性的教学计划，确保每个学生都能得到适当的关注和辅导。通过比较不同教学方法在学生学习效果上的差异，教师可以发现哪些方法适合学生，哪些环节需要改进。例如，通过分析课堂测试和期末考试的成绩，教师可以评估某种教学策略的效果。这种基于数据的教学改进，不仅能提高教学的有效性，还能促进教学的持续改进和创新。

通过分析学生的课堂行为数据，如出勤率、课堂参与度和纪律状况，教师可以了解班级管理的现状，识别潜在的问题，并制定相应的管理措施。例如，如果数据显示某些学生经常迟到或缺勤，教师可以与家长沟通，了解原因并采取措施，帮助学生改进。在这种数据支持下的班级管理，更具科学性和针对性，能提升课堂管理的效率。通过对个体学习数据的分析，教师可以为每个学生制订个性化的学习计划。例如，如果数据分析显示某些学生在某些知识点上存在薄弱环节，那么教师可以根据这些信息，设计有针对性的辅导和练习，帮助学生弥补不足。这种个性化的教学，不仅能满足学生的学习需求，还能激发他们的学习动力。

通过对学校整体教学数据的分析，学校管理者可以了解本校的教学现状和发展趋势，发现教学中的共性问题，并制定相应的政策和措施。例如，通过分析各年级、各学科的成绩数据，学校管理者可以评估教学质量，发现薄弱学科，提供有针对性的培训和支持。通过对教学数据的分析，教师可以了解自己的教学效果和存在的问题，反思和改进教学方法。例如，教师可以通过数据分析，了解学生对不同教学内容和方法的反馈，调整教学策略。同时，学校也可以通过数据分析，为教师提供培训和支持，帮助他们提升专业能力和教学水平。传统的教育评价主要依靠考试成绩，而数据驱动的评价更加全面和科学。通过对学生学习过程数据的分析，教师可以对学生的学习表现进行全面评价，不仅关注知识的掌握情况，还关注学习态度、参与度和进步情况。

（二）个性化学习方案

个性化学习方案能使教师精确识别每个学生的学习特点和薄弱环节。通过对考试成绩、作业完成情况、课堂参与度等数据的详细分析，教师可以全面了解学生的学习进度和存在的问题，为他们量身定制个性化的学习方案。每个学生的学习节奏和理解能力不同，传统的统一教学模式往往难以兼顾所有学生的需求。例如，对于掌握较快的学生，可以提供更具挑战性的材料和任务。

通过个性化学习方案，学生能够更清楚地了解自己的学习目标和任务，培养自我管理和自我规划的能力。例如，教师可以为学生制定阶段性目标和任务清单，学生可以根据这些目标和任务，进行自我评估和调整，逐步提高自己的学习水平。这种自我驱动的学习方式，不仅能增强学生的自主性和责任感，还能增强他们的学习成就感和自信心。教师可以更精确地了解教学的实际效果，及时调整教学策略和方法。例如，如果数据分析显示大部分学生都掌握不好某个知识点，那么教师可以在下一次授课时重点讲解这个知识点，确保学生能够扎实掌握。这种基于数据的教学调整，不仅能提高教学的针对性和有效性，还能使教学更具科学依据。

教师可以将个性化学习方案分享给家长，家长可以了解孩子的学习情况和计划，积极参与和支持孩子的学习过程。例如，家长可以根据学习方案，帮助孩子制订家庭学习计划，提供学习资源和支持，及时与教师沟通和反馈。这种家校合作的方式，能促进孩子的成长和进步。

通过学习管理系统和数据分析工具，教师可以方便地收集和分析学生的学习数据，制订个性化的学习方案。例如，智能学习平台可以根据学生的学习表现，自动生成个性化的学习建议和资源推荐。在这种技术支持下的个性化学习，不仅能提高方案的准确性和实效性，还能为教师和学生提供更多的便利和支持。

个性化学习方案的成功实施，还需要教师具备一定的专业素养和能力。教师需要掌握数据分析和个性化教学的方法，能够根据学生的数据，科学合理地制订学习方案。同时，教师还需要具备良好的沟通和指导能力，能够及时发现和解决学生学习中的问题，提供有效的支持和帮助。例如，教师可以通过定期的个别辅导和咨询，了解学生的学习情况和需求，及时调整和优化学习方案。

七、教学环境的智能化建设

（一）智慧教室

通过配备各种智能设备，智慧教室可实现课堂教学的智能化管理，极大地提升教学质量和效率。智慧教室配备了智能白板和多媒体系统，这些设备能使教学内容更加生动形象。教师可利用这些工具展示丰富的教学资源，如视频、动画和三维模型，使抽象的知识具体化，激发学生的兴趣，增强学生的理解力。例如，教师可以通过三维模型展示人体结构，使学生能够更直观地了解复杂的生理知识。学生可以使用平板电脑或智能手机与教师进行互动，参与课堂测验、讨论等。这种互动方式不仅能增强课堂的趣味性和参与感，还能使教师及时了解学生的学习情况，进行有针对性的教学调整。例如，通过实时测验，教师可以立即获得学生对某个知识点的掌握情况，及时进行补充讲解或练习。

教室内的设备可以实现互联互通，教师可以通过中央控制系统一键控制所有设备的开关和功能设置。这不仅能提高课堂管理的效率，还能使教学过程更加流畅。例如，教师可以通过控制系统迅速切换教学内容、调整音量和光线，为学生创造一个舒适的学习环境。这种智能管理方式，可减少时间浪费，能使教师更加专注于教学本身。智能设备可以记录学生的学习行为和表现数据，如出勤率、课堂参与度和作业完成情况，教师可以通过数据分析了解学生的学习状态。例如，教师可以通过分析学生的课堂参与数据，识别出哪些学生在某些环节上表现不佳，从而提供有针对性的辅导。

教室内的智能设备可以连接到云端学习平台，学生可以在课后继续访问课堂资源，进行复习和拓展学习。例如，学生可以通过云平台下载课堂视频、课件和练习题，随时随地进行自主学习。这种线上线下结合的学习模式，不仅能提高学习的灵活性和便利性，还能增强学生的自主学习能力。教师不仅是知识的传授者，还是学习的引导者和支持者。通过智能设备，教师可以更好地了解每个学生的学习情况。例如，教师可以通过分析学生的学习数据，发现他们的兴趣和特长，设计有针对性的学习任务，激发学生的潜力。这种教学模式，能增强学生的学习效果，促进他们的全面发展。

通过互联网和云计算技术，学校可以将智慧教室的教学资源与其他学校和教育机构共享，促进教育资源的均衡分布。例如，偏远地区的学校可以通过智慧教室访问优质的教学资源，接受名师的远程指导。

(二）环境监测与调控

通过信息化技术，对教学环境进行实时监测和调控，能为学生提供舒适、安全的学习环境。环境监测系统能实时监测教室内的各种环境参数。这些数据通过传感器采集后，传输到中央控制系统，教师和管理人员可随时查看，了解教室的环境状况。例如，如果系统检测到教室内的二氧化碳浓度过高，会及时发出警报，提醒打开窗户通风或启动空气净化设备。智能调控系统能根据监测数据自动调整教室环境参数，提供最佳的学习条件。例如，智能空调系统可根据教室内的人数和温度变化，自动调节温度和风速，保持教室内的温度恒定在舒适范围内；智能照明系统可以根据自然光的强度和时间变化，自动调整灯光的亮度，确保教室内光线充足且柔和，保护学生的视力。这种自动化的调控，不仅能提高环境的舒适度，还能节约能源，促进绿色校园建设。

通过安装各种安全传感器，如烟雾报警器、火灾探测器和门窗传感器，系统可以实时监测教室内的安全状况。例如，一旦发生火灾，就可以自动启动灭火设备，同时通知相关人员进行紧急处理。这种智能化的安全监测和应急响应机制，能大大提高校园的安全水平，保障师生的生命财产安全。

舒适的环境能够显著提升学生的注意力和学习效率。例如，适宜的温度和湿度可以让学生在课堂上保持清醒和舒适，良好的空气质量可以减少疲劳和不适感。通过智能调控系统，教师可以专注于教学内容，而不需要分心去调节环境参数，从而提高教学质量和效率。

系统通过长期收集和分析环境数据，可以发现环境变化的规律和趋势，优化调控策略。例如，通过分析教室内不同时间段的温度和光线情况，系统可以优化空调和照明的使用时间和强度，降低运营成本。同时，数据分析还可以帮助学校管理者制定科学的环境管理政策，提高环境管理的水平。学校管理人员可以通过移动设备或电脑，随时随地查看和调节教室的环境参数。例如，在节假日或夜间，学校管理人员可以远程关闭不必要的设备，以节约能源。此外，远程监控还可以在发生紧急情况时，迅速采取应对措施，保障校园的安全和稳定。这种灵活的管理方式，能提高环境管理的效率和便捷性。

通过环境监测与调控系统，学校还可以实现环境教育。学生可以通过学习和参与环境监测和调控，了解环境保护的重要性，培养环保意识和技能。

八、教师专业发展的信息化支持

（一）在线培训平台

在线培训平台在现代教育中起着重要的作用，通过提供多样化的培训课程和资源，推动教师的专业发展。在线培训平台打破了时间和空间的限制，使教师能随时随地进行学习和培训。教师不再需要为参加线下培训而奔波，可以在自己的时间安排内，通过网络进行学习。这种灵活性极大地提高了培训的可达性和参与度，确保更多教师能够获得专业发展的机会。在线培训平台提供了丰富的培训课程，涵盖不同学科和教学领域的内容。无论是教学方法的提升、学科专业知识的深化，还是教育技术的应用，平台都能提供相应的课程资源。例如，教师可以选择学习最新的教育技术，了解如何将新技术应用到课堂教学中。这种多样化的课程设置，满足了教师的不同需求，促进了他们的全面发展。

在线培训平台还通过专家讲座和名师示范课，为教师提供高水平的专业指导。平台可以邀请教育专家和优秀教师，录制专题讲座和示范课程，分享教学经验和方法。教师可以通过观看这些视频，学习先进的教育理念和教学技巧，提升自己的教学能力。例如，名师的示范课可以为教师提供具体的教学实例，帮助他们理解和掌握有效的教学策略和方法。

此外，在线培训平台能提供丰富的学习资源，如电子书籍、教学案例、视频教程等，教师可以根据需要进行查阅和学习。这些资源不仅可以作为培训课程的补充，还可以帮助教师在日常教学中解决实际问题。例如，教师可以查阅教学案例，学习如何应对课堂上的各种挑战，提高自己的教学实践能力。这种资源的共享和利用，有助于提升教师的专业素养和教学水平。

教师还可以通过在线培训平台进行互动交流和合作学习。平台通常设有讨论区、在线论坛和学习小组，教师可以在这些区域分享学习心得、讨论问题、互相启发。例如，教师可以在论坛上提问，其他教师或专家可以给予解答和建议，形成良好的互动和交流氛围。这种合作学习的方式，不仅能增强学习的效果，还能加强教师之间的联系和合作。在线培训平台还具有数据分析功能，可以对教师的学习情况进行监测和评估。平台可以记录教师的学习进度、课程完成情况和测试成绩，生成详细的学习报告。这些数据可以帮助教师了解自己的学习效果。例如，教师可以通过学习报告，了解自己在哪些方面需要加强，制订更加科学合理的学习计划。

在线培训平台的建设还能促进学校管理的科学化和精细化。学校管理者可以通过平台了解教师的培训需求和学习情况，制定政策。例如，学校管理者可以根据数据分析结果，组织开展专题培训，满足教师的实际需求，提高培训的针对性和实效性。

（二）教师评估与反馈

教师评估与反馈是提升教学质量的重要手段，对教师的教学表现进行全面评估，并及时反馈评估结果，有助于教师持续改进和提升教学水平。信息化评估系统可以全面收集教师的教学数据，包括课堂教学视频、学生成绩、课堂参与度、作业完成情况等。这些数据经过系统分析，可以生成详细的评估报告，帮助教师了解自己的教学效果和存在的问题。例如，课堂教学视频可以记录教师的授课过程，评估其教学方法和课堂管理能力。

信息化评估系统可以实现多维度的评估，提供更加全面和科学的评价。例如，除了学生的学业成绩，系统还可以通过问卷调查收集学生对教师的教学评价，了解学生的学习体验和满意度。此外，系统还可以通过同行评议和专家评估，对教师的专业水平和教学能力进行综合评价。这种多维度的评估方式，不仅能提高评估的准确性和全面性，还能为教师提供更好的改进方向和建议。

教师评估的反馈过程变得更加及时和高效。评估系统可以在评估完成后立即生成反馈报告，并通过电子邮件或在线平台发送给教师。教师可以第一时间了解到自己的评估结果，及时反思和改进教学。例如，如果评估结果显示某个教学环节存在问题，那么教师可以立即调整教学策略，改进教学方法。这种及时反馈的机制，有助于教师不断优化教学。

此外，信息化评估系统还可以提供个性化的反馈建议，帮助教师有针对性地提升教学水平。系统可以为教师推荐相关的培训课程、教学资源和改进措施。例如，如果评估显示教师在课堂管理方面存在不足，系统就会推荐相关的培训课程，帮助教师学习和掌握有效的课堂管理技巧。这种个性化的反馈和支持，不仅能提高教师的专业能力，还能增强他们的职业发展动力。

信息化评估系统还可以通过数据分析，发现教师群体中的共性问题，为学校和教育管理部门提供决策支持。例如，可以通过对所有教师评估数据的分析，发现某些学科或教学环节中普遍存在的问题，学校可针对这些问题组织集体培训或专题研讨，提高整体教学水平。

教师评估与反馈还可以促进教师之间的交流与合作。通过评估结果的分享和讨论，教师可以互相学习和借鉴，取长补短。例如，评估系统可以将优秀教师的教学案例和经验分享给其他教师，帮助他们提升教学水平。同时，教师可以在评估反馈会上讨论评估结果和改进措施，形成良好的交流和合作氛围。

信息化评估系统还可以提高评估过程的透明度和公平性。传统的评估方式往往依赖主观判断，而信息化评估系统能通过客观的数据和多维度的评价，提高评估的公正性和科学性。例如，系统可以记录和分析大量的教学数据，减少人为因素的干扰，提供更加客观和公正的评估结果。这种透明和公平的评估机制，有助于建立良好的教育评价体系，激励教师不断进步和提升。

第二节 学校教育管理信息化系统在学校管理中的应用

一、学生信息管理

学校教育管理信息化系统的应用，不仅可以高效管理学生的个人信息、学习成绩和课程安排等数据，还能为学校提供全面了解每个学生的机会，为个性化教育提供有力支持。

运用学校教育管理信息化系统，能让学校管理学生信息变得更便捷与高效。学校可以及时准确地记录和更新学生的个人信息，如姓名、家庭背景等，创建一个集中管理、一目了然的平台。这样的集中管理不仅降低了信息管理的成本，而且提高了管理效率，使学校能更好地把握学生的整体情况。

学校教育管理信息化系统还能全面记录学生的学习成绩。学习成绩是衡量学生学习情况的重要指标，通过系统化记录和分析学习成绩，学校可以更加准确地评估学生的学习状况，并及时采取相应的教学措施。例如，针对成绩较差的学生，学校可以通过系统提供个性化的辅导资源，帮助其提升学习能力，从而实现因材施教，促进全体学生的学业发展。

通过系统的课程安排功能，学校可以根据学生的不同需求和能力水平，合理安排课程，确保每个学生都能获得适合自己的学习内容和教学资源。这种个性化的课程安排不仅有利于学生的学习，还有助于提高教学效率，让教育资源得到更好的利用。

二、教师信息管理

在当今教育领域，教师信息管理模块的存在不仅可以记录教师的基本信息、教学经历和专业技能等，还有助于学校管理者合理安排教师的教学任务、培训计划等，从而提升教师队伍的整体素质和教学水平。

教师信息管理模块为学校提供了集中管理、便捷查询的平台。通过这一模块，学校可以及时准确地记录和更新教师的基本信息，包括姓名、性别、教龄等，使教师信息管理变得更规范和更高效。管理者可以随时查询教师的信息，了解其基本情况，为后续的教学任务分配和绩效考核提供参考依据。

教学经历是评价教师教学水平和专业能力的重要指标，通过系统化记录和分析教师的教学经历，学校可以更加全面地了解教师的教学背景和特长。这样的记录不仅有助于学校合理安排教师的教学任务，还可以为教师的职称评定和职业发展提供参考依据。

此外，教师信息管理模块还能详细记录教师的专业技能和教学特长。这直接关系到教学效果的优劣，通过系统记录和管理，学校可以更好地发挥教师的特长，合理安排教学资源。例如，针对具有特定专业技能的教师，学校可以安排其负责相关课程或教学项目，以增强教学效果和提高学生满意度。

三、课程管理

借助信息化系统，学校能够更有效地安排课程表、管理课程内容和教材使用情况，甚至进行课程评估，从而不断提升教学质量。信息化系统能为学校课程管理提供便捷的解决方案。

通过系统化的课程管理，学校可以准确地安排课程表，确保学生在规定时间内接受全面而系统的教学内容。这种系统化的安排不仅可以节省教学资源，还可以为学生提供更好的学习体验，提高学习效率。

信息化系统还能帮助学校管理课程内容和教材使用情况。通过系统记录和管理课程内容，学校可以确保教学内容的连贯性和完整性，为教师的教学活动提供指导和支持。同时，系统还可以实时跟踪教材的使用情况，帮助学校合理规划和采购教材，确保教学资源的充分利用。更重要的是，信息化系统还可以进行课程评估，为学校提供有针对性的改进建议。通过收集和分析师生的反馈意见，系统可以全面评估课程的教学效果和学习成果，发现问题并及时调整教学方案。这种持续的课程评估和改进机制有助于提高教学质量。

四、考勤管理

信息化系统在考勤管理方面的应用，为学校管理提供了便捷而高效的解决方案。学校能够方便地记录教师和学生的考勤信息，同时减少人力成本，从而更好地保障教学秩序的正常进行。信息化系统的运用能使考勤记录更加准确和及时。教师和学生只需通过系统进行签到或刷卡，系统便可自动记录下他们的考勤信息。相比传统的手工记录方式，这种自动化的考勤管理可大大减少漏记的可能性，保证考勤数据的准确性。

通过系统化的考勤记录，管理者可以随时查询教师和学生的考勤信息，及时发现异常情况并采取相应的处理措施。同时，系统还可以生成考勤统计报表，为学校的管理决策提供数据支持。传统的考勤管理需要专门的工作人员负责考勤记录和统计工作，而信息化系统可以实现自动化管理，大大减轻人力负担，为学校节约人力资源和成本开支。

五、资源管理

信息化系统在资源管理方面的应用为学校管理提供了高效的解决方案。学校能够有效管理各类教学资源，包括教学设备、图书资料、实验室等，确保资源的合理分配和充分利用，从而为教学活动提供有力支持，提升教学效率。学校可以通过系统记录和管理教学资源的信息，包括名称、规格、数量、存放位置等，实现资源的分类归档和统一管理。学校管理者可以随时查询资源的使用情况和存量情况，及时了解资源的利用情况，为资源的合理调配和更新提供数据支持。

信息化系统可以实现教学资源的智能化调度。通过系统化的资源管理，学校可以根据教学需求和资源情况，智能调配资源，确保资源的充分利用。例如，针对教学设备和实验室等特殊资源，系统可以进行预约和排班，合理安排教学活动，避免资源的闲置和浪费。学校可以通过系统监控资源的状况和使用情况，及时发现问题并采取相应的维护措施，延长资源的使用寿命。同时，系统还可以为资源的更新提供数据分析和决策支持，帮助学校制订合理的资源更新计划，提升资源的质量和效益。

六、家校沟通

学校教育管理信息化系统，可以为家长和学校之间搭建便捷的沟通平台，促进家校之间的有效沟通与交流。这一平台不仅能让家长及时了解学生在学校的情况，还能方便家长与老师进行沟通与交流，共同关注学生的成长，实现家校合作，促进学生全面发展。

学校教育管理信息化系统可以为家长提供便捷的途径了解学生。家长可以通过系统查询学生的课程表、成绩单、考勤记录等信息,及时了解学生的学习和生活情况。这种及时的信息反馈能够帮助家长更好地了解学生的表现,及时发现问题并与学校进行沟通协调。

家长可以通过系统与教师进行在线沟通,反映学生的学习情况、心理状态等问题,寻求帮助和建议。同时,教师也可以通过系统向家长发布课程安排等信息,增进双方的了解和交流,共同关注学生的成长,形成良好的家校合作氛围。

学校教育管理信息化系统还可以为家校沟通提供多元化的方式。除了文字沟通,系统还支持语音通话、视频会议等方式,可以满足家长和教师不同的沟通需求,提高沟通质量和效率。多元化的沟通方式能够更加直观地传递信息,促进双方的沟通和交流,增进彼此的理解和信任。

七、安全管理

学校教育管理信息化系统的运用不仅能提升校园安全水平,还能为学校管理者提供更高效的安全管理手段,营造更加安全有序的学习环境。

学校教育管理信息化系统的运用能够加强安全管理,全面保障师生的安全。通过监控摄像头的布设,学校能够全天候监控校园内的情况,及时发现和处理各类安全隐患,如校园周边的不法行为、学生间的冲突等。监控系统的实时监控和录像功能,能为学校提供有效的安全防范措施,增强校园安全意识。

通过设立门禁系统,学校可以对校园出入口进行严格管控,实现人员进出的精准监控和记录。这样的系统不仅可以有效防止外来人员闯入校园,还可以及时发现和处理学生的旷课、逃课等行为,确保学校的安全稳定和教学秩序。

除此之外,学校教育管理信息化系统还可以为学校安全管理提供数据支持和决策依据。通过系统化的数据记录和分析,学校可以及时了解安全事件的发生和演变趋势,为安全管理和预防措施的制定提供科学依据。同时,学校教育管理信息化系统还可以实现安全事件的快速报警和处理,提高应急响应的效率和准确度,保障师生的安全。

第三节 学校教育管理信息化系统在教师发展中的应用

学校教育管理信息化系统在教师发展中的应用是多方面的,如为教师提供教学资源、个性化培训支持等。

一、教学资源的共享与利用

学校教育管理信息化系统可以提供丰富的教学资源库，包括教案、教学视频、课件等，教师可以便捷地获取和利用这些资源来丰富教学内容。学校教育管理信息化系统还能促进教师间的资源共享和合作，通过分享教学经验和资源，教师可以相互学习、借鉴，不断提升自己的教学水平。

（一）提供丰富的教学资源库

系统提供的丰富的教学资源库是教育管理信息化的重要组成部分，这一资源库包含各种类型的教学资源，如教案、教学视频、课件、习题库等，涵盖各个学科、各个年级的教学内容。这些类型多样的资源为教师提供了广阔的教学天地，极大地丰富了他们的教学素材和参考资料。例如，教师可以从系统中获取各种类型的教案，包括教学设计、教学步骤、教学方法等，这些教案能为教师提供备课参考和教学指导。

教师可以利用系统提供的教学视频，向学生展示教学内容，通过视听的方式来激发学生的学习兴趣。教师还可以从系统中获取丰富多彩的课件，包括文字、图片、音频、视频等形式，这些课件可以帮助教师生动地展示教学内容。教学资源库中的习题库能为教师提供海量的练习题目和试题资源。教师可根据教学需要和学生的学习情况，从系统中选择合适的习题进行作业布置和讲解，帮助学生巩固知识，提高学习能力和解决问题的能力。

（二）提供便捷获取与利用教学资源的途径

学校教育管理信息化系统为教师提供了便捷获取与利用教学资源的途径，这一便捷性体现在多个方面，能提升教师教学工作的效率。

第一，学校教育管理信息化系统的操作简单易行，教师通过简单的操作步骤便可访问所需的教学资源。系统界面清晰明了，资源分类齐全，教师只需在系统中进行简单的检索或浏览，便可快速找到符合自己教学需求的资源，省去了烦琐的查找过程。

第二，学校教育管理信息化系统实现了资源的集中存储和统一管理，使教师可以在一个平台上获取各种类型的教学资源，不需要跨越多个渠道搜索资源。这种集中化的资源管理方式大大简化了教师的工作流程，节省了教师的时间和精力。

第三，学校教育管理信息化系统还具有个性化的推荐功能，能根据教师的教学需求和偏好，向教师推荐合适的教学资源。教师可根据系统的推荐选择资源，省去自行搜索和筛选资源的步骤，提高资源获取的效率和准确性。

第四，学校教育管理信息化系统还支持教师将自己制作的教学资源上传到系统平台。这种资源共享的模式能丰富系统中的资源库，提高资源的利用效率。

（三）提供丰富的教学内容

学校教育管理信息化系统所提供的丰富教学资源为教师提供了广阔的选择空间，使他们能根据自身教学需求和学生特点，灵活选择和利用这些资源，为课堂教学提供更加生动丰富的内容，从而激发学生的学习兴趣和主动性。教师可根据教学内容和教学目标，灵活选择系统提供的各种类型的教学资源。无论是教案还是教学视频，教师都可以根据自己的教学计划和教学重点，有针对性地选择合适的资源，为课堂教学提供多样化的内容支持。

系统提供的教学资源覆盖面广。这意味着教师可以从系统中找到与自己教学内容和学生水平相匹配的资源，为学生提供丰富多彩的学习体验，满足不同学生的学习需求。此外，教师还可根据学生的兴趣爱好和学习方式，灵活选择和利用系统提供的教学资源。例如，对于喜欢视听学习的学生，教师可以选择利用教学视频和多媒体课件进行教学；对于喜欢实践操作的学生，教师可以选择利用实验视频和实验教材进行教学。

教师还可以根据教学情境和教学方法的需要，灵活组织和设计教学内容。系统提供的教学资源可以作为教学内容的一个重要组成部分，教师可以将其与其他教学资源结合使用，设计丰富多彩的教学活动和任务，为学生提供充满活力和创造性的学习体验。

（四）促进教师间的资源共享与合作

学校教育管理信息化系统的一大特点是促进了教师间的资源共享与合作，这种模式不仅加强了教师之间的联系与互动，还极大地促进了教师教学水平的提升。通过学校教育管理信息化系统，教师能够将自己制作的优秀教学资源分享到平台上，为其他教师提供借鉴和使用的机会，从而实现资源的共享。这种资源共享的模式有助于扩充教师的教学资源库。每位教师都有自己的教学经验和教学资源，通过系统平台，他们可以将这些资源分享给其他教师，丰富整个教师群体的资源库，为教学提供更多元化的选择和支持。

教师不需要重复制作教学资源，而是可以直接从系统中获取其他教师分享的资源，使教学准备更加高效，提高课堂教学的质量。此外，资源共享还有助于促进教师之间的交流与合作。通过分享自己的教学资源，教师能更深入地了解彼此的教学理念和方法，相互学习借鉴。这种合作与交流的模式能增强教师的团队精神和协作意识，形成良好的教师专业共同体。通过借鉴和使用优秀教学资源，教师能够不断吸取他人的经验和教训，不断改进自己的教学方法，从而提高教学质量和增强教学效果，促进教学水平的提升。

（五）实现跨校资源共享

学校教育管理信息化系统的另一个显著特点是实现了跨校资源共享，这一模式突破了传统教学资源的地域限制，将不同学校的优质教学资源整合和共享，为教师提供了更广阔的资源获取渠道，丰富了教学内容的多样性和广泛性。跨校资源共享使教师可以从全国各地的不同学校获取优质的教学资源。无论是一线城市还是偏远地区，学校教育管理信息化系统都能将各地学校的教学资源整合到一起，为教师提供更加全面和丰富的资源支持。

教师不再局限于本校的资源，可以通过系统平台获取各地学校的优质教学资源。此外，跨校资源共享还能促进教育资源的共享和传承。优质的教学资源可以在不同学校之间进行共享，得以被更多的教师和学生所利用，这能够推动教育资源的优化和提升。跨校资源共享能丰富教学内容的多样性和广泛性。不同学校之间的教学资源可能涵盖不同的教学理念、教学方法，通过跨校资源共享，教师可以获取更加多样化的教学资源，为自己的教学提供更加丰富和多元化的内容支持。

二、个性化培训与发展

学校教育管理信息化系统为教师提供了个性化培训与发展的支持，这一模式针对教师的个人需求和发展方向提供定制化的培训计划和资源，从而帮助教师不断提升专业能力和教学技能。同时，系统还能记录教师的培训历程和成果，为其职称评定和职业发展提供参考依据，促进其在教育事业中的持续成长。

个性化培训计划根据教师的个人需求和发展方向进行量身定制。学校教育管理信息化系统可依据教师的教学特点、专业背景、学习兴趣等信息，为教师设计个性化的培训计划，包括课程安排、学习内容、培训方式等，使培训更加贴近教师的实际需求，提高培训的针对性和有效性。

学校教育管理信息化系统可以提供丰富的培训资源，满足教师在不同领域的学习需求。这些培训资源包括在线课程、专业讲座、学术研讨会等，涵盖教育教学、教育技术、课程设计等多个方面，能为教师提供广阔的学习空间和多样化的学习资源，帮助他们不断提升专业素养和教学水平。此外，系统还支持教师通过在线学习平台进行自主学习和自我提升。教师可根据自己的学习进度和时间安排，自主选择学习内容和学习方式，灵活安排学习时间。

教师的培训记录和学习成果能够客观反映其专业素养和学术水平，为其职称评定和晋升提供有力的支持和证明，促进教师在教育事业中的持续成长。

三、教学评估与反馈机制

学校教育管理信息化系统能为教学评估与反馈机制提供自动化和定制化的解决方案。可以通过收集学生和家长的反馈意见、教学成果数据等，为教师提供客观的评价和改进建议。同时，学校教育管理信息化系统建立了教师档案和绩效考核体系，为教师的专业发展和提升提供了有效的评估和反馈机制。教师可以轻松地进行教学评估，收集学生的学习成绩、课堂表现、作业质量等数据，实现对教学效果的定量评估。同时，系统还可以收集学生和家长的反馈意见，通过问卷调查、在线评价等方式获取对教学质量的客观反馈，为教师提供优化方案。

教师的教学成果、教学评价、专业发展等信息都会被记录在教师档案中，形成全面的教师个人信息和教学记录。基于这些信息，系统可以对教师的绩效进行评估，为教师提供精准反馈和指导，帮助他们发现问题、改进教学。根据教师的教学评估结果和个人发展需求，学校教育管理信息化系统可以为教师定制专业培训计划，提供相关的培训资源和学习机会，帮助教师不断提升教学水平。

学校教育管理信息化系统的教学评估与反馈机制有助于建立良好的教师激励机制和管理机制。通过对教师的教学绩效进行评估和反馈，系统可以及时发现和表彰优秀教师，激励其继续努力，同时也可以发现和帮助存在问题的教师，促进其改进和提升，实现教师队伍的优化。

四、教师交流与合作平台

学校教育管理信息化系统构建了教师交流与合作的平台，旨在促进教师之间的交流互动和合作共建。这一平台通过提供在线讨论、资源共享等功能，为教师搭建了一个共享经验、分享教学方法的空间，推动了教育教学的不断进步和提升。

（一）有在线讨论和交流功能

学校教育管理信息化系统为教师提供了在线讨论和交流的平台，打破了传统交流的时间和空间限制，使教师能够随时随地进行跨校、跨地区的交流。这一功能的实现，不仅促进了教师之间的交流互动，还为教师提供了一个分享经验、学习借鉴的重要渠道。在线讨论和交流功能使教师可以随时随地分享自己的教学经验和心得体会。教师在教学过程中遇到的问题，可以通过在线平台进行即时交流，与其他教师共同探讨解决方案，获得宝贵的反馈和建议。

通过在线讨论，教师能够互相启发、互相学习，共同促进教学水平的提升。在讨论中，教师可以分享各自的教学理念、教学方法和教学资源，从而拓宽自己的视野，增加教学思路的多样性。此外，在线讨论和交流还能帮助教师共同探讨教育教学的前沿问题，促进思想碰撞和知识共享。教师可以针对教育教学领域的热点问题展开深入的讨论和交流，分享各自的看法和观点，推动教育事业的不断发展和进步。

（二）能进行资源共享

学校教育管理信息化系统为教师搭建了资源共享平台，这一平台使教师能够分享自己制作的优质教学资源，包括教案、课件、教学视频等。资源共享的模式丰富了系统的资源库，也为教师提供了多元化的教学素材和参考资料，有效地增强了教学效果。教师可将自己制作的教学资源上传到系统中，为系统增添教学素材。这些资源能够满足教师的不同教学需求，提高教学的多样性和灵活性。

教师可以从系统中获取其他教师分享的优质教学资源，借鉴其教学设计、教学方法和教学经验，丰富自己的教学内容和教学手段，提高教学的质量和水平。资源共享平台还促进了教师之间的交流和合作。通过共享教学资源，教师可以相互学习、相互借鉴，共享教学经验。这种合作和交流的模式有助于建立良好的教师学习共同体，推动教师队伍的不断壮大。

（三）提供在线培训课程和专业学习社区

学校教育管理信息化系统，除了有交流互动和资源共享功能，还提供在线培训课程和专业学习社区。这一平台不仅能使教师参与各种专业培训课程，提升教学技能和专业水平，还能促进教师之间的交流互动，推动学习共同体的建设，助力教师的专业成长。在线培训课程为教师提供了丰富的学习资源和学习机会。学校教育管理信息化系统汇集了各种专业培训课程，涵盖教育教学、教育技术、课程设计等多个领域，满足了教师不同层次、不同领域的学习需求。教师可根据自己的兴趣和需求，自主选择合适的培训课程，提升自己的教学技能和专业水平。

专业学习社区是一个学习型组织平台，为教师提供了一个相互交流、相互学习的空间。教师可以分享学习心得、交流学习经验，共同探讨教育教学的热点问题，形成学习共同体。这种学习共同体的建设有助于提高教师的专业素养和教学水平。此外，在线培训课程和专业学习社区也为教师提供了一个与专家学者、行业精英互动的平台。通过参与在线培训课程和专业讨论，教师可以与专业人士进行交流和互动，获取最新的教育教学理论和实践经验，拓宽自己的视野，提高教学水平和专业能力。

五、专业发展与学术研究支持

学校教育管理信息化系统可以为教师提供专业发展的支持服务，包括学术研究资源、科研项目申报指南、学术期刊检索等，为教师的科研活动和学术成果提供支持和平台。学校教育管理信息化系统还可以促进教师的跨学科交叉合作和跨校合作，打破学科壁垒，促进知识共享和创新合作，推动教师的学术研究和创新实践。

（一）学术研究资源支持

学校教育管理信息化系统为教师提供了丰富的学术研究资源，涵盖教育科研文献、学术会议资讯等多个方面。这些不仅为教师的学术研究提供了丰富的参考资料和有力的学术支持，还为他们的教学工作提供了重要的学术依据和理论指导。

学校教育管理信息化系统收录了大量的教育科研文献，包括学术论文、研究报告、学位论文等。这些文献涵盖教育领域的各个方面，包括教育理论、教育心理学、教育管理、教学方法等，为教师提供了丰富的理论和研究成果，有助于他们深入理解教育事业的本质和规律。

学校教育管理信息化系统还提供了学术会议资讯，包括会议通知、会议论文集等。教师可以通过系统平台获取各类学术会议的信息，了解学术界的最新研究成果和前沿动态，积极参与学术交流和合作，拓宽自己的学术视野。

（二）科研项目申报指南

学校教育管理信息化系统除了提供丰富的学术研究资源，还提供科研项目申报指南和相关政策法规的查询服务。这一服务能帮助教师了解科研项目的申报流程、申报条件和注意事项，为教师申报科研项目提供指导，促进科研活动的开展和成果的转化。科研项目申报指南详细介绍科研项目的申报流程和相关要求。通过系统提供的指南，教师可以清晰了解科研项目的申报步骤、申报材料准备、评审流程等，帮助他们高效地完成项目申报工作，减少因不熟悉申报流程导致的错误。

学校教育管理信息化系统提供了相关政策法规的查询服务，让教师了解科研项目申报过程中的各项规定和要求。这些政策法规涉及项目资金使用、项目成果报告、知识产权保护等方面，教师可根据具体情况查询相关法规，确保自己的项目申报符合规定，提高申报成功率。学校教育管理信息化系统还提供了申报条件和注意事项的详细说明，帮助教师了解项目申报的基本要求和注意事项。通过系统的指导和支持，教师可以更加全面地准备申报材料，提高申报质量，增加项目申报成功的机会。

（三）学术期刊检索服务

学校教育管理信息化系统具备学术期刊检索功能，为教师的学术研究提供了便利和支持。这一功能使教师可以通过系统平台方便地检索到与自己研究领域相关的学术期刊和论文，及时获取最新的研究成果。教师可根据自己的研究领域和研究方向，在系统平台上输入相关的检索关键词或主题，系统会自动检索并展示与之相关的学术论文，为教师提供一个快速、准确的检索结果。

学校教育管理信息化系统收录了各个学科领域的主流学术期刊和相关论文，覆盖了教育领域的各个方面。这些学术资源的涵盖面广，能为教师提供丰富的学术资料，有助于他们深入开展学术研究。此外，学术期刊检索功能还提供了详细的检索结果和相关信息。教师可以通过系统平台查阅到检索结果的相关信息，包括期刊名称、论文摘要、作者信息等，帮助他们全面了解相关学术资源的内容和质量，选择适合自己研究需求的学术期刊和论文。

第六章 学校教育管理信息化的建设与发展

在当代教育环境中，随着技术的快速升级和教育需求的日益复杂化，学校教育管理信息化已经成为一项必要的转型。然而，这一转型并非没有挑战。这些挑战包括技术接受度的差异、资金的约束、持续的技术支持需求等。信息化项目通常需要显著的前期投资，包括硬件采购、软件开发及系统维护等。在教育预算有限的情况下，寻找足够的资金支持这些项目是一个持续的挑战。此外，尽管信息化可以极大地提升教育管理效率，但它也带来了数据安全和隐私保护的新问题。

第一节 学校教育管理信息化建设面临的挑战

一、技术基础设施不足

技术基础设施不足是学校教育管理信息化建设面临的一个重大挑战。一些学校，缺乏必要的技术基础设施，如高速互联网和计算机设备等。这种不足使得学校教育管理信息化系统难以全面推广和应用，影响了其效果。在农村和偏远地区，网速较慢，互联网覆盖率低，甚至有些地区完全没有网络覆盖。没有稳定的互联网连接，学校教育管理信息化系统的很多功能就无法正常使用，如在线教育、资源共享和远程教学等；教师和学生无法通过网络获取最新的教学资源和信息，教育质量也就难以提高。

有些学校的计算机设备数量有限，无法满足师生的使用需求。此外，现有的一些设备陈旧、性能差，无法支持现代学校教育管理信息化系统的高效运行。教师和学生在使用这些设备时，会遇到系统卡顿、软件不兼容等问题，影响教学和学习的效率。有些资金有限的学校，无法承担高昂的设备维护和更新费用。设备老化、故障频发，需要频繁维修和更换部件，这不仅增加了学校的财务负担，还影响了学校教育管理信息化系统的正常运行和推广。

有些学校没有专门的技术人员负责设备的维护和管理，教师和学生在遇到技术问题时往往无从解决。没有专业的技术支持，学校教育管理信息化系统就难以顺利实施和持续发展。

缺乏高速互联网和计算机设备，技术设备的老旧和维护成本高，缺乏专业的技术支持人员，这些问题会制约学校教育管理信息化的推广和应用。

二、师生信息素养不足

一些教师和学生缺乏必要的信息技术素养，无法熟练使用学校教育管理信息化系统。这一问题的解决，需要学校投入大量的时间和人力进行培训和指导，会增加教育管理的成本和难度。

有些教师对信息技术的掌握程度有限，缺乏使用现代教育技术的经验和技能。在日常教学和管理工作中，他们习惯使用传统方式，对新技术的接受度较低，使用学校教育管理信息化系统时往往感到困惑和不适应。学生方面，尽管他们对现代技术的接受度较高，但由于缺乏系统培训和指导，也存在一定的操作困难，特别是在使用较复杂的学校教育管理信息化系统时，容易出现操作失误。

部分教师对学校教育管理信息化系统的使用持抵触态度。这些教师习惯了传统的教学和管理方式，对新技术存在怀疑和排斥心理。他们担心新系统会增加自己的工作负担，影响教学效率。因此，在系统推广过程中，他们往往表现出消极态度，甚至拒绝使用系统。这种抵触态度不仅会影响系统的推广和应用，也会阻碍学校教育管理信息化的进程。

三、数据安全和隐私保护不足

数据安全和隐私保护是教育管理信息化系统中的重要环节。学校教育管理信息化系统中存储着学生和教师的个人信息，如何保障这些数据的安全成为学校管理者必须面对的挑战。数据泄露和安全漏洞不仅会对师生的个人隐私造成严重影响，还可能会引发法律纠纷和信任危机。学校教育管理信息化系统中存储的数据类型多样，包括学生的学籍信息、成绩单、家长联系方式、教师的工资信息、职业生涯记录等。这些数据一旦泄露，将会给当事人带来巨大的心理压力和生活困扰。例如，学生的家庭信息和联系方式泄露可能会导致学生或家长频繁接到骚扰电话，甚至成为诈骗分子的目标；教师的工资信息泄露可能会引发同事之间的不和谐，甚至导致法律诉讼。

数据泄露和安全漏洞可能是由系统设计缺陷、操作失误或恶意攻击引发的。学校教育管理信息化系统的开发和维护需要高度专业的技术支持，如系统设计不够严密被黑客攻击，在日常操作中出现疏忽等，都可能导致数据泄露。此外，网络攻击日益猖獗，学校教育管理信息化系统作为重要的信息存储和处理中心，更容易成为攻击目标，这会进一步增加数据安全的风险。

四、系统整合与兼容性问题

系统整合与兼容性问题是教育管理信息化过程中不可忽视的挑战。不同学校使用的教育管理信息化系统可能来自不同的供应商，这些系统之间的整合与兼容性问题往往会导致系统对接和数据共享的困难。如何实现不同系统之间的无缝对接和数据共享，需要在技术上取得突破，并在标准上实现统一。不同供应商开发的学校教育管理信息化系统由于技术架构、数据格式、操作接口等方面存在差异，常常导致系统之间难以实现整合和兼容。这些系统通常是为满足特定需求而设计的，缺乏统一的标准和规范，导致数据在不同系统之间的交换和共享变得复杂和烦琐。例如，一所学校可能会使用某品牌的教务管理系统，另一所学校会使用另一品牌的学生信息管理系统，两者之间的数据如何互通成为一个难题。

实现系统间的无缝对接和数据共享，需要进行大量的技术支持和测试工作。这包括数据格式转换、接口开发、数据验证等环节，每一个环节都需要专业技术人员进行精心设计和反复测试，确保数据的准确性和一致性。在数据迁移过程中，任何一个小的疏忽都可能会导致数据丢失或错误，影响系统的正常运行。旧系统的数据迁移到新系统，需要解决数据格式、数据结构和操作逻辑等方面的兼容问题。很多旧系统使用的技术和标准已经过时，与现代系统之间存在很大的差异，数据迁移不仅涉及技术上的复杂操作，还需要确保新旧系统数据的一致性和完整性。技术团队需要制订详细的数据迁移计划，进行充分的测试和验证，确保数据迁移的准确性和安全性。

不同供应商的系统在技术实现上可能存在竞争关系，如何在商业利益和技术实现之间找到平衡点，推动系统之间的开放和兼容，是一个需要解决的关键问题。这需要相关部门制定统一的标准和规范，推动供应商之间的技术合作和信息共享，共同致力提升学校教育管理信息化系统的整合和兼容性水平。应选择符合国家或行业标准的系统和软件，确保新系统在设计之初就考虑到整合和兼容性问题。学校应建立专业的技术团队，负责系统的整合、维护和更新工作，确保系统的稳定运行和数据的安全。此外，学校应积极参与行业标准的制定和推广，推动学校教育管理信息化系统的标准化和规范化，促进系统之间的兼容和数据共享。

五、教师工作负担增加

教师工作负担增加是学校教育管理信息化过程中面临的一个突出问题。在使用学校教育管理信息化系统的过程中，教师需要投入时间和精力进行数据录入和系统操作，这无疑会增加他们的工作负担。特别是在系统不稳定或操作复杂的情况下，教师的教学时间和精力可能会被分散，影响教学质量。学校教育管理信息化系统的使用要求教师频繁进行数据录入工作。无论是学生成绩、出勤记录，还是教学计划和课程安排，这些数据都需要教师花费大量时间进行录入和维护。

如果学校教育管理信息化系统的操作界面不够友好，那么教师在使用过程中往往需要花费额外的时间和精力去学习和适应系统。如果教师需要处理各种技术问题，就会进一步加大他们的工作压力，影响正常的教学进程。此外，教师在使用学校教育管理信息化系统时，还需要处理大量的数据分析和报告工作。这些工作虽然有助于提高教育管理的科学性和准确性，但也增加了教师的负担。教师需要花费大量时间进行数据整理和分析，编写各种报告，导致教学时间被压缩，影响教学效果。

六、缺乏系统的评估和反馈机制

当前，部分学校教育管理信息化系统存在缺乏有效的评估和反馈机制的问题，这使得学校难以准确衡量系统的应用效果和改进需求。在没有科学依据和参考标准的情况下，学校在系统优化和升级过程中会陷入盲目状态，难以做出准确和有效的决策。因此，建立系统的评估和反馈机制对于提升教育管理信息化系统的使用效果和用户满意度具有重要意义。学校教育管理信息化系统的应用效果包括系统的运行效率、数据处理准确性、用户操作便捷性等方面。然而，在缺乏科学评估机制的情况下，这些指标难以量化和监控，会导致系统的真实使用情况无法全面反映出来。例如，教师和学生在使用系统过程中遇到的各种问题无法被及时反馈和解决，会影响系统的整体效果和用户体验。

用户在使用过程中遇到的操作困难、系统故障、功能缺失等问题，如果没有被及时反馈和解决，将会积累成更大的使用障碍，影响系统的正常运行和推广。尤其是在系统推广初期，用户的反馈意见对于系统的改进具有重要参考价值，但缺乏反馈机制会使这些宝贵意见难以被收集和利用。在没有系统性评估和反馈的情况下，学校在进行系统优化和升级时往往依靠经验和直觉，难以确保改进措施的针对性和有效性。这不仅会浪费宝贵的资源和时间，还会导致系统在优化升级后依然存在诸多问题，无法满足用户需求。

第二节　加强学校教育管理信息化建设的对策

一、提升技术基础设施

（一）增加资金投入

增加资金投入是加强学校教育管理信息化建设的首要对策，政府和学校应共同努力，加大对学校教育管理信息化的资金投入，确保有足够的预算用于购买和维护先进的计算机设备、网络设施等。只有在充足的资金支持下，学校教育管理信息化系统才能充分发挥其作用，从而推动教育事业的发展。通过增加资金投入，学校可以购买先进的计算机设备，更新老旧的硬件设施，确保教师和学生都能够使用性能良好的设备，提高教学质量和教学效率。

稳定的高速互联网是学校教育管理信息化系统正常运行的基础。学校可以加强网络基础设施建设，确保校园网络的覆盖率和稳定性，为师生提供可靠的互联网接入服务。同时，应定期维护和升级网络设备，防止出现网络故障，保障信息化系统的持续运行。

学校教育管理信息化系统的开发和维护是一个长期且复杂的过程，需要专业的技术团队和先进的技术支持。学校可以聘请专业的技术人员，进行系统的开发、测试和维护工作，确保系统功能的完善和稳定。

资金可用于采购教育领域的专业软件，满足不同学科和不同年级的教学需求，提高教育管理的效率。资金还可用于建立信息安全体系。数据安全和隐私保护是学校教育管理信息化的重要环节。学校可以采用先进的加密技术和安全措施，建立健全的数据保护体系，防止数据泄露和安全漏洞，保障师生的个人隐私和信息安全。

政府应加大对学校教育管理信息化的财政支持力度，设立专项资金用于学校教育管理信息化建设。同时，政府应出台相关政策，鼓励社会力量参与学校教育管理信息化建设，吸引企业和社会组织的资金投入，共同推动学校教育管理信息化的发展。学校也应积极筹措资金，如申请政府拨款、争取企业赞助等，增加对学校教育管理信息化的投入。同时，学校应加强对资金使用的管理，为学校教育管理信息化建设提供有力支持。

（二）优化网络环境

优化网络环境是推进学校教育管理信息化的重要措施，加强学校的网络基础设施建设，确保高速、稳定的互联网连接，是实现这一目标的关键。

高速、稳定的互联网连接是学校教育管理信息化系统正常运行的基础。无论是在线教学、资源共享，还是数据管理和分析，都依赖良好的网络环境。通过优化网络基础设施建设，学校可以确保学校教育管理信息化系统的高效运行，为教师和学生提供可靠的网络服务，提升教学质量和管理效率。

农村和偏远地区的学校网络基础设施相对薄弱，需要特别关注和重点支持。这些地区的学校往往面临网速较慢、网络覆盖不足、网络故障频发等问题，严重影响学校教育管理信息化系统的推广和应用。可以通过加大资金投入和政策支持，加强这些地区的网络基础设施建设，提升网速和网络覆盖率，确保这些学校能够享受到优质网络服务和教育资源。网络基础设施的优化不仅需要维护和升级硬件设备，还需要完善网络管理和安全体系。学校应建立专业的网络管理团队，负责网络的日常维护和故障处理，确保网络的稳定运行。同时，学校应采用先进的网络安全技术，防止网络攻击和数据泄露，保障师生的信息安全。

政府应加大对教育网络基础设施建设的支持力度，特别是应对农村和偏远地区的学校提供专项资金和技术支持。可以通过建设高速、稳定的互联网连接，解决这些地区的网络问题。学校应积极配合政府政策，制订详细的网络基础设施建设和维护计划；应进行全面的网络环境评估，了解学校网络的现状和存在的问题，制订相应的改进方案；应采购和安装先进的网络设备，如高速路由器、光纤宽带等，提升网络性能和稳定性。

除了硬件建设，学校还应加强网络管理和技术支持。学校应设立专业的网络管理岗位，配备技术人员，负责网络的日常管理和维护工作。同时，学校应提供网络使用培训，提高教师和学生的网络使用技能，确保他们能够高效、正确地使用网络资源。学校还应建立健全的网络安全体系，采用先进的防火墙、加密技术和安全策略；通过定期进行安全审计和风险评估，及时发现和修补网络漏洞，保障网络和数据的安全。通过优化网络环境，学校不仅可以提升教育管理信息化系统的运行效率，还可以促进教育资源的共享和教育的均衡发展。特别是对农村和偏远地区的学校而言，优化网络环境能缩小数字鸿沟，让更多的师生享受到优质的教育资源和服务，提高教育质量。

（三）更新和维护设备

定期更新和维护技术设备是确保教育管理信息化顺利进行的关键措施。可以通过不断提升和更新学校的计算机和相关硬件设备，确保教师和学生使用性能良好的设备，提高教学质量和管理效率。随着信息技术的快速升级，计算机和硬件设备的性能与功能在不断提升。旧设备逐渐无法满足现代学校教育管理信息化系统的需求，出现运行速度慢、操作不流畅、兼容性差等问题。这既会影响教师的教学效果，也会影响学生的学习体验。通过定期更新设备，学校可以保证信息化系统的顺畅运行，为教学和管理工作提供有力的技术支持。

现代学校教育管理信息化系统需要高性能的计算机设备支持，才能充分发挥其功能。教师在使用这些系统进行教学设计、课件制作、数据分析等工作时，如果设备性能不足，将会严重影响工作效率。新设备通常具备更快的处理速度、更大的存储容量和更强的图形处理能力，可以显著提升教师的教学质量和工作效率。现代教育越来越多地依赖多媒体教学和在线学习，学生需要通过计算机进行实验模拟、在线测试、资源查阅等活动。设备性能如果不佳，会影响学生的学习积极性和效果。通过更新设备，学校可以为学生提供更好的学习环境和条件。

维护设备同样重要，设备的定期维护可以延长其使用寿命，保证其持续高效运行。可以通过定期检查、清洁和保养，发现并解决潜在的问题，防止设备在关键时刻出现故障。设备维护不仅包括硬件的维护，还包括软件的更新和优化。确保操作系统和应用软件都处于最新版本，可以提高系统的安全性和稳定性。

为了有效更新和维护设备，学校需要制订详细的计划。学校应进行设备现状评估，了解现有设备的性能和使用情况，确定需要更新和维护的设备。学校应根据评估结果制订更新计划，确定设备的采购时间和数量，合理分配预算。学校还应建立设备维护制度，安排专人负责设备的日常检查和保养，确保设备始终处于良好状态。

学校应合理管理和使用资金，确保每一笔资金都用于提升教育信息化的水平。此外，学校应加强与设备供应商的合作，选择信誉好、质量优的品牌，确保设备的质量和售后服务。供应商应提供全面的技术支持和维护服务，帮助学校解决设备使用中的问题，确保设备的正常运行。

通过定期更新和维护技术设备，学校可以为教师和学生提供性能良好的计算机和硬件设备，保障学校教育管理信息化系统的高效运行，提高教学和管理的质量和效率。这不仅有助于提升教育质量，还有助于增强学校的竞争力和吸引力，推动教育事业的持续发展。

二、提高师生信息素养

（一）进行系统培训

系统培训是提升教师和学生信息技术素养的重要手段。系统的信息技术培训包括基础计算机操作、学校教育管理信息化系统的使用方法等。这是实现教育管理信息化目标的关键步骤。通过系统培训，教师和学生能够熟练掌握现代信息技术，充分利用学校教育管理信息化系统。教师和学生虽然日常使用计算机，但对于学校教育管理信息化系统操作的细节和高级功能了解不够。可以通过系统的基础计算机操作培训，帮助他们掌握基本的操作技能，如文件管理、文字处理、电子表格、演示文稿制作等。这些基础技能是使用学校教育管理信息化系统的前提，只有具备了扎实的基础操作能力，才能更好地应用系统进行教学和管理工作。

学校教育管理信息化系统功能多样，包括教学管理、学生信息管理、资源共享、在线学习等模块。每一个模块都有特定的使用方法和操作流程，教师和学生需要系统地学习和掌握。可以通过培训，详细讲解各个模块的功能和操作步骤，演示实际操作过程，帮助他们快速上手，熟练使用系统功能。教师和学生在使用学校教育管理信息化系统时，必须了解并遵守信息安全的基本原则和操作规范。培训内容应包括密码管理、数据备份、网络安全防护等方面的知识，帮助教师和学生树立信息安全意识，确保系统的安全使用。

为了确保系统培训的效果，学校应采取多种培训形式和方法。可以组织集中培训班，邀请专业讲师进行现场教学，通过面对面的交流和互动，帮助教师和学生解决实际问题。可以利用网络平台开展在线培训，制作并发布培训视频、操作指南等资源，供师生随时学习和参考。还可以建立培训交流社区，鼓励教师和学生分享学习心得和使用经验，互相帮助，共同提高。

在培训内容设计上，应注重实用性和针对性。培训课程应根据教师和学生的实际需求和水平，设置不同的培训模块和内容，确保每一个参与者都能学有所获。对于基础较差的教师和学生，可以设置入门课程，讲解基础操作和简单功能；对于有一定基础的教师和学生，可以设置高级课程，深入讲解系统的高级功能和应用技巧。

学校在组织系统培训时，还应注重培训的持续性和系统性。信息技术和学校教育管理信息化系统在不断升级和更新，教师和学生需要不断学习与适应。学校应制订长期的培训计划，定期组织培训活动，更新培训内容，确保教师和学生始终保持较高的信息技术水平，有效应对新技术和新系统的挑战。为了增强培训的效果，学校还应进行培训效果的评估和反馈。可以通过问卷调查、考试测试、使用情况反馈等方式，评估培训的效果，了解教师和学生的学习情况和实际需求。

（二）建立持续的教育和培训机制

建立持续的教育和培训机制是确保教师和学生能及时学习新技术和系统最新功能的关键措施。在信息技术迅猛发展的今天，学校教育管理信息化系统不断升级和更新，教师和学生需要不断学习和适应这些变化。通过建立持续的教育和培训机制，学校可以帮助教师和学生保持较高的信息技术水平，确保他们能够有效地使用学校教育管理信息化系统，提升教学和管理的效率。随着技术的升级，学校教育管理信息化系统的功能日益丰富和复杂，只有通过持续教育和培训，教师和学生才能掌握这些新功能，充分利用系统的优势。可以通过定期组织培训活动，介绍系统的新功能和应用技巧，帮助他们迅速熟悉和应用新技术，提高工作效率。

信息技术的不断升级和广泛应用，使得信息素养成为现代教育的重要组成部分。通过持续的教育和培训，教师和学生可以不断提高自己的信息素养，增强对新技术的理解和应用能力，从而更好地应对信息社会的挑战。持续教育不仅应包括技术操作培训，还应涵盖信息安全、数据保护、网络道德等内容。信息技术的升级速度极快，知识更新周期不断缩短，只有不断学习，才能跟上时代的步伐。学校可以鼓励教师和学生保持学习热情，形成终身学习的意识和习惯，不断提升自己的专业素养和技能水平。

为了实现持续教育的目标，学校需要制订详细的教育和培训计划。学校应根据教师和学生的需求与水平，设计不同层次的培训课程。学校应定期组织培训活动，帮助他们及时掌握新技术。学校还可以利用网络平台，提供在线课程和学习资源，方便教师和学生随时学习和参考。学校还应建立培训效果评估机制，及时了解教师和学生的学习情况和需求。学校应设立培训档案，记录教师和学生的培训经历和学习成果，为他们的职业发展和继续教育提供参考。

在持续教育过程中，学校还应注重资源的合理配置和充分利用。学校可以通过与其他教育机构、科研机构、企业合作，获取更多的培训资源和技术支持，丰富培训内容，提高培训质量。同时，学校应充分利用现有资源，如教学设备、网络平台、校内外专家等，最大限度地发挥资源的作用，提高培训的效益。学校还应重视培训师资队伍的建设，注重培养一批高素质的培训教师。他们不仅要具备扎实的信息技术知识和技能，还要具备良好的教学能力和沟通能力。学校应通过定期培训和进修，不断提高培训教师的专业水平和教学能力，确保培训的高质量和高水平。

（三）设立技术支持团队

设立专门的技术支持团队是确保学校教育管理信息化系统顺利运行的重要措施。教师和学生在使用学校教育管理信息化系统的过程中，难免会遇到各种技术和操作问题，及时解决这些问题是保障系统正常运行和用户满意的关键。

通过设立技术支持团队，学校可以提供专业的技术帮助，确保师生能够高效地使用学校教育管理信息化系统。在使用学校教育管理信息化系统时，教师和学生可能会遇到操作不当、系统故障、数据丢失等问题。技术支持团队可以通过在线咨询、现场服务等方式，及时响应用户的求助，提供专业的解决方案，帮助他们迅速恢复正常使用。这种及时有效的技术支持，可以减少因技术问题导致的教学和管理中断，保障学校各项工作的顺利进行。

学校教育管理信息化系统涉及大量的师生个人信息和学校管理数据，系统的安全性和稳定性至关重要。技术支持团队可以定期进行系统维护和安全检查，及时发现和修复系统漏洞，防止数据泄露或系统崩溃，保障系统的安全运行。同时，技术支持团队还可以监控系统的运行状态，预防潜在的问题。

虽然学校可能已经进行过系统培训，但在实际使用过程中，师生仍可能遇到新的问题。技术支持团队可以组织定期的技术培训，针对常见问题和操作技巧进行讲解，帮助师生深入理解和掌握系统的使用方法。同时，技术支持团队还可以编写操作手册，提供详细的操作指导，方便师生随时查阅和学习。

为了确保技术支持团队的高效运作，学校需要配备足够的技术人员，并提供必要的资源和支持。技术支持团队应由具备丰富经验和专业技能的技术人员组成，他们不仅要掌握学校教育管理信息化系统的操作和维护，还要具备良好的沟通能力和服务意识，能够耐心细致地解决用户的问题。学校应提供良好的工作环境和资源支持，确保技术支持团队能够高效地开展工作。

在设立技术支持团队的过程中，学校还应建立健全的技术支持机制。学校应制定明确的技术支持流程和规范，确保每个技术问题都能得到及时响应和解决。学校应建立问题跟踪和反馈系统，记录和分析技术问题的处理情况，总结经验教训，不断改进技术支持工作。学校还应定期评估技术支持团队的工作绩效，听取师生的反馈意见，不断提高技术支持的服务质量和水平。

三、加强数据安全和隐私保护

（一）完善安全体系

建立健全的网络安全体系，采用先进的加密技术和安全措施，是保障师生信息安全和系统稳定的重要手段。通过完善安全体系，学校可以有效防范网络攻击、数据泄露等安全威胁，维护学校教育管理信息化系统的正常运行和师生的隐私安全。随着信息技术的升级，网络攻击手段日益复杂多样，学校教育管理信息化系统作为重要的信息存储和处理平台，容易成为攻击目标。通过建立完善的网络安全体系，学校可以采用多层次的防护措施，如防火墙、入侵检测系统、防病毒软件等，全面监控和防御网络攻击。

数据在网络传输过程中，容易被黑客截获和篡改，造成信息泄露和数据损坏。可以通过采用先进的加密技术，如 SSL/TLS 加密、数据加密标准、高级加密标准（Advanced Encryption Standard，AES）等，对传输中的数据进行加密处理，防止数据在传输过程中被截获和篡改。同时，可以对存储中的敏感数据进行加密处理，确保即使数据被非法获取，也无法解读和利用，保障数据的安全性和完整性。

学校教育管理信息化系统涉及大量的敏感数据和关键业务操作，需要实施严格的身份认证和访问控制机制，防止未经授权的访问和操作。可以通过采用多因素认证、单点登录、角色访问控制等技术手段，确保只有经过授权的用户才能访问系统和数据，防止内部人员的违规操作和外部攻击者的非法入侵。

可以通过定期检查系统的安全状态，发现并修复安全漏洞，有效降低安全风险，提升系统的安全性。同时，学校应制定详细的安全策略，明确在发生安全事件时的责任分工和处理流程，确保能及时有效地应对和处理各类安全事件，最大限度地减小安全事件带来的不利影响。信息安全不只是技术问题，也是管理和教育问题。可以通过开展安全教育和培训活动，向师生普及网络安全知识和操作规范，增强他们的安全意识，避免因操作不当或安全意识不足导致的安全事件。同时，学校应制定和严格执行各项安全管理制度，规范师生的上网行为和数据处理操作，确保系统的安全运行。

为了提升网络安全体系的建设水平，学校可以借鉴其他行业的先进经验和技术。同时，学校还可以与专业的网络安全公司进行合作，获取专业的安全咨询和技术支持，提升网络安全体系的整体水平。

（二）制定保护政策

制定并严格执行数据安全和隐私保护政策是确保教育管理信息化系统安全运行的关键措施。明确数据访问权限和处理流程，防止数据泄露和滥用，是保护师生隐私和数据安全的重要手段。通过制定完善的保护政策，学校可以有效保障系统的安全性，维护师生的个人隐私和信息安全。通过制定详细的数据安全和隐私保护政策，学校可以明确各类数据的处理规范和保护要求，确保数据在采集、存储、传输和使用过程中的安全。

学校教育管理信息化系统中的数据访问权限，应根据用户的职责和工作需要进行严格控制，确保只有经过授权的用户才能访问相应的数据。数据在系统中的处理过程应严格按照规定的流程进行，避免数据泄露和滥用。学校应制定详细的数据处理流程，包括数据采集、存储、传输、备份、删除等各个环节，确保每个环节都有明确的操作规范和安全措施。同时，学校应建立数据处理的监控和审核机制，对数据处理过程进行实时监控和审核，及时发现和处理异常情况，防止数据安全事件的发生。

为了确保数据安全和隐私保护政策的有效实施，学校还应加强对师生的安全教育和培训。学校可以通过开展安全教育活动，向师生普及数据安全和隐私保护的知识和操作规范，增强他们的安全意识和防范能力。特别是对于涉及数据处理和管理的工作人员，学校应进行系统的安全培训，确保他们掌握相关的安全操作技能和管理规范，能够严格按照政策要求进行数据处理和管理。

学校还应建立数据安全事件的应急响应机制，确保在发生数据安全事件时能及时有效地应对和处理。应急响应机制应包括事件的报告、处置、恢复和总结等环节。应明确各环节的责任分工和操作流程，确保数据安全事件能够得到快速响应和有效处理，最大限度地减小事件对系统和用户的影响。同时，学校应定期进行应急演练，提高应急响应的能力和水平，确保在实际发生安全事件时能够从容应对。

在制定数据安全和隐私保护政策的过程中，学校还应参考国家和行业的相关法律法规和标准，确保政策的合法性和规范性。学校应根据自身的实际情况，结合相关法律法规和标准，制定符合自身需求的保护政策。同时，学校应定期对政策进行评估和修订，及时更新政策内容，以适应技术升级和安全需求的变化。

（三）定期进行安全审计和风险评估

定期进行安全审计和风险评估是确保学校教育管理信息化系统安全运行的重要措施。通过定期审计和评估，学校能够及时发现和修补系统漏洞，化解潜在的安全风险，保障信息化系统的稳定和安全。安全审计和风险评估不仅是维护系统安全的必要手段，还是提升整体信息安全管理水平的重要环节。

通过全面的安全审计，学校可以深入了解系统的安全现状，检查是否存在未授权访问、数据泄露、配置错误等安全隐患。审计内容应包括网络安全、数据安全、应用安全、操作系统安全等方面。通过系统性检查，学校可以及时发现潜在的安全问题，为后续的整改提供依据。

风险评估是通过对系统的安全威胁和脆弱性进行分析，评估可能的安全风险及其影响程度，制定相应的防范措施。评估内容应包括网络攻击风险、数据泄露风险、操作错误风险、系统故障风险等方面。通过深入的风险评估，学校可以了解系统的薄弱环节，制定有针对性的安全防护措施，提高系统的整体安全性。

此外，学校教育管理信息化系统在长期运行过程中，难免会出现各种漏洞和安全隐患，定期进行安全审计和风险评估能够及时发现这些问题，并采取相应的修补措施。修补系统漏洞应包括软件补丁更新、配置优化、安全策略调整等多个方面。学校可以通过及时修补漏洞，防止攻击者利用漏洞进行非法访问和数据窃取。

为了确保安全审计和风险评估的有效实施，学校需要建立完善的审计和评估机制。学校应制订详细的审计和评估计划，明确审计和评估的范围、内容、方法和时间安排。学校应组建专业的审计和评估团队，配备具有丰富经验和专业技能的安全专家，负责审计和评估工作。同时，学校还应引入第三方专业机构，其能提供独立的安全审计和风险评估服务，确保安全审计和风险评估的客观性和准确性。

在审计和评估过程中，学校还应注重审计结果的处理和跟踪。对于审计和评估中发现的问题，学校应制订详细的整改方案，明确整改措施和责任人，确保问题能够及时有效地得到解决。同时，学校应建立问题跟踪机制，对整改情况进行跟踪和检查，确保整改措施得到落实，问题得到彻底解决。

通过对审计和评估结果进行深入分析，学校可以总结系统存在的共性问题和规律，制定相应的安全策略和措施，提高系统的整体安全管理水平。同时，学校还应将审计和评估结果纳入安全管理的日常工作中，形成常态化的安全管理机制，确保系统的长期安全运行。为了增强审计和评估的效果，学校还可以借鉴其他行业的经验和做法。此外，学校可以与专业的安全公司合作，进行专业的安全审计和风险评估服务。

四、推进系统整合与标准化

（一）统一标准

制定统一的教育管理信息化标准和规范，是实现不同系统之间无缝对接和数据共享的关键措施。确保不同系统之间的接口和数据格式一致，可以有效解决信息孤岛问题，提升教育管理的整体质量和效率。通过制定统一标准，学校和教育管理部门能够实现信息的高效流通和共享，促进教育管理信息化的深入发展。在教育管理信息化过程中，不同学校和机构可能会使用不同供应商提供的系统。这些系统在接口协议、数据格式、操作方式等方面存在差异，会导致系统对接和数据交换困难。可以通过制定统一的标准和规范，明确接口的规范和各类数据的格式要求，确保各系统能按照相同的标准进行数据交换和信息共享，消除技术障碍，实现无缝对接。

学校教育管理信息化系统包括学生信息管理、教学管理、财务管理等多个子系统，这些系统需要相互配合和协调工作。通过统一标准，各子系统之间能够实现无缝对接和信息共享，提高系统的互操作性和兼容性，避免因系统不兼容导致的信息壁垒。这样，学校可以更全面地掌握各类信息，提高管理决策的科学性和准确性。数据的高质量和一致性是学校教育管理信息化系统成功运行的基础，不同系统之间的接口和数据格式不一致，容易导致数据在传输和处理过程中出现错误和失真。

为了制定和实施统一的教育管理信息化标准，学校和教育管理部门需要开展一系列工作。应组建由教育管理专家、技术专家和系统供应商代表组成的标准制定委员会，负责标准的制定和修订工作。委员会应根据实际需求和国家标准，结合教育管理信息化的具体情况，制定科学、合理的标准。标准的制定应遵循开放性和兼容性原则。标准应具有开放性，能够适应不同系统和技术的需求，避免封闭和垄断；标准应具有兼容性，能够兼容现有系统和未来升级后的系统，确保标准的长期适用性和可扩展性。

在标准的实施过程中，学校和教育管理部门应加强对标准的宣传和培训，提升相关人员的技能。可以通过组织标准培训班、开展交流活动等方式，帮助相关人员掌握标准的内容和要求，确保标准在实际工作中的有效实施。学校和教育管理部门应建立标准实施的监督机制，定期检查标准的执行情况，发现和解决标准实施过程中存在的问题。同时，还应建立标准实施的评估机制，通过评估标准的实施效果，及时修订和完善标准，确保标准的科学性和适用性。

为了增强标准的实施效果，学校和教育管理部门还可以借鉴其他行业标准的经验和做法，提升自身的标准化水平。同时，可以参考国际教育管理信息化标准，结合本国实际情况，制定符合国情的教育管理信息化标准，提升标准的国际化水平和影响力。

（二）加强合作

可以通过推动学校与不同系统供应商之间的合作，建立开放的技术平台，促进不同系统之间的整合和兼容，提升系统的整体效能和用户体验。合作不仅可以优化资源配置，还能促进技术创新和教育管理的现代化。

在教育管理信息化的过程中，不同学校和机构往往使用不同的系统和软件，这些系统由于开发标准和技术架构存在差异，常常难以实现无缝对接和数据共享。与供应商的合作，可以制定统一的技术标准和接口规范，确保各系统能够整合和兼容，从而实现数据的无缝流通和共享，提升信息化管理的效率。

学校教育管理信息化系统的开发和维护需要大量的资金投入和技术支持。通过与系统供应商的合作，学校可以共享技术资源和开发成果，减少重复建设和资源浪费。同时，供应商可根据学校的具体需求，提供定制化的解决方案，提高系统的适用性和性价比，确保教育管理信息化建设的高效和可持续发展。系统供应商通常拥有先进的技术和丰富的经验，学校可以引进和应用最新的技术成果，提升信息化系统的性能。合作还可以推动供应商不断改进和优化产品，满足学校日益增长的需求，实现技术的不断创新，为教育管理信息化提供强有力的技术支撑。

为了实现有效合作，学校和供应商需要建立长期稳定的合作关系。学校和供应商应明确合作目标和合作内容，制定详细的合作协议，明确各方的权利和义务，确保合作的顺利进行；应建立沟通和协调机制，定期召开联席会议，及时沟通和解决合作过程中遇到的问题，确保合作的顺利推进。在合作过程中，学校和供应商应共同参与系统的设计、开发和测试工作。可以通过共同参与，充分发挥各自的优势，确保系统设计的科学性和合理性，提升系统的适用性和用户体验。同时，学校应积极参与系统的功能需求分析和使用情况反馈，帮助供应商不断改进系统，提升系统的整体性能。

为了促进不同系统之间的整合和兼容，学校和供应商还应共同建立开放的技术平台。开放的技术平台可以为不同系统的对接和整合提供标准化的接口和工具，确保各系统能按照统一的标准进行数据交换和信息共享。可以通过建立开放的技术平台，有效解决系统之间的兼容问题，实现数据的流通，提高信息化管理的整体效能。学校还应加强对供应商的监督和管理。可以通过建立评估和考核机制，对供应商的服务质量和系统性能进行定期评估，确保供应商按照合同要求提供高质量的产品和服务。同时，学校应及时解决用户在使用过程中遇到的问题，保障用户的合法权益，提升用户的满意度并增强系统的使用效果。

五、减轻教师工作负担

（一）简化操作流程

简化操作流程是优化学校教育管理信息化系统设计的重要举措。可以通过提升用户体验，减少教师在数据录入和系统操作上的时间和精力投入，这能够有效提升工作效率和用户满意度。优化系统设计和简化操作流程，不仅可以减轻教师的工作负担，还能促进学校教育管理信息化系统的持续改进和广泛应用。学校教育管理信息化系统的设计应以用户为中心，充分考虑教师的使用习惯和操作需求。可以通过简洁明了的界面设计、直观易懂的操作流程，让教师在使用系统时感到轻松自如，减少因操作复杂导致的错误。优化系统设计还包括对功能模块的合理布局，应确保各个功能模块的逻辑清晰、层次分明，教师可以快速找到所需功能，提高操作效率。

简化数据录入过程，可以有效减少教师的时间和精力投入。具体措施包括设计统一的数据录入模板、预设常用选项、自动填充重复性信息等，减少手动输入的工作量。同时，可以引入数据导入导出功能，允许教师批量上传和下载数据，进一步提高数据录入的效率和准确性。

现代信息技术的发展使得智能化和自动化成为现实，可以通过引入人工智能和机器学习技术，实现许多办公操作的自动化处理。例如，系统可根据教师的日常使用习惯和操作历史，自动推荐常用功能和操作路径，减少教师的操作步骤。系统还可以自动进行数据分析和报告生成，教师只需简单设置参数，即可获得所需的分析结果和报告。

即使系统设计得再简洁直观，教师在初次使用时仍可能遇到各种问题和困惑。提供详细的操作指南、视频教程和在线帮助，可以帮助教师快速掌握系统的使用方法，减少操作错误。同时，设立技术支持团队，提供实时的技术帮助和问题解答，可以有效解决教师在使用过程中遇到的问题，确保操作流程的顺畅。

为了确保系统设计和操作流程的优化效果，学校应定期进行用户反馈和评估。可以通过收集和分析教师的使用反馈，了解系统设计和操作流程中的不足，及时进行改进。同时，可以通过问卷调查、使用数据分析等方式，评估优化措施的效果，确保简化操作流程的目标得以实现。

在简化操作流程的过程中，学校还应注重系统的灵活性和可扩展性。学校教育管理信息化系统需要不断适应教育管理的变化和发展，可以通过设计灵活的操作流程和可扩展的功能模块，确保系统能够随时进行调整和升级，满足新的管理需求。系统还应具备良好的兼容性，能与其他信息化系统无缝对接，进一步简化操作流程，提升管理效率。

（二）提供辅助工具

引入自动化和智能化工具是辅助教师完成数据处理和管理工作的有效途径。运用这些先进的技术手段，可以大幅提高工作效率，提升教育管理的整体水平。辅助工具的运用不仅能优化工作流程，还能提升数据处理的准确性和可靠性。教师在日常工作中需要处理大量的数据，手工处理这些数据既耗时又容易出错，引入自动化工具后，许多重复性、规律性的任务可以由机器自动完成，减少手工操作的时间和精力投入。例如，成绩录入系统可以自动采集和计算学生的成绩，考勤系统可以通过智能卡或生物识别技术自动记录学生的出勤情况，提高数据处理的效率和准确性。

引入辅助工具可以实现数据的智能分析和预测，帮助教师更好地了解学生的学习情况和发展趋势。例如，智能分析工具可以对学生的学习数据进行深度挖掘，发现潜在的问题和规律，生成详细的分析报告，辅助教师制订个性化的教学计划；智能推荐系统可以根据学生的学习情况，推荐合适的学习资源和练习题目，帮助学生有针对性地进行学习和提升。

通过引入智能助手和语音识别技术，教师可以更加便捷地进行课堂管理和教学内容的制作。例如，智能助手可以帮助教师管理课堂纪律、组织课堂活动、回答学生提问等，提高课堂管理的效率；语音识别技术可以将教师的口头讲解转化为文字，自动生成教学文档和课件，减少教师的书写和整理工作量，提高教学内容的制作效率。

为了确保自动化和智能化工具的有效应用,学校应提供必要的培训和技术支持。这些工具可以显著提高工作效率。系统的培训和指导,可以帮助教师快速掌握这些工具的使用方法,充分发挥其优势。同时,可以设立专门的技术支持团队,确保工具的顺畅使用。在引入辅助工具的过程中,学校还应注重工具的选择和评估。市场上的自动化和智能化工具种类繁多,功能各异,学校应根据自身的实际需求和工作特点,选择最适合的工具。可以通过试用和评估,了解工具的功能和效果,确保其能够真正提高工作效率和管理水平。同时,应定期评估工具的使用效果和用户满意度,及时进行调整和优化,不断提升工具的适用性。

为了增强辅助工具的应用效果,学校还应加强与工具供应商的合作。通过与供应商进行密切合作,学校可以获得更多的技术支持和服务,确保工具的稳定运行和持续改进。供应商可以根据学校的反馈和需求,进行功能的开发和优化,满足学校的个性化需求。

(三)进行合理分工

可以通过科学分配工作任务,并引入辅助人员或技术手段,有效减小教师在数据录入和管理方面的压力,使他们能够将更多的精力投入教学和学生辅导上。合理分工不仅能优化工作流程,还能提升整体教育质量和管理水平。教育管理工作繁杂多样,教师除了教学任务,还需要承担大量的行政事务和数据管理工作。可以通过合理分工,将这些任务按照专业性和复杂度进行划分,将合适的任务分配给更合适的人。例如,简单重复的行政事务可以分配给行政人员或辅助人员,复杂的教学设计和学生辅导则由专业教师负责。这样,教师能够专注于核心教学工作,增强教学效果和提高学生的学习质量。

学校可以通过招聘专职的行政人员或教学助理,承担部分数据录入和管理工作。这些辅助人员可以负责处理学生信息、成绩录入、考勤记录等事务性工作,减轻教师的负担。同时,辅助人员还可以协助教师进行教学准备、资料整理和活动组织等工作,提高教师的工作效率。通过合理配置人力资源,学校可以实现高效的教育管理,提升整体工作效能。现代信息技术的发展为教育管理提供了丰富的技术工具,如自动化和智能化系统。这些技术手段能提高数据处理的效率和准确性,减轻教师的工作负担。

为了确保合理分工的有效实施,学校需要制订详细的工作计划。应明确各类工作的职责和任务,将具体任务分配到每个岗位,确保每个人都清楚自己的职责和工作内容。同时，学校还应进行工作任务的评估和调整，根据实际工作情况和人员能力，不断优化工作分工，确保资源的合理配置和充分利用。在合理分工的过程中，学校还应注重员工的培训和发展。可以通过提供系统的培训和学习机会，帮助教师和辅助人员提高专业技能和工作能力，适应新的工作分工和管理模式。同时，学校应关注员工的职业发展，为他们提供晋升和发展的机会，提高整体工作质量和效率。

合理分工不仅能减轻教师的工作负担，还能提升学校的整体管理水平。学校可以实现各项工作的高效运转，确保教育管理的有序进行。

六、建立系统的评估和反馈机制

（一）成立评估团队

为了不断改进学校教育管理信息化系统，使之更方便师生工作与学习，学校需要建立系统的评估和反馈机制。学校可以成立专门的评估团队，制定详细的评估指标和标准，对系统的运行情况进行全面监控和评估。这些指标应涵盖系统的技术性能、数据处理能力、用户操作体验等方面。可以通过定期评估和分析，及时发现系统运行中存在的问题和不足。可以建立多渠道的用户反馈机制，方便教师和学生随时反馈使用中的问题和建议。可以通过在线反馈表、用户调查、意见箱等方式，收集用户的意见和建议，并建立问题处理和反馈机制，确保用户的反馈能够得到及时响应和处理。

（二）加强与供应商合作

学校应加强与系统供应商的合作，建立定期沟通和反馈机制。供应商作为系统的开发和维护方，对于系统的技术改进和功能优化具有重要作用。学校可以通过定期反馈和沟通，帮助供应商了解用户的实际需求和使用情况，有针对性地进行系统优化和功能升级，提升系统的整体质量和性能。

（三）形成常态化管理机制

学校应将评估和反馈机制纳入日常管理工作中，形成常态化的管理机制，确保系统的持续改进。可以通过定期评估、反馈和改进，逐步增强系统的使用效果并提升用户满意度，实现学校教育管理信息化的长远发展。

第三节　推动学校教育管理信息化发展的路径

一、强化管理与监督机制

（一）建立评估机制

定期对系统进行评估，可以帮助学校管理者了解系统的运行效果和用户的满意度，及时发现问题并提出改进建议，从而不断提升系统的实用性和用户体验。在对教育管理信息化系统进行评估时，应制定一套科学的评估标准，涵盖系统的功能性、稳定性、安全性、易用性等方面。同时，应采用多种评估方法，如问卷调查、用户访谈、数据分析等，全面了解系统的运行状况和用户的使用体验。可以通过科学的评估标准和方法，确保评估结果的客观性和准确性，为系统的改进提供可靠的依据。

在学校教育管理信息化系统的使用过程中，随着用户需求的变化和技术的升级，系统可能会出现一些新的问题和不足。可以通过定期的评估，及时发现这些问题，并分析原因及加以改进。例如，如果评估结果显示某一功能的使用频率较低，那么可能是因为该功能不够实用或操作复杂，可以通过改进该功能或简化操作流程，提高用户的使用体验和满意度。

用户满意度是衡量系统是否符合用户需求的重要指标，通过对用户满意度的评估，可以了解用户对系统的使用体验和期望。例如，可以通过问卷调查或用户访谈的方式，了解用户对系统的功能、界面设计、响应速度等方面的满意度，并收集用户的意见和建议。通过分析用户的反馈，可以发现系统存在的问题，并根据用户的需求进行改进，提高系统的用户满意度。

学校教育管理信息化系统涉及大量的教育数据和用户信息，其安全性和稳定性直接关系到系统的可靠性和用户的信任度。在评估过程中，应对系统的安全性和稳定性进行全面检测和评估，发现并解决存在的安全隐患和稳定性问题。例如，可以通过安全测试、漏洞扫描等方式，检测系统的安全性，并采取相应的安全措施，确保系统的安全和稳定运行。随着教育信息化的发展和用户需求的变化，系统可能需要不断进行扩展和升级，以满足新的需求。应对系统的可扩展性和升级能力进行评估，确保系统能够灵活应对未来的发展和变化。例如，评估系统的架构设计和技术选型，确保系统具有良好的扩展性和升级能力，可以在需要时方便地对系统进行升级。

应充分调动各方的积极性，包括教育管理者、系统开发人员、教师和学生等。可以通过多方参与，获得更全面的评估信息和反馈，确保评估结果的全面性和可靠性。例如，可以成立评估小组，定期召开评估会议，汇总各方的评估意见和建议，形成全面的评估报告，为系统的改进提供参考。

（二）建立用户反馈机制

用户反馈在学校教育管理信息化系统中非常重要。教师和学生在使用系统中会遇到各种各样的问题。用户反馈机制可以让教师和学生随时反馈使用中的问题和建议，并及时响应和处理这些反馈，从而不断优化系统，提升用户体验和系统的有效性。可以通过建立多种反馈渠道，如在线反馈平台、电子邮件、社交媒体、电话热线等，方便用户在遇到问题时及时进行反馈。不同的用户有不同的习惯，通过多渠道的方式，可以确保更多的用户方便地表达意见和建议，从而全面地收集用户的反馈信息。

在收集到用户的反馈信息后，学校管理者应及时进行响应和处理。及时响应不仅能解决用户遇到的问题，还能提升用户的信任度和满意度。例如，当用户反馈某一功能存在问题时，技术团队应当迅速进行调查和处理，并在最短时间内给予用户反馈结果。及时的响应和处理，可以有效解决用户的实际问题，提高系统的可靠性和用户体验。

收集到的用户反馈信息不仅可以用于解决具体的问题，还可以作为系统改进的重要参考。例如，可以通过对反馈信息的分析，发现系统中存在的普遍问题和用户的共性需求，从而有针对性地进行改进。此外，用户的意见和建议也可以为系统的功能扩展和升级提供灵感和方向。例如，如果很多用户反映需要某一新功能，那么可以考虑在系统升级中加入这一功能，以满足用户的需求。

学校管理者应当定期检查和维护反馈渠道，确保反馈平台和工具的正常运行。例如，定期更新在线反馈平台的界面和功能，确保用户可以方便地提交反馈信息。同时，反馈流程的透明化也非常重要，用户在提交反馈后应能了解反馈的处理进展和结果。例如，可以通过邮件或平台通知的方式，告知用户反馈的处理状态和结果，让用户感到其意见和建议得到了重视和处理。

学校管理者应当组建一支专门的团队，负责接收、分析和处理用户的反馈信息。同时，应建立相应的反馈处理机制，规范反馈处理的标准和流程。例如，规定反馈信息的处理时限、处理步骤和处理结果的反馈机制，能够确保反馈处理的高效性。可以通过专业的团队和制度，提高反馈处理的效率，为用户提供更好的服务体验。

为了鼓励更多的用户积极参与反馈，学校管理者可以采取一些激励措施。例如，可以设立"最佳反馈奖"，对提出重要意见和建议的用户进行奖励；或者定期举办用户反馈活动，鼓励用户积极提出意见和建议。可以通过激励措施，调动用户的积极性，促进他们积极参与系统的改进，从而不断提升系统的质量和用户体验。

（三）进行持续改进

将评估和反馈机制纳入日常管理工作中，能够确保系统的持续改进，从而不断提升系统的稳定性、功能性和用户满意度。学校教育管理信息化系统在运行过程中，需要定期进行评估，以了解其运行效果和用户体验。将评估工作纳入日常管理中，可以确保系统在各个阶段都能得到全面审视和检验。例如，学校可以每季度或每学期对系统进行一次全面的评估，涵盖系统的功能、安全性等方面。可以通过这种常态化的评估机制，及时发现系统中存在的问题，并为后续的改进提供依据。

用户是系统的直接使用者，他们的反馈信息对于系统的改进具有重要的参考价值。建立常态化的用户反馈机制，可以确保用户在使用过程中遇到的问题和建议都能及时被收集和处理。例如，可以在系统中设置便捷的反馈入口，方便用户随时提交反馈信息，同时可以设立专门的反馈处理团队，负责接收和处理用户的反馈。可以通过这种常态化的用户反馈机制，不断优化系统的功能和服务，提高用户的满意度。评估和反馈机制收集到的信息需要通过科学的流程进行处理和分析，以便形成具体的改进措施。例如，学校可以建立一个跨部门的改进工作组，负责对评估结果和用户反馈进行分析，提出具体的改进建议，并制订详细的实施计划。可以通过这种系统性的改进流程，确保改进措施的有效性和可行性，推动系统的持续优化。

每一次改进措施实施后，都需要对其效果进行跟踪和评估，以确保改进措施达到预期效果。例如，可以通过用户满意度调查、系统性能测试等方式，对改进措施的效果进行评估，并根据评估结果进行进一步的调整和优化。可以通过这种持续的跟踪和评估，确保系统的改进工作始终朝着正确的方向发展，持续提升系统的质量和用户体验。

系统的持续改进不仅依赖技术手段，还需要相关人员具备相应的技能和知识。例如，可以定期组织系统管理员、技术支持人员等进行培训，提升他们的专业技能和问题解决能力。同时，还应鼓励教师和学生积极参与系统的改进，通过培训和宣传，提高他们对系统的理解和使用能力。可以通过这种持续的培训和技能提升，为系统的持续改进提供有力的人才保障。

学校教育管理信息化系统的建设和优化需要各方的共同努力，包括学校管理层、技术团队、教师和学生等。建立良好的沟通和协作机制，可以促进各方的协同工作，共同推动系统的持续改进。例如，可以定期召开改进工作会议，汇报和讨论系统的运行状况和改进措施，听取各方的意见和建议，形成全面的改进方案。这种全员参与和协作的方式，可以确保系统的持续改进，实现教育管理的高效和智能化。

二、推进教育管理信息化文化建设

（一）进行宣传与推广

可以通过多种渠道宣传教育管理信息化的意义，提升全校师生对教育管理信息化建设的认识和支持，促进教育管理信息化的顺利推进和实施。宣传教育管理信息化的意义，可以通过校园内外的多种媒体渠道。校园广播、校报、官方网站和社交媒体等都是有效的宣传工具。例如，可以在校报上刊登专栏文章，详细介绍教育管理信息化的概念、目标和实施情况，让师生了解教育管理信息化建设的全貌。此外，可以通过校园广播定期播报教育管理信息化建设的最新进展和成果，吸引师生的关注和参与。利用学校官方网站和社交媒体账号发布教育管理信息化建设的相关新闻和动态，可以进一步扩大宣传覆盖面。

邀请专家学者开展专题讲座，详细讲解教育管理信息化的背景、发展趋势和实际应用案例，可以增强师生对教育管理信息化建设的认识和理解。例如，可以邀请国内外知名的教育管理信息化专家，分享研究成果和实践经验，为师生提供前沿的信息和知识。此外，可以针对不同群体的需求，开设教育管理信息化技能培训班，帮助师生掌握教育管理信息化工具和技术，提升他们在信息化环境中的工作和学习能力。例如，可以组织教育管理信息化应用大赛，鼓励师生开发和应用教育管理信息化工具和系统，展示他们的创新成果和实践经验。这不仅能提升师生的实际操作能力，还能促进他们对教育管理信息化建设的理解和认同。同时，可以通过开设教育管理信息化建设成果展览，展示学校在教育管理信息化建设中的成果和亮点，让师生直观感受到信息化带来的便利，从而加强他们对教育

第六章 学校教育管理信息化的建设与发展

管理信息化建设的支持。

可以与其他学校、教育机构和企业合作,举办联合宣传活动和交流会,探讨教育管理信息化的发展和应用。例如,可以与当地的教育部门合作,开展教育管理信息化建设经验交流会,分享学校在教育管理信息化建设中的经验和实践案例。同时,也可以邀请企业参与,共同探讨教育管理信息化技术在教育管理中的应用,促进产学研融合,提高教育管理信息化建设的质量和水平。

学校可以成立专门的教育管理信息化宣传和推广工作组,负责统筹规划和实施各类宣传推广活动。例如,可以制订年度宣传推广计划,明确宣传目标、内容和方式,确保宣传工作的有序推进。同时,可以定期对宣传效果进行评估和反馈,及时调整宣传策略和方法,提高宣传的针对性和有效性。可以通过建立长效机制,确保信息化宣传和推广工作持续进行,保持宣传的热度和影响力。

积极营造教育管理信息化氛围,可以潜移默化地增强师生对教育管理信息化建设的认同感。例如,可以在校园内布置教育管理信息化宣传标语和海报,营造浓厚的信息化氛围。

通过在教学和管理中广泛应用教育管理信息化工具和技术,师生可以切身体会到教育管理信息化带来的便利。例如,可以通过在线教学平台,实现课堂教学的互动和资源共享;通过教育管理信息化系统,提高教学评估和学生管理的质量和效率。可以通过这些具体的应用和实践,让师生切实感受到教育管理信息化建设的意义,从而增强他们的参与感。

(二)进行文化引导

通过校内活动和培训,营造浓厚的教育管理信息化建设的校园文化氛围,可以激发师生参与教育管理信息化建设的积极性,从而推动教育管理信息化的深入发展。可以通过组织各类与教育管理信息化相关的活动,提升师生对教育管理信息化建设的兴趣。例如,可以定期举办教育管理信息化主题知识竞赛,让师生在竞赛中了解教育管理信息化的基本知识和最新发展动态;可以开展教育管理信息化技能大赛,鼓励师生展示他们在教育管理信息化工具和技术应用方面的能力和成果。可以针对教师开展教育管理信息化教学技能培训,帮助他们掌握在线教学平台的使用方法,增强在线教学的效果;可以针对学生开展教育管理信息化学习技能培训,帮助他们熟悉各种在线学习资源和工具,提高自主学习的能力。这些培训可以提升师生的信息化素养,为教育管理信息化建设提供坚实的人才基础。建立教育管理信息化建设的奖励制度,对在教育管理信息化建设中表现突出的师生进行奖励，可以激励更多的人积极参与教育管理信息化建设。例如，可设立"信息化教学创新奖"，奖励在信息化教学中取得突出成绩的教师；可设立"信息化学习先锋奖"，奖励在信息化学习中表现优异的学生。可以通过这些激励措施，促进他们在教育管理信息化建设中不断探索和创新。

文化引导还需要通过宣传和引导，增强师生对教育管理信息化建设的认同感。例如，可以通过网站等渠道，宣传教育管理信息化建设的意义，介绍教育管理信息化建设的最新进展，深化师生对教育管理信息化建设的了解。同时，可以通过典型案例的宣传，展示教育管理信息化建设在教学和管理中的应用和实际效果，让师生看到教育管理信息化建设的实际收益和价值。

建立教育管理信息化建设的交流平台，可以促进师生之间的交流和互动，形成良好的教育管理信息化建设氛围。例如，可以建立教育管理信息化建设的在线论坛或社区，供师生分享教育管理信息化工具的使用经验，交流教育管理信息化教学和学习的心得体会；可以定期举办教育管理信息化建设的交流会，邀请教育管理信息化建设的专家和先进个人，分享教育管理信息化建设经验。可以通过这些交流平台，促进教育管理信息化建设的知识和经验的传播。

可以通过学校管理层的引领和示范作用，进一步推动教育管理信息化建设的文化引导。例如，学校管理层可以率先使用教育管理信息化工具和系统，示范教育管理信息化建设的实际应用和效果；可以积极参与教育管理信息化建设的各类活动，表明对教育管理信息化建设的重视和支持；可以通过政策和制度的制定，支持和推动教育管理信息化建设的开展。

（三）进行典型示范

典型示范在教育管理信息化建设中起着关键作用。树立教育管理信息化应用的典型案例和模范人物，通过示范引领和经验分享，可以带动全校教育管理信息化建设水平的提升，从而推动信息化在教育管理中的广泛应用。选取在教育管理信息化建设中取得显著成效的案例，详细介绍其背景、实施过程和最终成果，可以让全校师生直观地看到教育管理信息化建设的实际效益。例如，可以选择一些在信息化教学、管理和服务方面取得突出成绩的案例，制成专题展示或宣传视频，通过校园媒体进行广泛传播。可以通过这些典型案例的展示，增强师生对教育管理信息化建设的信心，激发他们参与教育管理信息化建设的积极性。

选拔在教育管理信息化建设中表现突出的教师和学生作为模范人物，他们的示范，可以起到榜样带动的作用。例如，可以评选教育管理信息化学习中的优秀师生，展示他们在教育管理信息化学习中的优秀表现和心得体会。可以通过模范人物的示范引领，激励更多的师生积极参与教育管理信息化建设，形成你追我赶的良好氛围。通过组织经验交流会、专题讲座和培训班，邀请典型案例的实施者和模范人物分享教育管理信息化建设经验，可以为全校师生提供宝贵的参考。例如，可以邀请信息化教学的优秀教师，介绍他们在使用在线教学平台、开发数字化课程资源等方面的经验和方法；可以邀请信息化学习的优秀学生，分享他们在利用教育管理信息化工具进行自主学习、提高学习效率等方面的体会和技巧。可以通过这些经验分享，帮助全校师生掌握更多的教育管理信息化建设知识和技能，提升教育管理信息化应用的整体水平。

典型示范还可以通过设立示范项目和示范基地，进一步发挥其引领作用。例如，可以在校内设立信息化教学示范课堂，展示信息化教学的实际应用和效果；可以成立信息化管理示范部门，展示信息化在教育管理中的具体应用和优势。可以通过示范项目和示范基地，让全校师生亲身体验教育管理信息化建设的成果，增强他们的直观感受和参与意识。同时，定期组织师生参观示范基地和学习示范项目，可以进一步扩大典型示范的影响力，促进全校教育管理信息化建设水平的提升。

通过校园媒体、官方网站、社交媒体等渠道，对典型示范案例和模范人物进行广泛宣传，可以进一步扩大其影响力。例如，可以在校报上开设专题栏目，介绍教育管理信息化建设的典型案例和模范人物；可以通过校园广播和宣传栏，定期播报和展示教育管理信息化建设的最新成果和先进经验；可以利用学校的官方网站和社交媒体账号，发布教育管理信息化建设的相关新闻和动态，扩大宣传覆盖面。可以通过这些宣传和推广工作，让更多师生了解和参与教育管理信息化建设，形成积极参与的氛围。

学校管理层应重视教育管理信息化建设的典型示范作用，积极支持和推动典型示范的树立和推广。例如，可以制定政策和措施，鼓励和支持教师和学生参与教育管理信息化建设的创新和实践；可以提供资金和资源，保障典型示范项目和示范基地的建设和运行；可以通过政策引导和制度保障，确保典型示范的可持续发展。学校管理层的支持和推动，可以为典型示范提供有力的保障，促进教育管理信息化建设的发展。

第七章　学校教育管理信息化的成效评估

在当今教育领域，信息化已经被广泛认为是提升教学质量和管理效率的关键技术。然而，采用这些技术的学校需要对其信息化措施的实际效果进行系统的评估，以确保投资带来预期的收益并识别改进的空间。通过对学校教育管理信息化成效的综合评估，学校管理者可以更好地理解哪些措施最有效，哪些措施需要改进，从而指导未来的决策和资源分配。这种评估不仅有助于提高教育质量和管理效率，还是持续改进和应对教育挑战的重要工具。

第一节　学校教育管理信息化的评估指标体系

学校教育管理信息化的评估指标体系是衡量教育管理信息化建设成效和改进方向的重要工具。可以通过科学、全面的评估指标，系统地评估信息化在学校教育管理中的实际应用效果，为后续优化提供依据。

一、系统功能性评估

（一）功能完整性

系统是否具备预期的所有功能模块，并全面覆盖学校教育管理的各个方面，是衡量其功能完整性的重要标准。一个功能完整的系统应包括学生管理、教师管理、课程管理、资源管理等多个模块，每个模块应能有效运作，满足学校日常管理需求。

系统应具备学生信息的录入、更新、查询和统计功能，能够全面管理学生的基本信息、学籍、成绩、出勤记录等；系统还应具备学生的选课、学分管理等功能，确保学生的学习过程得到全面记录和管理。例如，通过学生管理模块，学校可以方便地进行新生注册、学籍管理、毕业生信息处理等工作，提高学生管理的效率和准确性。

教师管理模块应包括教师信息的录入、更新和查询功能，涵盖教师的基本信息、职称、教学任务、考勤记录等。此外，系统还应具备教师的教学评价、培训记录和职业发展规划等功能，帮助学校全面了解和管理教师的教学活动和职业发展。例如，教师管理模块可以记录教师的培训情况、教学评估结果等，帮助学校制订教师培训和发展计划，提高教师的教学水平和职业素养。

课程管理模块应具备课程设置、课程安排、课表管理等功能，能够支持学校的课程规划和教学安排。例如，系统应支持课程的新增、修改、删除和查询，帮助学校合理安排课程，提高教学工作的效率。通过课程管理模块，学校可以方便地进行课程设置、课表编排等工作，确保教学活动有序进行。

资源管理模块应包括教学资源管理、设备管理、图书管理等功能，确保学校各类资源的合理配置和有效利用。例如，系统应支持教学资源的上传、下载和共享，帮助教师和学生方便地获取和利用教学资源。同时，系统还应支持设备的登记、借用和维护管理，确保教学设备的有效使用和管理。通过资源管理模块，学校可以实现对各类资源的全面管理，提高资源的使用效率和管理水平。

系统应能对学生、教师、课程、资源等各类数据进行全面分析和统计，帮助学校了解教育管理的现状和问题。例如，系统应支持对学生成绩、教师教学评价、课程安排等的统计和分析，帮助学校进行教学质量的评估和改进。同时，系统还应支持各类数据的导出和报表生成，方便学校进行数据的存储和使用。

各个功能模块应能够无缝集成、相互协同，确保系统高效运行。例如，学生管理模块与课程管理模块应能互相联动，确保学生选课信息能够及时反映在课表安排中；教师管理模块与课程管理模块应能协同工作，确保合理安排和管理教师的教学任务。通过功能模块的集成和联动，系统能够实现信息的共享和流转，提高管理的效率。

系统应能够根据学校的需求进行功能的扩展和调整，确保能够适应未来的发展和变化。例如，系统应支持新增功能模块的开发和集成，帮助学校根据实际需要进行系统的扩展和优化。同时，系统应具有良好的配置管理功能，支持用户自定义功能模块和操作流程，提高系统的灵活性和适用性。

（二）功能实用性

功能实用性是评估学校教育管理信息化系统的关键因素。各个功能模块的实际使用效果、是否满足用户需求、是否便于操作和使用，直接影响系统的整体效能和用户满意度。一个具备高实用性的系统不仅需要功能全面，还必须确保这些功能在实际使用中发挥其应有的作用。系统的各个功能模块应根据学校管理和教学的实际需求设计和开发。对学校管理人员和教师的需求进行全面调研，可以了解他们在教育管理和教学过程中遇到的问题和产生的需求，从而制订切实可行的解决方案。例如，学生管理模块应满足学校管理人员和教师对学生信息录入、查询、统计等的需求，并提供简便易用的操作界面，确保用户能够高效地完成相关任务。

系统的各个功能模块应具备直观、简洁的用户界面，操作流程应当简单明了。可以通过优化用户界面设计和操作流程，提高用户的操作效率和使用体验。例如，课程管理模块应具备清晰的课程设置和安排功能，要能实现用户只需通过简单的操作即可完成课程的新增、修改和删除，降低操作的复杂性和时间成本。便捷操作不仅能提高工作效率，还能降低用户的学习成本和减少使用障碍。系统的功能模块不仅要具备理论上的可行性，而且要在实际应用中发挥作用。例如，教师管理模块应能够准确记录教师的教学任务和工作量，提供详细的教学评价和反馈，帮助学校了解教师的工作表现和教学效果。如果系统能够有效地记录和分析这些信息，并提供有针对性的改进建议，那么该模块的实用性就得到了充分体现。

在教育管理和教学过程中，难免会遇到各种突发问题和特殊需求。学校教育管理信息化系统应具备灵活的功能配置和应急处理能力，能够快速响应用户的需求和问题。例如，学生管理模块应能够快速处理学生的转学、休学等特殊情况，及时更新相关信息，确保数据的准确性和完整性。灵活应对突发问题的能力，是系统功能实用性的重要体现。一个实用的系统不仅应在功能上满足用户需求，还应提供良好的技术支持和服务保障。可以通过建立完善的用户支持机制，如在线帮助、技术支持热线、使用手册等，帮助用户解决在使用过程中遇到的问题，提升用户的满意度和使用体验。例如，学校教育管理信息化系统应提供详细的操作指南和常见问题解答，帮助用户快速掌握系统的使用方法。

通过定期收集用户的使用反馈，了解他们在使用过程中遇到的问题和提出的建议，可以为系统的改进提供重要参考。例如，可以通过问卷调查、用户访谈等方式，收集教师、学生和管理人员对系统各个功能模块的评价和建议，了解他们对系统的需求和期望。根据用户的反馈，可以不断改进系统的功能和操作流程，提升系统的实用性和用户满意度。

（三）功能拓展性

系统是否具备可拓展性决定了其能否根据需求增加或修改功能模块，从而适应未来的发展需求。一个具备良好拓展性的系统，不仅能满足当前的使用需求，还能灵活应对未来的变化和挑战。学校教育管理信息化系统应采用模块化和开放式的架构设计，这样可以确保各个功能模块能够独立运行和互相协作。在这种架构下，新增或修改功能模块，不会对现有系统造成大的影响。例如，在学生管理系统中，如果要增加一个新的选课管理模块，只需在现有架构中添加相应的模块，并与其他模块进行接口对接，而不必对整个系统进行大幅修改。模块化和开放式的设计不仅能提高学校教育管理信息化系统的灵活性，还能降低维护和升级的难度。

选择具有广泛应用和良好社区支持的开发语言和技术框架，可以为系统的后续拓展和维护打下坚实的基础。例如，采用基于微服务架构的开发框架，可以更好地支持系统的拓展和升级。微服务架构允许各个服务独立开发、部署和升级，可极大地提高系统的灵活性和可维护性。新的功能模块可以通过独立的微服务实现，并与现有系统进行集成，从而实现快速的功能拓展和升级。

学校教育管理信息化系统应具备良好的数据接口和数据管理能力，确保各个功能模块之间的数据可高效共享和交换。例如，学校教育管理信息化系统应提供标准化的数据接口，支持通过应用程序编程接口（Application Programming Interface，API）进行数据的读写操作，从而方便不同模块之间的数据交互和集成。同时，学校教育管理信息化系统应具备强大的数据管理功能，能够处理大量的数据存储和查询需求，并确保数据的安全性和一致性。可以通过优化数据和接口设计，为系统的功能拓展提供有力支持。

学校教育管理信息化系统需要与多种外部系统和应用进行集成和协作，如图书馆管理系统、在线学习平台、财务管理系统等。例如，学校教育管理信息化系统应支持多种数据交换标准和协议，如XML、JSON、RESTful API等，确保能够与不同类型的外部系统进行数据交换和集成。良好的兼容性不仅能提高学校教育管理信息化系统的灵活性，还能拓展学校教育管理信息化系统的应用范围和功能。随着教育管理需求的不断变化，系统应能够灵活调整和拓展功能模块，以满足不同用户的需求。例如，随着在线教育的发展，学校教育管理信息化系统可能需要增加在线教学和学习的功能模块，如在线课程管理、学生在线互动、在线考试等。通过灵活调整和拓展功能模块，学校教育管理信息化系统可以更好地适应用户需求的变化，提高用户的满意度。

系统开发团队应具备扎实的技术能力和丰富的开发经验，能够快速响应和处理学校教育管理信息化系统的拓展和升级需求。例如，系统开发团队应具备熟练的编程和系统设计能力，能够根据用户的需求开发和集成新的功能模块；同时，系统开发团队还应具备良好的项目管理和沟通能力，确保学校教育管理信息化系统的拓展和升级能够按计划高质量地完成。

二、系统性能评估

（一）响应速度

学校教育管理信息化系统在不同负载下的响应速度，包括页面加载时间、数据查询时间等，直接影响用户的使用体验和工作效率。确保学校教育管理信息化系统在高负载情况下仍能快速响应，是提升系统整体性能和用户满意度的关键。

页面加载时间指的是从用户请求页面到页面完全加载所需的时间。这一指标直接影响用户的第一印象和使用体验。如果页面加载时间过长，用户可能会产生焦虑和不满，进而影响系统的使用效果。因此，学校教育管理信息化系统应优化页面加载过程，可以通过减少超文本传输协议（HyperText Transfer Protocol，HTTP）请求、压缩资源文件、使用内容分发网络（Content Delivery Network，CDN）等手段，加快页面加载速度；也可以通过合并和压缩层叠样式表（Cascading Style Sheets，CSS）和 JavaScript 文件，减少页面加载所需的时间，提升用户的访问体验。

数据查询时间指的是从用户提交查询请求到获得查询结果所需的时间。在学校教育管理信息化系统中，数据查询涉及学生信息、教师信息、课程安排等大量数据，如果查询时间过长，将会严重影响用户的工作效率和系统的实用性。为此，学校教育管理信息化系统应优化数据库查询，通过合理的索引设计、查询优化、分库分表等手段，减少数据查询时间。例如，可以通过为常用的查询字段建立索引，显著提高查询速度，缩短用户等待时间。在实际使用中，学校教育管理信息化系统可能会面临高并发访问和大量数据处理的压力，如在学生选课、成绩查询等高峰期。学校教育管理信息化系统应具备良好的扩展性和高并发处理能力，确保在高负载情况下仍能快速响应用户请求。例如，学校教育管理信息化系统可以采用负载均衡技术，将用户请求分配到多个服务器上，分散负载压力，提高系统的整体响应速度和稳定性。同时，可以通过优化后台处理逻辑和数据存储结构，提高学校教育管理信息化系统的高并发处理能力，确保在高负载情况下系统的快速响应。

运用合理的缓存策略，可以显著减少系统对数据库的直接访问，减小服务器的负载压力，提高响应速度。例如，可以采用页面缓存、数据缓存等缓存机制，将常用数据缓存在内存中，当用户请求时直接从缓存中获取数据，从而减少查询时间和页面加载时间。合理的缓存策略不仅能提高系统的响应速度，还能减少服务器资源的消耗，提升系统的整体性能。

前端性能优化包括资源加载优化、代码优化、渲染优化等内容。例如，可以通过异步加载非关键资源，减少页面的初始加载时间；也可以通过减少文档对象模型（Document Object Model，DOM）操作和优化渲染流程，提高页面的渲染速度。前端性能优化不仅能提高页面加载速度，还能提升用户的交互体验和使用满意度。

通过建立完善的性能监控机制，实时监控系统的响应速度和负载情况，可以及时发现和处理性能问题。例如，可以通过引入应用性能管理（Application Performance Management，APM）工具，监控学校教育管理信息化系统的页面加载时间、数据查询时间、服务器响应时间等关键指标，实时分析学校教育管理信息化系统的性能状况。可以根据监控结果，有针对性地进行性能优化和调整，确保学校教育管理信息化系统在不同负载情况下始终保持良好的响应速度和性能。

（二）稳定性

学校教育管理信息化系统的稳定性直接关系到用户的信任和使用体验，如果学校教育管理信息化系统频繁出现崩溃、故障等问题，将严重影响教育管理工作的正常开展。因此，确保学校教育管理信息化系统能够长期稳定运行，是提升系统可靠性和用户满意度的重要任务。一个稳定的系统应具备良好的架构设计，能够有效应对各种可能的故障和问题。例如，采用分布式架构可以提高学校教育管理信息化系统的容错能力和可扩展性，减少单点故障的影响。可以将学校教育管理信息化系统功能进行模块化设计，确保各个模块独立运行，这样即使某个模块出现问题，也不会影响整个学校教育管理信息化系统的运行。此外，可以采用微服务架构，将学校教育管理信息化系统拆分成多个小的、独立的服务，进一步提高系统的稳定性。

学校教育管理信息化系统的稳定运行离不开可靠的硬件支持和稳定的网络环境。选用高性能的服务器和网络设备，能够确保系学校教育管理信息化系统在高负载情况下稳定运行。同时，应建立完善的硬件和网络监控机制，实时监控服务器和网络的运行状态，及时发现和处理潜在的问题。例如，可以通过部署服务器监控软件，实时监控服务器的CPU、内存、磁盘等资源使用情况，确保学校教育管理信息化系统在资源紧张时能够及时扩展和优化。

学校教育管理信息化系统的稳定运行也离不开高质量的软件开发和测试过程。采用严格的开发规范和测试流程，可以确保学校教育管理信息化系统在上线前经过充分的测试和验证，减少软件中的缺陷和漏洞。例如，可以采用单元测试、集成测试、性能测试等多种测试方法，全面覆盖学校教育管理信息化系统的各个功能和性能指标，确保学校教育管理信息化系统在各种使用场景下都能稳定运行。同时，采用代码审查和自动化测试工具，可以进一步提高软件的质量，减小学校教育管理信息化系统上线后的故障率。

系统的长期稳定运行需要定期维护和更新，及时修复已知问题和漏洞，优化系统性能和功能。建立完善的维护和更新机制，可以确保系统在维护和更新过程中不会影响正常的使用。例如，可以采用滚动更新的方式，分批次进行系统更新，确保每次更新只影响部分用户，减少更新对系统稳定性的影响。同时，应建立系统备份和恢复机制，确保在系统出现故障时能够快速恢复。

学校教育管理信息化系统在运行过程中难免会遇到各种异常情况，如网络中断、硬件故障、软件错误等。学校教育管理信息化系统应具备良好的异常处理机制，能够快速响应和处理各种异常情况，确保稳定运行。例如，可以通过引入自动故障检测和恢复机制，及时发现和处理学校教育管理信息化系统中的异常情况，减小故障对系统的影响。同时，应建立完善的日志记录和分析机制，记录学校教育管理信息化系统的运行情况和异常事件，帮助运维人员及时发现和解决问题。

定期收集用户的使用反馈和学校教育管理信息化系统的监控数据，可以了解系统在实际使用中的稳定性和可靠性。例如，可以通过问卷调查和用户访谈，收集用户对学校教育管理信息化系统稳定性的评价和建议，了解用户在使用过程中遇到的问题；也可以通过分析学校教育管理信息化系统的监控数据，了解系统的运行状态和性能指标，及时发现和处理潜在的问题和故障。将用户反馈与监控数据相结合，可以全面评估学校教育管理信息化系统的稳定性，确保学校教育管理信息化系统在各种情况下都能稳定运行。

（三）处理能力

学校教育管理信息化系统的处理能力包括大数据处理、高并发处理等多个方面，直接关系到学校教育管理信息化系统在面对大量用户和数据访问时的表现。确保学校教育管理信息化系统具备强大的处理能力，是提升系统整体效能和用户满意度的关键。随着教育管理数据的日益增加，学校教育管理信息化系统需要具备高效的数据处理能力，能够快速处理和分析大量数据。例如，学生信息、教师信息、课程安排等数据，需要学校教育管理信息化系统能够进行快速存储、查询和分析。采用分布式存储和计算技术，可以有效提升学校教育管理信息化系统的大数据处理能力。例如，使用分布式数据库，可以将数据分布存储在多台服务器上，实现数据的高效存储和管理；可以通过分布式计算框架，快速处理和分析海量数据，提高学校教育管理信息化系统的数据处理效率。

学校教育管理信息化系统需要具备强大的并发处理能力，能够在高并发情况下仍然保持良好的性能和响应速度。采用负载均衡技术，可以将用户请求分配到多台服务器上，提高学校教育管理信息化系统的并发处理能力。例如，可以通过部署负载均衡器，将用户请求均匀分布到多台应用服务器上，确保每台服务器的负载均衡，避免单点瓶颈，提高学校教育管理信息化系统的整体处理能力。一个具备高处理能力的学校教育管理信息化系统，通常采用分布式和微服务架构设计。分布式架构可以将学校教育管理信息化系统的不同功能模块分布在多台服务器上运行，提高系统的扩展性和处理能力；微服务架构可以将学校教育管理信息化系统拆分成多个独立的服务，每个服务可以独立部署和扩展，提高系统的灵活性和可维护性。例如，可以采用微服务架构，将学生管理、教师管理、课程管理等功能模块独立部署在不同的服务器上，实现各模块的独立扩展和高效处理。

数据库设计的合理性和优化程度，直接影响学校教育管理信息化系统的数据存储和查询效率。可以通过建立合理的数据库索引、分库分表等手段，显著提升学校教育管理信息化系统的数据处理能力。例如，可以通过为常用查询字段建立索引，提高查询速度；可以通过分库分表，将数据表拆分成多个小表，减少单表数据量，提高查询效率。合理的数据库设计和优化，不仅能提高学校教育管理信息化系统的处理能力，还能减少数据库的负载。

三、用户体验评估

（一）易用性

用户界面设计是否友好，操作是否简便，用户是否容易上手，这些因素直接影响学校教育管理信息化系统的接受度和使用效果。确保学校教育管理信息化系统具备良好的易用性，是提升用户体验和系统效能的关键。一个友好的用户界面应具备简洁、美观、直观的设计，能够让用户在最短时间内找到所需功能。例如，可以通过合理布局，将常用功能放置在显眼位置，减少用户查找的时间；可以使用清晰的图标和文字说明，帮助用户快速理解各项功能的用途。

学校教育管理信息化系统应提供简化的操作流程和便捷的操作方式，减少用户的学习成本和操作负担。例如，在表单填写过程中，学校教育管理信息化系统可以提供自动补全、智能提示等功能，帮助用户快速完成操作；在复杂操作中，可以提供分步指导或操作向导，逐步引导用户完成任务。简化操作流程和提供智能辅助功能，可以提高学校教育管理信息化系统的操作便捷性，让用户更容易上手使用。在用户操作过程中，学校教育管理信息化系统应能快速响应用户的指令，减少等待时间。例如，可以通过优化系统性能，加快页面加载和数据查询速度，提高用户的操作流畅度；可以通过建立稳定的系统架构，减少系统崩溃和故障，确保用户在操作过程中不受干扰。快速响应和稳定运行不仅能提升用户的操作体验，还能增强用户对学校教育管理信息化系统的信任和依赖。

在学校教育管理信息化系统上线前后，系统开发团队应提供充分的用户培训和支持服务，帮助用户熟悉系统功能和操作方法。例如，可以通过在线教程、操作手册、视频教程等形式，向用户详细介绍学校教育管理信息化系统的各项功能和使用技巧；应建立完善的用户支持机制，提供在线客服、技术支持热线等服务，及时解答用户在使用过程中遇到的问题。可以通过学校教育管理信息化系统的用户培训和支持服务，减少用户的使用障碍，提高系统的易用性和用户满意度。应根据用户反馈，及时进行学校教育管理信息化系统的调整和优化，改善用户体验。通过用户反馈和持续改进，可以不断提升学校教育管理信息化系统的易用性，满足用户的实际需求。

学校教育管理信息化系统应考虑到不同用户的需求，提供多样化的访问方式和操作界面。例如，针对视力障碍用户，学校教育管理信息化系统可以提供无障碍访问功能，如屏幕阅读、语音输入等；针对移动用户，学校教育管理信息化系统可以提供优化的移动端界面和操作方式，确保用户在不同设备上都能获得良好的使用体验。可以通过提高学校教育管理信息化系统的可访问性，扩大用户范围，提升系统的易用性和普及度。

（二）满意度

满意度是衡量学校教育管理信息化系统成功与否的重要指标。通过问卷调查或访谈等方式，收集用户对学校教育管理信息化系统的整体反馈，可以深入了解用户的真实感受，从而为学校教育管理信息化系统的改进提供依据。

问卷调查可以覆盖广泛的用户群体，收集到大量的数据和意见。设计问卷时，应包括对系统功能、界面设计、操作便捷性、响应速度、稳定性等方面的评价。例如，可以设定不同的评分项，让用户对学校教育管理信息化系统的各个方面进行打分，并通过开放性问题收集用户的具体意见和建议。通过分析问卷数据，可以全面了解用户对学校教育管理信息化系统的满意度及关注的主要问题。

相比问卷调查，用户访谈可以获得更详细和更具体的反馈信息。在访谈过程中，面对面交流可以更好地了解用户的真实感受和使用体验。例如，可以通过与教师、学生和管理人员进行一对一访谈，深入了解他们在使用学校教育管理信息化系统过程中遇到的问题，听取他们对学校教育管理信息化系统功能和操作的改进建议。访谈不仅能获取丰富的反馈信息，还能增进用户对系统开发团队的理解。

学校教育管理信息化系统的用户群体可能包括教师、学生、管理人员等不同角色，他们的需求和使用习惯各不相同。通过分类评估，了解各个群体对学校教育管理信息化系统的不同需求和满意度水平，可以更有针对性地进行系统优化。例如，教师可能更关注教学管理功能的实用性和便捷性，学生则可能更在意课程查询和选课功能的响应速度和稳定性。分类评估可以帮助系统开发团队更准确地把握用户需求，提升整体满意度。

除了评分和评价，用户的具体意见和建议对于学校教育管理信息化系统改进具有重要参考价值。通过收集和分析这些具体意见，可以发现学校教育管理信息化系统中存在的实际问题，并进行改进。例如，如果用户反映某功能操作复杂，系统开发团队可以通过简化操作流程、提供操作指南等方式改善用户体验。学校教育管理信息化系统的用户支持和服务质量直接影响用户的满意度和使用体验。可以通过评估用户对技术支持、客服响应、问题解决等方面的满意度，了解用户在使用过程中遇到的问题，提升用户服务水平。例如，用户可能会反映技术支持响应不及时、客服态度不友好等问题，可以通过改进服务，提高用户对学校教育管理信息化系统的信任度和依赖度。

满意度评估的结果应及时反馈给系统开发和维护团队，并用于系统的持续改进。可以通过定期评估用户满意度，了解学校教育管理信息化系统的优势和不足，制订有针对性的改进计划，不断优化系统功能和操作步骤，如优化界面设计、简化操作流程、提升系统性能等。通过持续改进，可以不断提升学校教育管理信息化系统的整体质量。

（三）支持和服务

学校教育管理信息化系统的支持和服务评估应包括问题响应速度、解决效率等关键指标。确保用户在使用过程中能够得到及时帮助，是提升学校教育管理信息化系统可靠性的关键。在学校教育管理信息化系统使用过程中，用户难免会遇到各种问题和困扰，及时响应是技术支持的重要职责。一个高效的技术支持团队应能够在用户提出问题后迅速做出反应，初步了解问题的性质和严重程度。例如，可以设立技术支持热线或在线客服，确保用户在遇到问题时可第一时间联系到技术支持人员，得到及时指导和帮助。快速响应不仅能解决用户的燃眉之急，还能提高用户对学校教育管理信息化系统的依赖性。

仅仅快速响应用户的问题还不够，更重要的是能高效地解决这些问题。高效地解决问题需要技术支持团队能快速诊断问题的根本原因，并提供有效的解决方案。例如，通过建立知识库和常见问题解答平台，技术支持人员可以借助已有的解决方案和经验，快速为用户提供解决方法，减少问题处理时间。高效的问题解决不仅能提高用户的使用满意度，还能提升学校教育管理信息化系统的整体运行效率。

学校教育管理信息化系统的用户群体广泛，包括教师、学生和管理人员等，不同用户群体在使用过程中可能会遇到不同类型的问题。技术支持团队应具备全面的技术知识和服务能力，能够应对复杂的问题和需求。例如，针对教师可能遇到的教学管理问题，技术支持团队应能够提供详细的操作指导；针对学生可能遇到的课程查询和选课问题，技术支持团队应能够及时给予帮助和支持。全面的技术支持和服务，能够满足不同用户群体的需求，提高整体服务质量。

用户在使用过程中提出的问题和意见，是学校教育管理信息化系统改进的重要参考。技术支持团队应建立完善的用户反馈机制，收集和分析用户的反馈意见，并将这些意见及时反馈给学校教育管理信息化系统开发和维护团队。例如，可以通过定期用户满意度调查、用户意见收集等方式，了解用户对技术支持和服务的评价和建议，有针对性地提高服务质量。通过对用户反馈的处理和改进，技术支持团队可以不断提升技术支持和服务水平，确保用户在使用过程中能够得到更好的帮助和支持。为了提高用户的操作能力和使用水平，技术支持团队应定期开展技术培训和指导。例如，可以通过在线培训课程等形式，提高用户自主解决问题的能力。系统的技术培训和指导，不仅能减少用户在使用过程中遇到的问题，还能提高用户的整体使用水平。

技术支持人员的服务态度和沟通能力，直接影响用户的服务体验和满意度。一个友好、耐心、专业的技术支持团队，能够在帮助用户解决问题的同时，提供良好的服务体验。例如，技术支持人员应具备良好的沟通技巧，能够耐心倾听用户的问题和需求，给予及时有效的帮助和支持。良好的服务态度和用户体验，可以提升用户对学校教育管理信息化系统的整体满意度和认可度。

四、数据安全评估

（一）数据保护

学校教育管理信息化系统对用户数据的保护措施是否完善，直接关系到用户数据的安全性和隐私保护。数据加密、访问控制等安全措施是确保用户数据安全的关键，可以通过全面评估这些措施，有效保障用户数据的完整性和保密性。

数据加密包括数据传输加密和数据存储加密两部分。数据传输加密是指在数据从客户端到服务器之间传输时，采用加密算法防止数据在传输过程中被窃取或篡改。例如，可以采用 SSL/TLS 协议对数据传输进行加密，确保数据在传输过程中的安全性。数据存储加密是指在数据存储时，采用加密算法防止数据被非法访问或泄露。例如，可以采用 AES 等高级加密算法对存储的数据进行加密，确保数据在存储介质中的安全性。

访问控制是指对学校教育管理信息化系统中的数据访问权限进行严格管理，确保只有授权用户才能访问和操作特定数据。通过设置用户角色和权限，学校教育管理信息化系统可以根据用户的身份和权限，对数据访问进行控制。例如，可以通过基于角色的访问控制（Role-Based Access Control，RBAC）模型，定义不同角色的访问权限，确保只有具备相应权限的用户才能进行数据操作。严格的访问控制，可以有效防止未经授权的用户访问和操作数据，提高数据的安全性和保密性。

日志记录是指对学校教育管理信息化系统中的各类操作进行记录，形成详细的操作日志，帮助管理员了解系统的运行情况和数据访问情况。例如，可以记录用户的登录操作、数据查询操作、数据修改操作等，通过分析操作日志，及时发现异常操作和潜在的安全威胁。

监控机制是指对学校教育管理信息化系统的运行状态和数据访问情况进行实时监控，及时发现和处理数据安全事件。例如，可以通过安全监控工具，对学校教育管理信息化系统的网络流量、数据访问、用户行为等进行实时监控，及时发现异常情况和潜在的安全威胁，并采取相应的应对措施。

数据脱敏是指在不改变数据结构和真实性的前提下，对数据进行部分隐藏或替换，确保数据在使用过程中不泄露用户的隐私信息。例如，在数据分析和共享过程中，可以对用户的姓名、身份证号码、联系方式等敏感信息进行脱敏处理，确保数据在使用过程中的安全性和隐私性。

数据匿名化是指通过技术手段对数据进行处理，确保数据在无法追溯到具体用户的情况下仍能用于分析和研究。例如，可以通过数据聚合、数据扰动等方式对数据进行匿名化处理，确保数据在使用过程中的隐私保护。

学校教育管理信息化系统应定期进行安全评估和漏洞检测，确保数据保护措施的有效性和持续性。安全评估是指对学校教育管理信息化系统的安全性进行全面评估，检查系统的安全措施是否完善，发现潜在的安全风险和漏洞。例如，可以通过安全审计、渗透测试等方式，对学校教育管理信息化系统进行全面的安全评估，发现并修复潜在的安全漏洞。漏洞检测是指对学校教育管理信息化系统进行持续的漏洞检测和修复。例如，可以通过自动化漏洞扫描工具，对学校教育管理信息化系统进行定期的漏洞检测，及时发现和修复安全漏洞，提高系统的安全性和可靠性。

（二）隐私保护

隐私保护是评估学校教育管理信息化系统的重要指标。学校教育管理信息化系统对用户隐私的保护情况，直接关系到用户的信任和系统的合法合规性。确保用户的个人信息不会被泄露或滥用，是提升学校教育管理信息化系统安全性和用户满意度的关键。隐私保护的核心在于对用户个人信息的收集、存储和使用进行严格管理。学校教育管理信息化系统在设计时应遵循最小化原则，只收集必要的个人信息，避免过度收集。例如，在注册和使用过程中，只要求用户提供必需的基本信息，如姓名、联系方式等，而不收集与服务无关的敏感信息。严格限制个人信息的收集范围，可以减少信息泄露和滥用的风险，提高隐私保护水平。

学校教育管理信息化系统可以通过角色和权限管理，对个人信息的访问进行严格控制。例如，如果教师、学生和管理人员等不同角色拥有不同的访问权限，就能确保只有具备相应权限的用户才能查看和修改特定信息。严格的访问控制不仅能防止未经授权的访问，还能有效追踪和记录每一次访问操作，提供审计和追溯的依据。

学校教育管理信息化系统在存储和传输个人信息时，应采用强大的加密算法，确保数据在传输和存储过程中的安全性。例如，采用SSL/TLS协议对数据传输进行加密；采用AES等高级加密算法对存储的个人信息进行加密。可以通过数据加密，有效防止个人信息的泄露和滥用。

学校教育管理信息化系统在收集、使用和共享用户个人信息时，应获得用户的明确同意，并告知用户信息收集、使用和共享的目的、范围与方式。例如，在用户注册时，应通过隐私政策和用户协议，详细说明个人信息的收集、使用和共享情况，并通过用户勾选同意的方式，确保用户知情同意。用户同意不仅是保护隐私的法律要求，还是提升用户信任和满意度的重要措施。

学校教育管理信息化系统应建立完善的隐私保护评估和监控机制，定期对隐私保护措施进行评估和检测，发现和修复潜在的隐私风险。例如，可以通过安全审计、渗透测试等方式，对学校教育管理信息化系统的隐私保护措施进行全面评估；通过实时监控和日志分析，及时发现和应对隐私保护中的异常情况。定期的安全评估和监控，不仅能提高隐私保护的有效性，还能确保学校教育管理信息化系统在不断变化的环境中，始终具备高水平的隐私保护能力。

（三）备份和恢复

数据备份和恢复机制是否健全，直接影响学校教育管理信息化系统的故障应对能力。确保能及时恢复数据，是保障学校教育管理信息化系统稳定运行和数据安全的关键。

健全的备份机制应包括定期的全量备份和增量备份。全量备份是指将学校教育管理信息化系统中的所有数据进行完整备份，通常安排在业务低峰期进行，以确保备份的完整性和一致性。增量备份是指对自上次备份以来发生变化的数据进行备份，通常频率较高，如每日或每小时进行一次。通过全量备份和增量备份的结合，可以确保数据备份的全面性和及时性，降低数据丢失的风险。

备份数据应存储在安全可靠的介质上，并确保多地存储，避免单点故障导致数据丢失。例如，可以将备份数据存储在本地服务器和云存储中，确保在一处存储介质发生故障时，仍然有备份数据可供恢复。备份数据的存储位置应具备良好的安全措施，如访问控制、加密存储等，防止备份数据被非法访问或篡改。多地存储和安全措施，可以提高数据备份的可靠性和安全性。

一个健全的数据恢复机制应具备快速恢复能力和高效的恢复流程。例如，在发生数据丢失或系统故障时，数据恢复机制能够迅速定位故障原因并选择合适的备份数据进行恢复，确保系统在最短时间内恢复正常运行。数据恢复流程应包括故障检测、备份数据选择、数据恢复执行和恢复后验证等步骤。

自动化备份和恢复可以降低人工操作的复杂性和误操作的风险，提高备份和恢复的效率和可靠性。例如，可以通过自动化备份工具，定期自动执行全量备份和增量备份，并对备份数据进行验证和管理。智能化的数据恢复机制可根据故障类型和数据丢失情况，自动选择最佳的备份数据和恢复策略，确保数据恢复的快速和准确。自动化和智能化技术，可以提高数据备份和恢复的效率和可靠性，降低人工操作的风险和复杂性。

定期的备份和恢复演练，可以验证备份数据的可用性和恢复流程的有效性，发现并解决备份和恢复中的潜在问题。例如，可以定期模拟数据丢失或系统故障的场景，进行数据恢复演练，验证备份数据的完整性。备份和恢复演练，可以提高系统在实际故障发生时的应对能力，确保备份和恢复机制的有效性。

备份数据包含用户的个人信息和敏感数据，应确保在备份和恢复过程中对用户数据的保护。例如，在备份和恢复过程中，应遵循数据保护法规和隐私政策，对备份数据进行加密存储和传输。合规的备份和恢复措施，可以提高用户对学校教育管理信息化系统的信任度和满意度，保障数据备份和恢复的合法性和安全性。

五、技术支持评估

（一）系统维护

系统维护是评估学校教育管理信息化系统稳定性和性能的重要方面。学校教育管理信息化系统是否定期进行更新和维护，直接关系到其持续运行和优化。确保学校教育管理信息化系统得到良好维护，不仅能提高系统的可靠性和安全性，还能提升用户的满意度。定期更新学校教育管理信息化系统可以确保其具备最新的功能和安全补丁，修复漏洞。例如，通过版本更新，学校教育管理信息化系统可以修复已知的缺陷和漏洞，提升整体的稳定性。同时，系统更新还可以引入新的功能和优化现有的性能，提高用户的操作效率和使用体验。定期更新不仅是对学校教育管理信息化系统安全和性能的保障，还是提升学校教育管理信息化系统价值的重要手段。

硬件维护涉及对服务器、存储设备、网络设备等的定期检查和维护，能确保硬件设备的正常运行。例如，通过定期检查服务器的 CPU 等资源使用情况，及时更换老化和易发生故障的硬件设备，可以防止硬件故障对系统运行的影响。

软件维护则包括对操作系统、数据库、应用程序等的检查和优化。例如，可以定期进行数据库优化、日志清理、垃圾数据清理等操作，提高学校教育管理信息化系统的运行效率和稳定性。定期进行安全检查和防护，可以防止学校教育管理信息化系统遭受恶意攻击和数据泄露。例如，可以定期进行安全扫描、漏洞检测等安全检查，及时发现和修复学校教育管理信息化系统中的安全漏洞，防止黑客攻击和数据泄露。同时，学校教育管理信息化系统应采取防火墙、防病毒软件等安全防护措施，构建多层次的安全防护体系。通过定期的安全检查和防护措施，可以提高学校教育管理信息化系统的安全防御能力，保障用户数据的安全。

一个专业的维护团队应具备扎实的技术能力和丰富的维护经验，能够快速响应和处理学校教育管理信息化系统的各种问题。例如，维护团队应具备操作系统、数据库、网络、安全等方面的专业知识，能够及时发现和解决学校教育管理信息化系统运行中的故障和问题。规范的维护流程包括维护计划的制订、维护操作的记录、维护结果的评估等，确保每次维护操作都有据可依。例如，可以通过制订详细的维护计划，明确每次维护的具体内容和操作步骤，确保维护工作的有序进行；可以通过记录每次维护的操作过程和结果，形成维护日志，以便后续的维护和问题追踪。

（二）故障处理

学校教育管理信息化系统的故障处理机制是否完善，直接关系到其在遇到问题时能否及时响应并解决。确保学校教育管理信息化系统具备高效的故障处理机制，是提高系统可靠性和用户满意度的核心任务。学校教育管理信息化系统应具备自动故障检测功能，能够实时监控系统的运行状态，及时发现潜在的问题。例如，通过引入监控工具，对学校教育管理信息化系统的关键指标如内存使用率、磁盘输入/输出（Input/Output，I/O）等进行实时监控，能够及时捕捉到异常情况和性能瓶颈。自动故障检测不仅能快速发现系统故障，还能提供故障发生的具体信息，为后续的故障处理提供依据。

快速响应能够在故障发生后第一时间采取措施，减小故障对学校教育管理信息化系统和用户的影响。例如，可以通过建立全天候的技术支持团队，确保在任何时间段内都能及时响应用户的故障报告和学校教育管理信息化系统的故障告警。快速响应不仅能降低故障对业务的影响，还能提升用户对学校教育管理信息化系统的信任度和满意度。

一个完善的故障处理流程应包括故障报告、故障分析、故障修复、故障验证和故障总结等环节。在故障发生后，首先应通过故障报告机制记录故障的详细信息，然后由技术支持团队进行故障分析，找到故障的根本原因，接着制订并实施故障修复方案，最后对修复结果进行验证，确保故障彻底排除。可以通过故障总结，分析故障原因，避免类似故障再次发生。

应建立故障预防机制，在学校教育管理信息化系统故障发生前采取预防措施，降低故障发生的概率。例如，可以定期进行学校教育管理信息化系统的健康检查和性能评估，及时发现和处理潜在的问题。故障预警功能是指在学校教育管理信息化系统运行过程中，通过监控和分析系统的运行数据，及时发现异常趋势并发出预警信号。例如，可以设置关键指标的阈值，当指标超出阈值时，学校教育管理信息化系统会自动发出预警信号，提醒技术支持团队及时采取措施，防止故障的发生和扩大。在系统故障发生后，要能够快速恢复学校教育管理信息化系统的正常运行，减小故障对用户和业务的影响。例如，可以通过冗余设计和高可用性架构，确保在单点故障发生时，系统能够快速切换到备用系统，保持业务的连续性。快速恢复能力是提高系统故障处理效率和降低故障影响的重要保障。

通过定期收集用户在学校教育管理信息化系统故障处理过程中的反馈意见，了解用户对故障处理的满意度和改进建议，可以为故障处理机制的优化提供重要参考。例如，可以了解用户在故障处理过程中的体验和感受，针对用户的反馈意见，进行故障处理流程和机制的改进。持续的改进，能提升故障处理机制的效率。

（三）用户培训

用户培训是评估学校教育管理信息化系统成效的重要方面。定期对用户进行系统使用培训，直接关系到用户的操作水平和使用效率。确保用户能够熟练操作系统，是提高学校教育管理信息化系统利用率的关键任务。

一个健全的用户培训计划应包括定期的培训安排和广泛的用户覆盖。通过定期组织培训课程，可以确保新用户和现有用户都能及时掌握学校教育管理信息化系统的使用方法。例如，在新学期开始前对新教师和新学生进行学校教育管理信息化系统使用培训，能够确保他们熟练使用系统的各项功能。覆盖所有用户群体，可以确保每个用户都能获得培训机会，提高整体的操作水平。

系统培训应涵盖学校教育管理信息化系统的各项功能和操作流程，确保用户能够全面了解和掌握学校教育管理信息化系统的使用。例如，可以通过详细讲解学校教育管理信息化系统的界面导航、数据录入、查询操作、报表生成等功能，帮助用户熟悉系统的各项操作流程。培训内容应结合实际使用场景，提供具体的操作示例和实用技巧，提高培训的实用性和针对性，使用户能够在实际操作中得心应手。可以通过多种培训方式，满足不同用户的学习需求和习惯，如采用现场培训、在线培训、视频教程、操作手册等形式，确保用户可根据自己的时间和需求选择合适的培训方式。现场培训可以通过互动交流，及时解答用户的问题和疑惑；在线培训和视频教程可以方便用户随时随地进行学习；操作手册可以作为日常操作的参考，提高用户的学习效率和操作水平。

对培训效果进行评估，可以了解用户的学习情况和培训的实际效果。例如，可以通过培训前后的操作技能测试，评估用户对学校教育管理信息化系统操作的掌握程度；通过用户满意度调查，了解用户对培训内容、形式和效果的评价和建议。应根据培训效果评估和用户反馈，及时调整和优化培训计划和内容，确保用户能够真正掌握学校教育管理信息化系统的使用方法。在用户培训之外，提供持续的技术支持和用户指导，可以帮助用户解决遇到的问题。例如，设立技术支持热线和在线客服，可以及时解答用户在操作过程中遇到的问题；知识库和常见问题解答平台，可以提供丰富的操作指南和解决方案，帮助用户自助解决问题。

建立学校教育管理信息化系统使用培训的资源库，可以将培训资料、视频教程、操作手册等资源进行集中管理和共享，方便用户随时查阅和学习。例如，可以在学校内部网上建立培训资源库，分类整理和发布各类培训资源，用户可根据需要查找和下载相关资料。培训资源的共享，不仅可以增强培训的效果，还能为后续的培训工作提供丰富的资源支持。

六、经济效益评估

（一）成本效益

系统建设和运行的成本效益比，直接反映了学校教育管理信息化建设的经济性和投资回报率。确保系统投入和产出合理，是提高学校教育管理信息化建设效率和价值的关键任务。

初期投入包括硬件采购、软件开发和购买、网络建设等费用。初期投入应根据学校的实际需求和预算进行规划，确保在满足基本功能需求的同时，控制成本。例如，在采购硬件时，可以选择性能稳定、价格合理的设备；在开发和购买软件时，可以选择功能全面、维护方便的解决方案。科学合理规划和选择，可以有效控制初期投入成本，提高资金的使用效率。

长期成本包括学校教育管理信息化系统的日常维护、升级更新、技术支持等费用。一个经济高效的系统应具备良好的可扩展性和可维护性，降低运行和维护的成本。例如，可以通过合理升级和扩展计划，确保学校教育管理信息化系统能够适应不断变化的需求，延长系统的使用寿命；通过定期的系统检查和维护，及时发现和解决潜在问题。控制长期成本，不仅能提高学校教育管理信息化系统的经济效益，还能保障学校教育管理信息化系统的稳定运行和持续优化。

学校教育管理信息化系统的产出包括提高教育管理效率、提升教学质量、优化资源配置等方面的收益。例如，学校教育管理信息化系统的应用，可以实现学生信息管理、教师绩效评估、课程安排等管理工作的自动化和高效化，减少人工操作的时间，提高工作效率和管理水平；在线教学平台和资源共享系统，可以丰富教学资源和手段，提高教学质量。学校教育管理信息化系统产出的直接和间接效益，是衡量学校教育管理信息化建设成功与否的重要依据。

一个高效的学校教育管理信息化系统，应能够满足用户的需求，提高用户的满意度和使用积极性。例如，可以通过用户反馈调查，了解教师、学生和管理人员对系统功能、操作便捷性、技术支持等方面的评价和建议；通过统计学校教育管理信息化系统的使用数据，分析系统的利用率和功能使用情况，及时发现和解决使用中的问题，提升系统的使用价值。用户满意度和系统利用率的提高，是学校教育管理信息化系统产出和效益的重要体现。

学校教育管理信息化建设不仅应关注直接的经济效益，还应考虑其对教育质量提升、教学资源共享、教育公平性等方面的积极影响。例如，学校教育管理信息化建设可以实现教育资源的广泛共享和公平分配，促进教育公平和资源均衡发展；数字化教学和管理手段，可以提升学校的整体教学质量和管理水平，为学生提供更优质的教育服务。学校教育管理信息化系统的社会效益和长远影响，是评估学校教育管理信息化建设成效和价值的重要维度。

应定期评估学校教育管理信息化系统的成本效益比，分析投入和产出的合理性和效率。例如，通过年度预算和效益分析，评估学校教育管理信息化系统的资金使用情况和产出效益，制订和调整学校教育管理信息化建设计划，提高资金使用效率和系统产出效益；通过对比不同阶段的成本效益数据，分析学校教育管理信息化建设的进展和成效，持续改进和优化学校教育管理信息化建设的各项措施和方案，确保学校教育管理信息化建设的经济性和有效性。

（二）投资回报

学校教育管理信息化系统的投资回报率反映了学校教育管理信息化建设带来

的效益，特别是提高管理效率、降低运营成本等方面的实际效果。确保学校教育管理信息化建设带来预期的效益，是提升教育质量和实现教育管理现代化的关键任务。例如，学生信息管理系统可以自动记录和更新学生的成绩、出勤等数据，避免人工录入的烦琐，提高信息管理的效率和准确性；教师绩效评估系统可以通过自动化的数据收集和分析，快速生成评估报告，帮助学校管理层及时了解教师的工作表现和教学质量。通过提高管理效率，学校教育管理信息化系统可以大幅减少人工成本和时间成本，提升学校管理的整体水平。

传统的教育管理和教学手段往往需要大量的纸质文件和手工操作，不仅效率低下，还会增加运营成本。例如，传统的学生成绩单和通知书需要印刷和邮寄，耗费大量的纸张和邮费；传统的课程安排和考试管理需要大量的人工操作，增加管理成本。在学校教育管理信息化系统中，学生成绩单和通知书都可以通过系统自动生成并发送电子版，减少纸张和邮费的支出；可以通过学校教育管理信息化系统自动排课和安排考场，提高效率的同时减少人力成本。此外，学校教育管理信息化系统的应用能够提升教学质量，间接带来显著的投资回报。教学质量的提升，虽不能直接用经济效益来衡量，但对学校的整体发展和声誉提升具有重要意义，是学校教育管理信息化系统投资回报的重要组成部分。

学校教育管理信息化系统的应用能够增强学校的竞争力和吸引力，提升学校的知名度和影响力。例如，学校可以提供更优质和高效的教育服务，吸引更多的优秀教师和学生；通过教育管理和教学的数字化转型，学校可以树立信息化和现代化的形象，提高学校的社会认可度和声誉。这些无形的效益，虽然难以量化，但对学校的发展和竞争力提升有重要作用。

学校教育管理信息化系统的应用能够促进教育资源的共享和优化配置，提高教育资源的利用效率。例如，通过学校教育管理信息化系统，学校可以实现教育资源的集中管理和共享；通过在线教学平台和资源库，教师和学生可以方便地获取和共享教学资源，提高教育资源的利用率。通过促进教育资源的共享和优化配置，学校教育管理信息化系统可以提升教育质量和效益。

评估学校教育管理信息化系统的投资回报率需要结合实际数据和效果进行全面分析。收集和分析系统应用前后的数据，可以量化和评估学校教育管理信息化系统的实际效益。例如，可以通过比较学校教育管理信息化系统应用前后的管理效率、运营成本、教学质量等，评估学校教育管理信息化系统的实际效益和投资回报；可以通过用户满意度调查和反馈，进一步改进学校教育管理信息化系统，提升其投资回报率。结合实际数据和效果的全面分析，是评估学校教育管理信息化系统投资回报率的重要方法。

第二节 学校教育管理信息化的评估方法

学校教育管理信息化的评估方法多样，主要涵盖定量和定性两大类。通过科学合理的评估方法，可以全面、准确地了解学校教育管理信息化建设的成效和存在的问题。

一、问卷调查法

问卷调查法是评估学校教育管理信息化系统使用体验和满意度的一种重要方法。这种方法是指设计系统功能、操作便捷性、响应速度、技术支持等方面的问题，并以在线或纸质问卷的方式进行调研。在线问卷方便快捷，用户可通过手机、电脑等设备随时随地填写问卷；纸质问卷适合不方便使用电子设备的用户，特别是年长教师或对电子设备不熟悉的用户。问卷调查法能够收集大量用户反馈，从而全面了解用户的真实感受，适用于教师、学生和管理人员等各类用户群体。这种方法在评估学校教育管理系统效果和发现问题方面具有显著优势。

系统功能是用户使用学校教育管理信息化系统的核心内容，通过问卷中的相关问题，可以了解用户对各项功能的使用频率和满意度。可以通过收集用户对系统功能的反馈，识别出哪些功能表现良好，哪些功能需要改进，从而为学校教育管理信息化系统优化提供重要参考。

操作便捷性直接影响用户的使用体验和效率，通过问卷中的相关问题，可以了解用户在操作过程中遇到的问题。可以询问用户在进行数据录入和查询时是否感到操作复杂，是否需要花费大量时间和精力。通过分析这些反馈，可以发现学校教育管理信息化系统界面设计和操作流程中的不足，并采取措施进行改进。

响应速度是影响用户体验的关键因素之一，通过问卷中的相关问题，可以了解用户对学校教育管理信息化系统响应速度的评价。可以询问用户在使用学校教育管理信息化系统时是否遇到过页面加载缓慢或数据查询时间过长的问题。可以通过收集这些反馈，分析学校教育管理信息化系统在性能方面的表现，并采取优化措施提高系统的响应速度，提升用户的使用体验。

技术支持是保障学校教育管理信息化系统正常运行和用户满意度的重要因素，通过问卷中的相关问题，可以了解用户对技术支持的评价，可以询问用户在遇到问题时是否能够及时得到技术支持团队的帮助，或者技术支持的响应速度和解决问题的效率如何。这样可以发现技术支持中的问题和不足，并采取措施，确保用户在使用过程中能够得到及时有效的帮助。

问卷调查法能够获得大量用户反馈，为学校教育管理信息化系统优化提供丰富的数据信息。通过大规模的问卷调研，可以收集到不同用户群体的反馈信息，这些信息对于全面了解学校教育管理信息化系统的使用情况和用户需求具有重要意义。

二、访谈法

与不同角色的用户（如教师、学生、管理人员）进行一对一或小组访谈，可以深入了解用户对学校教育管理信息化系统的具体意见和建议。访谈法能够收集到详细的反馈信息，有助于了解学校教育管理信息化系统使用中的具体问题和改进建议。这种方法适用于获取详细的反馈和深入分析系统问题。

系统功能的有效性和易用性是学校教育管理信息化系统评估的关键内容，通过访谈，用户可以具体描述他们在使用系统各项功能时的体验和感受。例如，教师可以详细说明在使用课程管理模块时遇到的困难，学生可以分享在查询成绩或选课时的体验，管理人员则可以描述数据管理和系统维护中遇到的具体问题。这些详细的反馈信息有助于识别系统功能中的不足，并提供有针对性的改进建议。

操作便捷性直接影响用户的使用效率和满意度，访谈能够让用户详细表述在操作过程中遇到的具体问题和困扰。例如，用户可以详细描述使用学校教育管理信息化系统进行数据输入和查询时，是否存在操作复杂、界面不友好等问题，通过这些详细的描述，可以准确定位操作便捷性方面的改进点，并提出具体的优化措施。学校教育管理信息化系统响应速度是影响用户体验的重要因素，访谈能够收集到用户在实际使用中对系统响应速度的真实评价。例如，用户可以详细说明在进行数据查询、页面加载时遇到的速度问题，并探讨这些问题对他们日常工作和学习的影响。通过这些详细的反馈，可以找出系统性能瓶颈，并制订相应的优化方案，提高学校教育管理信息化系统的响应速度和用户体验。

技术支持是保障学校教育管理信息化系统正常运行的重要环节，通过访谈，可以了解用户在技术支持方面的问题。例如，用户可以详细描述在联系技术支持时的响应速度、问题解决的效率和技术支持人员的专业水平。这些详细的反馈有助于识别技术支持中的薄弱环节，并提出改进建议，提高技术支持的质量和用户满意度。

一对一访谈可以深入了解个别用户的详细体验和建议，小组访谈则可以通过互动讨论，收集更加多样化的意见和建议。例如，对一位教师进行访谈，可以全面了解其在使用学校教育管理信息化系统时的具体问题；与一组学生展开讨论，可以收集他们对学校教育管理信息化系统不同功能的综合评价。灵活的访谈形式能够更全面、更深入地了解用户的真实感受。

访谈能收集到丰富、具体的用户反馈，帮助识别系统中的深层次问题和改进路径。例如，通过访谈，还可以发现用户在使用学校教育管理信息化系统时的隐性需求和未满足的期望，并通过深入分析，提出系统改进的具体方案。详细的定性反馈不仅能为学校教育管理信息化系统改进提供重要参考，还有助于理解用户需求，提升用户体验。

三、数据分析法

通过量化数据评估系统的实际使用情况和性能表现，数据分析法能够提供客观的量化数据，直观展示学校教育管理信息化系统的使用情况和性能指标。这种方法适用于系统性能评估和使用情况分析，在评估过程中具有显著优势。

用户登录次数是衡量学校教育管理信息化系统使用频率和用户活跃度的重要指标。可以通过分析一段时间内的用户登录次数，了解学校教育管理信息化系统的使用情况和用户对系统的依赖程度。例如，若在新学期开始时登录次数显著增加，说明学校教育管理信息化系统在开学期间得到广泛使用。可以评估学校教育管理信息化系统在不同时间段的使用情况，找出使用高峰期和低谷期，为优化系统性能和资源分配提供参考。

不同功能模块的使用频率可以反映用户对各功能的需求和使用习惯。通过分析各功能的使用频率，可以了解哪些功能受到用户欢迎，哪些功能使用较少。例如，若课程查询功能使用频率较高，而课表管理功能使用频率较低，则可能说明课程查询功能满足了用户需求，而课表管理功能需要改进。这种分析可以优化功能设计，提升用户体验和系统实用性。

系统响应时间指的是用户操作学校教育管理信息化系统后，系统做出响应的时间。通过收集和分析学校教育管理信息化系统在不同操作下的响应时间数据，可以评估系统的性能表现。例如，若数据查询功能的响应时间过长，可能说明学校教育管理信息化系统在处理大数据时存在性能瓶颈，可以识别出系统性能的薄弱环节，制定相应的优化措施，提升学校教育管理信息化系统的响应速度和用户体验。

系统故障率指的是学校教育管理信息化系统在运行过程中发生故障的频率。

通过收集和分析系统的故障率数据，可以了解学校教育管理信息化系统的稳定性和可靠性。例如，若某段时间内系统故障率较高，可能说明学校教育管理信息化系统存在潜在的问题和风险。可以及时发现和解决学校教育管理信息化系统中的问题，确保用户的正常使用。

相比于主观的用户反馈，量化数据更加客观和真实，能够准确反映学校教育管理信息化系统的实际使用情况和性能表现。例如，通过图表和报表的形式展示用户登录次数、功能使用频率、响应时间、故障率等数据，可以直观了解学校教育管理信息化系统的使用效果和性能指标，为决策提供重要依据。量化数据不仅能发现学校教育管理信息化系统中的问题，还能评估优化措施的效果，指导系统的持续改进。

收集和分析系统使用数据，可以全面评估学校教育管理信息化系统的使用效果和性能表现，找出学校教育管理信息化系统中的问题。例如，对比不同时间段的数据，可以评估学校教育管理信息化系统在不同阶段的性能变化，分析优化措施的效果；对比不同用户群体的数据，可以了解不同用户对学校教育管理信息化系统的需求，制订有针对性的优化方案。数据分析法不仅能评估学校教育管理信息化系统当前的表现，还能预测学校教育管理信息化系统未来的使用趋势，为学校教育管理信息化系统的持续优化和发展提供科学依据。

四、绩效评估法

绩效评估法是评估学校教育管理信息化系统成效的重要方法。通过对比学校教育管理信息化系统使用前后的管理效率、教学质量、学生成绩等关键绩效指标，绩效评估法能够量化学校教育管理信息化系统的实际效益，评估系统的投资回报率。这种方法适用于评估学校教育管理信息化系统的实际应用效果和经济效益，为学校教育管理信息化建设提供重要参考。学校教育管理信息化系统的应用旨在提高学校管理的自动化和高效化，通过对比系统使用前后的管理效率，可以直观地了解系统的实际效益。例如，在学生信息管理方面，可以比较学校教育管理信息化系统使用前后学生数据录入和查询的时间和准确性；在教师绩效评估方面，可以比较学校教育管理信息化系统使用前后数据收集和分析的效率。这些具体的对比数据，可以量化学校教育管理信息化系统在管理效率方面的提升效果，为系统改进提供依据。

学校教育管理信息化系统不仅用于学校管理，还用于支持和提升教学质量。通过对比系统使用前后的教学质量指标，可以评估学校教育管理信息化系统对教学效果的实际影响。例如，在课程管理方面，可以比较学校教育管理信息化系统使用前后课程安排的合理性和学生的选课满意度；在教学资源共享方面，可以比较学校教育管理信息化系统使用前后教师和学生对教学资源的访问和利用情况。这些对比数据，可以量化学校教育管理信息化系统在教学质量提升方面的实际效益，进一步证明学校教育管理信息化建设的价值。学生成绩是反映教学效果和学生学习成果的关键指标，通过对比学校教育管理信息化系统使用前后的学生成绩数据，可以评估学校教育管理信息化系统对学生学习效果的实际影响。例如，可以比较学校教育管理信息化系统使用前后不同年级和不同科目学生的考试成绩、课程通过率等。可以通过量化学校教育管理信息化系统在提升学生学习效果方面的贡献，验证系统的实际应用效果。

对比学校教育管理信息化系统使用前后的关键绩效指标，可以计算系统带来的实际效益，并与系统建设和运行的成本进行比较。例如，可以通过计算管理效率提升带来的时间和人力成本节约、教学质量提升带来的教育效益、学生成绩提升带来的社会效益等，量化学校教育管理信息化系统的实际效益。通过这些具体的量化数据，可以评估学校教育管理信息化系统的经济效益，证明学校教育管理信息化建设的投资价值。

五、技术测试法

通过压力测试、负载测试、安全测试等手段，技术测试法能够检测学校教育管理信息化系统在不同负载和攻击情况下的表现，从而发现系统潜在的性能瓶颈和安全漏洞。这种方法适用于技术性能评估和安全性分析，在学校教育管理信息化系统评估过程中具有显著的实用性。

压力测试旨在评估学校教育管理信息化系统在高强度负载下的表现，可通过模拟大量用户同时访问系统的场景，检测学校教育管理信息化系统的响应时间、吞吐量和资源利用率等指标。例如，在模拟学生选课高峰期的场景下，压力测试可以检测学校教育管理信息化系统在同时处理大量选课请求时的表现，评估系统是否能够在高负载情况下保持稳定的响应速度。通过这种测试，可以发现学校教育管理信息化系统在高负载下的性能瓶颈，并为学校教育管理信息化系统优化提供具体的改进方向。

负载测试可通过逐步增加系统负载，检测学校教育管理信息化系统在不同负载水平下的表现，有助于了解学校教育管理信息化系统的最大承载能力和稳定性。例如，可以通过逐步增加用户登录请求，检测学校教育管理信息化系统在不同并发用户数下的响应时间和故障率，评估学校教育管理信息化系统的负载能力和稳定性。负载测试不仅可以发现学校教育管理信息化系统的性能极限，还有助于识别学校教育管理信息化系统在高负载情况下可能出现的故障和问题，为学校教育管理信息化系统扩展和优化提供重要依据。

安全测试可通过模拟各种网络攻击和安全威胁，检测学校教育管理信息化系统的安全防护能力和漏洞。例如，可以通过渗透测试模拟黑客攻击，检测学校教育管理信息化系统的防火墙、入侵检测系统和数据加密等安全措施的有效性，评估学校教育管理信息化系统是否能够抵御常见的网络攻击。通过安全测试，可以发现学校教育管理信息化系统中的安全漏洞和薄弱环节，及时修复和加强学校教育管理信息化系统的安全防护，确保用户数据和系统的安全性。

对压力测试、负载测试和安全测试的数据进行分析，可以生成详细的测试报告，展示学校教育管理信息化系统在不同测试条件下的表现。例如，可以通过图表和报表的形式展示学校教育管理信息化系统在不同负载下的响应时间、吞吐量、资源利用率等指标，直观了解学校教育管理信息化系统的技术性能和稳定性。详细的测试报告不仅能发现学校教育管理信息化系统中的问题，还能为学校教育管理信息化系统的持续改进提供具体的数据支持和参考依据。对系统的技术性能和安全性进行全面测试，可以全面了解学校教育管理信息化系统的实际表现和潜在问题。

六、用户反馈法

通过持续收集用户在使用过程中的意见和建议，用户反馈法能够深入了解用户需求，为学校教育管理信息化系统优化提供重要参考。建立用户反馈渠道，如在线反馈平台、技术支持热线、电子邮件等，并定期收集和分析用户反馈，是确保学校教育管理信息化系统持续改进和用户满意度持续提升的关键。

通过在线反馈平台，用户可以随时提交意见和建议，技术支持团队可以及时查看和处理；通过技术支持热线，用户可以直接与技术支持人员沟通，解决在使用中遇到的问题；通过电子邮件反馈，用户可详细描述遇到的问题和提出改进建议。多渠道的反馈机制可以确保更多的用户参与反馈，收集到更加全面和多样化的意见。

定期收集用户的意见和建议，可以及时了解学校教育管理信息化系统在使用过程中存在的问题和用户的需求变化。例如，可以每季度进行一次用户满意度调查，收集用户对操作便捷性、技术支持等方面的评价和建议；可以定期统计在线反馈平台、技术支持热线和电子邮件中的反馈内容，分析用户的主要问题和共性需求。用户在使用学校教育管理信息化系统过程中会遇到各种实际问题和需求，通过反馈，他们可以详细描述这些问题和需求，提出具体的改进建议。例如，教师可能会反映课程管理功能操作复杂，学生可能会建议增加考试成绩查询功能，管理人员可能会希望改进数据备份和恢复功能。收集这些具体的反馈信息，可以准确了解用户的问题和需求，制定优化措施，提高学校教育管理信息化系统的实用性和用户体验。

用户反馈是学校教育管理信息化系统改进的重要依据，通过分析用户的意见和建议，可以发现学校教育管理信息化系统的问题和改进方向。例如，通过分析用户对某一功能的反馈，可以识别出该功能的使用障碍和优化机会；通过分析用户对技术支持的评价，可以发现技术支持中的不足和改进点。根据用户反馈进行学校教育管理信息化系统的持续改进，不仅能提升系统的功能和性能，还能提高用户的满意度和忠诚度。

及时回应和处理用户反馈，能让用户感受到学校教育管理信息化系统开发团队的重视和关心，增强用户对学校教育管理信息化系统的信任。例如，可以通过反馈渠道向用户回复处理结果和改进计划，告知他们的反馈已经被采纳和处理；可以通过系统更新和版本发布，展示基于用户反馈的改进，让用户看到实际的改进效果。及时的反馈回应和处理，可以提升用户的满意度和用户黏性，促进学校教育管理信息化系统的长期使用和推广。

持续收集和分析用户反馈，可以不断优化学校教育管理信息化系统的性能。例如，对比不同时间段的用户反馈数据，可以评估学校教育管理信息化系统改进措施的效果，分析用户满意度的变化趋势。用户反馈法不仅能评估学校教育管理信息化系统的当前表现，还能为学校教育管理信息化系统的持续改进和用户的满意度持续提升提供科学依据。

第三节　学校教育管理信息化的评估案例分析

学校教育管理信息化是提高教育质量和管理效率的重要手段。本节将通过具体案例来分析学校教育管理信息化的实施效果和存在的问题，并提出相应的改进建议。

第七章 学校教育管理信息化的成效评估

一、案例背景

某中学采用了一系列先进的信息技术工具和系统，大大提高了教学的质量和管理的效率。

学校通过部署互动式 LMS 优化了教学管理。这个平台支持在线作业提交、教学资源共享及互动讨论，极大地丰富了教学活动，并促进了教师和学生之间的互动。LMS 的应用能使教学内容更加个性化，学生可根据自己的学习进度和兴趣选择学习资源，同时教师能够根据学生的反馈及时调整教学策略。

学校引入了一个综合学生信息系统，该系统不仅能存储学生的基本信息和学习记录，还能跟踪学生的出勤、成绩发展及课外活动参与情况，为教师、家长和管理人员提供实时、全面的学生表现分析。

此外，学校还实施了数字化财务管理系统，该系统能自动化处理会计和预算管理工作，确保财务数据的准确性和财务流程的透明性。这一系统的引入不仅简化了复杂的财务操作，还加强了对学校财务状况的监控和审计，提高了财务管理的安全性和合规性。

通过这些信息技术工具和系统的应用，该中学不仅提升了教育服务的质量，还提高了教育管理的整体效率。这些变化使得学校能更好地应对快速变化的教育教学需求，为学生提供高质量的教育教学体验。在未来，该中学计划进一步加强学校教育管理信息化建设，探索利用大数据和人工智能技术来优化教学实践和教育管理。

二、评估案例分析

（一）教学管理系统评估

在教学管理系统的使用过程中，该校通过合理的课程安排、数据化的教师绩效评估及教学资源的共享，提升了教学质量和管理效率。教学管理系统的课程安排功能使课程的设置更加科学和合理，避免了课程冲突和资源浪费，极大地提升了教师和学生的满意度。通过数据化的教师绩效评估，学校能够更准确地了解教师的教学效果和工作表现，从而制定更科学的激励机制。同时，教学资源的共享功能使得教师能更便捷地交流和分享教学资料，促进了教学水平的提升。

尽管取得了诸多成效，但教学管理系统在使用过程中也暴露出一些问题。首先，系统的用户界面设计不够友好，导致教师在使用过程中需要花费较多时间学习和适应,这在一定程度上影响了系统的使用效率。其次,部分功能模块存在数据冗余和重复录入的问题,这不仅增加了教师的工作量,还容易导致数据的混乱和错误。最后,系统的某些功能设计不够人性化,未能充分考虑教师的实际需求,导致部分功能的使用率较低。

学校需要对教学管理系统进行优化。首先,应优化系统的用户界面设计,使其更加直观和易用,降低教师的学习成本。可以通过增设系统的使用教程和操作指南,帮助教师更快地熟悉和掌握系统的各项功能。其次,学校应简化数据录入流程,减少不必要的重复操作,提高数据录入的效率和准确性。可以考虑引入自动化的数据采集和处理技术,降低人为操作的错误率。同时,学校还应对系统的功能模块进行梳理和优化,删除不必要的功能,提升实用性和用户体验。最后,在提升数据管理的精细化程度方面,学校可以加强数据的分类和整理,提高数据的利用率;可以通过建立规范的数据管理流程和标准,确保数据的完整性和一致性,避免数据冗余和冲突。同时,可以引入数据分析工具,对教学数据进行深入挖掘和分析,提供更具价值的决策支持。

为了确保优化工作的顺利进行,学校需要组建专门的技术团队,负责系统的维护和优化工作。同时,学校还应加强与系统供应商的合作,及时获取系统的升级和更新服务,保持系统的先进性和稳定性。在优化教学管理系统的过程中,学校还应注重教师的反馈和建议,积极听取教师的意见和建议,不断改进系统功能。可以通过定期开展用户调查和座谈会,了解教师的需求,及时调整和优化系统设计。同时,该校还可以借鉴其他学校的成功经验,结合自身的实际情况,制订科学合理的优化方案。

(二)学生管理系统评估

学生管理系统的引入,使得学生信息管理更加系统化,家校沟通渠道更加畅通,学生考勤和行为记录的准确性显著提高。系统化的学生信息管理让该校能够更高效地处理大量的学生数据,减少人工管理的误差。通过家校沟通渠道的优化,学校和家长之间的联系更加紧密,家长能够及时了解孩子在学校的学习和生活情况,参与度和满意度都得到了提升。学生考勤和行为记录的准确性提高了,教师能更全面地掌握学生的出勤和行为动态,从而进行更有效的管理和指导。

然而,尽管取得了一定的成效,学生管理系统在实际运行中也面临着一些问题。首先,系统的稳定性不足,时常出现系统崩溃的情况,给学生信息管理带来了较大的风险。这不仅影响了管理工作的效率,还对数据的安全性造成了威胁。

其次，家长端的功能设计未能完全满足实际需求，使用率较低。家长在使用过程中，往往觉得操作复杂、不够便捷，导致很多家长对系统的接受度不高，影响了家校沟通的效果。

为了提升学生管理系统的稳定性和安全性，学校需要加强系统的维护和技术支持。在技术团队的支持下，学校还可以开展定期的系统稳定性测试，确保系统能够在高负载和复杂操作下正常运行。在家长端功能设计方面，学校需要进行全面的需求调研，深入了解家长在使用过程中遇到的困难和需求。可以通过问卷调查、座谈会等方式，收集家长的反馈和建议，为功能设计提供有力依据。根据调研结果，学校可以对家长端的功能进行优化设计。具体来说，可以增设直观的操作指引和使用教程，帮助家长较快地掌握系统的使用方法。同时，还可以增加一些实用性强的功能，如学生成绩查询、作业布置通知、家长会预约等，提升家长的使用体验和积极性。

在系统的安全性方面，该校需要建立严格的数据安全管理制度，确保学生信息的安全。可以采用数据加密、身份认证等技术手段，防止数据泄露和未经授权的访问。同时，学校应制订应急预案，在系统发生故障或数据丢失时迅速采取措施，最大限度地减小对学生管理工作的影响。此外，学校还应加强对教师和家长的培训，提升他们对学生管理系统的认识和使用技能。可以通过开展定期的培训和讲座，帮助教师和家长了解系统的功能和操作方法，提高他们的使用效率和满意度。在培训过程中，应注重实用性和操作性，结合实际案例进行讲解，确保培训效果。

（三）财务管理系统评估

在财务管理系统的应用中，该校的学费管理变得更加透明，预算编制也更加科学，财务报表生成速度大幅提升。通过透明的学费管理系统，家长可以清晰地了解学费的收取和使用情况，学校的财务工作也会更加公开透明，减少潜在的财务风险。科学的预算编制功能，能使学校更合理地分配资源，提高资金使用的效率和效益。此外，财务报表生成功能的改进能够迅速反映学校的财务状况，提升财务决策的及时性和准确性。

尽管系统在上述方面取得了显著成效，但部分财务数据的录入仍依赖手工操作，导致自动化程度不高。这不仅会增加财务人员的工作量，也容易引发人为操作的错误，影响数据的准确性和完整性。此外，财务管理系统的集成度不够，难以与其他管理系统实现数据共享。这种孤立的系统结构，导致了信息孤岛现象，限制了数据的全面利用，降低了管理的整体效率。

为了提升财务管理系统的自动化程度，学校需要增加财务数据录入的自动化功能。可以引入先进的数据采集技术和自动化录入工具，减少手工操作的环节，降低人为错误的风险。例如，可以通过条形码扫描、光学字符识别技术等手段，实现财务数据的自动采集和录入。同时，学校应加强财务系统与其他管理系统的集成，推动数据的互联互通。可以通过构建统一的数据平台，实现财务系统与教学管理、学生管理等系统的数据共享和联动，提升整体管理效率。在提升系统集成度方面，学校需要制定明确的数据标准和接口规范，确保不同系统之间的数据能够顺畅传输和共享。可以通过引入中间件技术，搭建数据交换平台，让财务系统与其他管理系统的数据实现无缝对接。这样，不仅可以消除信息孤岛现象，还可以推进各系统之间的协同工作，提高整体管理水平。同时，学校还应建立健全的数据管理制度，确保数据在传输和共享过程中的安全和准确。

在系统优化过程中，该校还应注重财务人员的培训和技能提升。可以通过开展定期的培训课程和技能竞赛，帮助财务人员熟练掌握系统的操作方法和自动化工具的使用，提高其工作效率和数据处理能力。应注重实践操作和案例分析，确保培训内容能够切实应用于实际工作中。此外，学校应建立有效的反馈机制，及时收集和处理财务人员在使用系统过程中遇到的问题和建议。通过反馈机制，该校可以不断优化财务管理系统功能，提升用户体验和满意度。

参考文献

[1] 张进清. 边疆民族地区乡村小规模学校心理健康教育［J］. 社会科学家，2023（07）：140-146.

[2] 刘丽芳，曹兹可. 乡村小规模学校教师专业资本的流失与再塑［J］. 当代教育科学，2023（08）：61-71.

[3] 高佳. 基于农村小规模学校发展的区域教育实践共同体构建［J］. 中学地理教学参考，2023（23）：95-96.

[4] 汤宇婷. 乡村小规模学校发展建议：中国式现代化进程下［J］. 教育视界，2023（26）：39-42.

[5] 马晓玲. 国外小规模学校信息化演进及对我国教学点的启示［J］. 教育探索，2023（06）：88-93.

[6] 周述贵，杨金川，谭芳芳. 乡村小规模学校教育质量提升对策研究［J］. 大视野，2023（02）：16-19.

[7] 张斌平，邱悦. 新时代党建引领学校教育高质量发展的实践探索［J］. 中国教育学刊，2023（增刊2）：1-3.

[8] 齐方国，季俊昌. 以"共生教育"促进学校教育高质量发展的探索［J］. 现代教育，2023（2/3）：74-79.

[9] 刘仿红. 实现学校教育高质量发展的策略［J］. 河南教育（教师教育），2022（12）：28-29.

[10] 曹育红，黎洁莹. 集团化办学背景下优质教育资源共建共享评价指标体系的建构［J］. 西部素质教育，2022，8（13）：46-49.

[11] 胡品芳. 我国高等院校继续教育转型发展研究［J］. 中国农业教育，2021，22（06）：73-81.

[12] 付晓洁. 学校优化教育生态的实践研究［J］. 中国教育学刊，2016（02）：61-65.

[13] 顾月华. 高质量实施义务教育课程 提交立德树人的江苏答卷［J］. 江苏教育，2022（49）：1.

[14] 中共中央 国务院. 中共中央国务院印发《深化新时代教育评价改革总体方案》［N］. 人民日报，2020-10-14（001）.

［15］曹永国. 教育高质量发展期许回归教育本真［J］. 南京师大学报（社会科学版），2022（01）：27-36.

［16］高鑫，宋乃庆. 增值评价促进我国基础教育高质量发展探析［J］. 江西师范大学学报（哲学社会科学版），2021，54（06）：100-106.

［17］柳海民，邹红军. 高质量：中国基础教育发展路向的时代转换［J］. 教育研究，2021，42（04）：11-24.

［18］饶志华. 邓小平关于"发展起来以后的问题不比不发展时少"的论断及其启示［J］. 求实，2009（03）：7-10.

［19］杨宝忠. 学校教育质量内涵与方法路径论析［J］. 内蒙古师范大学学报（教育科学版），2016，29（02）：1-4.